사회로 나간 장애 아이들의 기적 같은 이야기

나도 오늘 출근합니다!

사회로 나간 장애 아이들의 기적 같은 이야기

나또 오늘
출근
합니다!

| 황윤의 지음 |

학지사

들어가는 말

나는 특수교사로 일하는 것이 자랑스럽고 나 스스로 정말 잘한 일이라 칭찬한다.

'이렇게 행복할 수 있을까!'

초등학교 1학년 때 앓았던 척추결핵으로 경중의 지체장애를 갖게 되었고, 성장기엔 '왜? 나에게만 이런 시련이 있을까?' 하며 장애를 인정하고 받아들이기가 어려웠다. 하지만 우리 아이들을 만난 후부터 장애를 사랑하게 되었다. 나에게 장애가 없었다면 사랑스러운 우리 아이들을 만나지 못했을 테니 말이다.

다른 사람과의 차이를 강점으로 만드는 아이들은 분명 내 안의 아이들이고, 내 생애 아이들이다. 아이들을 행복하게 만들고자 아이들과 함께 노력했다. 아이들은 나의 기대에 부응하여 잘 따라와 주었고, 이제 내가 할 일은 우리 아이들을 세상에 알리는 일이다. 우리 예쁜 아이들을 나만 알고 지내면 안 되리라. 널리 알려져 우리 모두가 알고 사랑해 주었으면 하는 바람이다.

이 책은 사회로 나간 아이들이 가슴이 벅차도록 기특하게 장애를 극복한 이야기, 아이들을 교육하면서 한계에 봉착하여 인내하고 기다려야 했던 고뇌, 시린 아픔을 사회통합으로 승화시킨 숭고한 자식 사랑, 아이들을 성공시키기 위한 배려와 나눔의 이야기를 담았다. 또한 희망이 춤추는 사회를 만드는 데 도움을 주신 자랑하고 싶은 사장님 이야기와 아이들을 성공시킨 사례를 소개하는 수상작들을 담았다. 수상작은 이 책에 수록하면서 일부 문장을 자연스럽게 다듬었다.

그동안 직업교육을 하도록 지원해 주신 특수교육 관계자 여러분, 사업주, 동료 교사에게 감사하며, 거친 산을 오를 때 손을 잡아 주었던 남편과 두 아들에게도 감사의 마음을 전한다.

끝으로 철학과 소신을 갖고 장애인의 교육과 복지에 꾸준한 관심을 보여 주시는 학지사 김진환 사장님께 감사드린다.

2012년 1월
황윤의

차례

들어가는 말 / 4

01 가슴 벅찬 장애 극복

사장님이 된 봉수 11 / 잃어버린 웃음을 되찾은 은영이 17 / 예쁜 성호 23
상수의 남다른 능력 27 / 상이 된 벌 31 / 3중주의 아름다운 선율 37
난 어린이가 예뻐요 45 / 할머니의 꿈 50
▪ 직업상담 55 ▪ 직업평가 58

02 한계, 인내 그리고 기다림

12가지 색연필 심 끼우기 63 / 현장실습 허락받다 68
자신감 기르기 74 / 통합교육과정 직업-수학 수업 79
통합교육과정 직업-국어 수업 85 / 사회의 첫발이 좌절되다 90
그해 여름 방학 96 / 일을 왜 해야 하는지 몰라요 101 / 알림장 사건 108
▪ 개별화전환교육계획 114 ▪ 직업적응훈련 117 ▪ 직업훈련 118

03 숭고한 자식 사랑

아버지 술을 끊으시다 123 / 알림장에서 싹튼 믿음 130
대중교통은 나의 것 137 / 지하철은 나의 친구 142
민희의 결혼 생활 150 / 비뚤어진 사랑 155 / 우리 아이는 그런 것 못해요 163
장애를 인정해야 한다 169 / 너도 똥 싸잖아 174
▪ 사업체 개발 179 ▪ 현장실습 185

4 배려와 나눔

종수 이야기 하나 193 / 종수 이야기 둘 198 / 욕하는 것이 싫어요 203
스승이 되어 준 아이들 209
▪ 지원고용 214

5 희망이 춤추는 사회

자랑하고 싶은 사장님 이야기 하나 225
자랑하고 싶은 사장님 이야기 둘 230
자랑하고 싶은 사장님 이야기 셋 235
사업체는 학교가 아니다 240 / 희망이 춤추는 사회 244
▪ 사후지도 250

6 삶의 터전을 마련해 주고

삶의 터전을 마련해 주고 제2회 '사랑과 믿음의 교육' 실천수기 대상 수상작 259
이 세상에 한 줄기 빛이 되어 노동부 장애인식 개선 입상작 277
나도 사회인이 될 수 있어요 한국특수교육총연합회 수기 입상작 293
우리 아이들도 성공할 수 있어요 학교 교지 기고글 315
우리 아이들도 성공할 수 있다 장애인 Ablenews 기고글 322

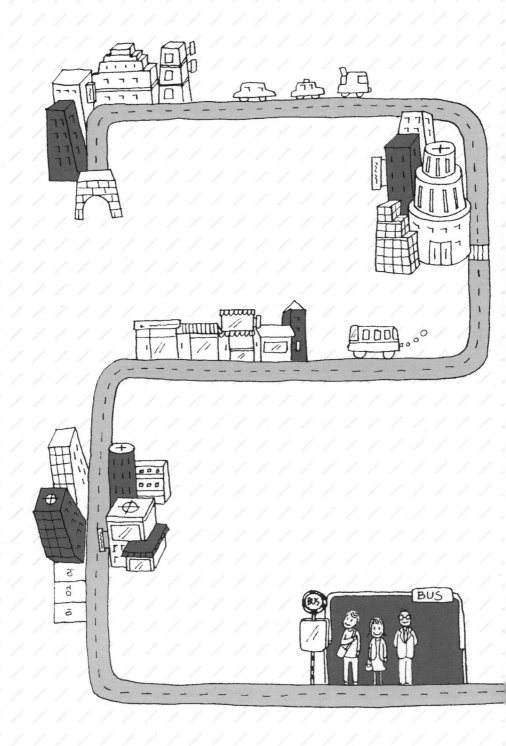

가슴 벅찬
장애 극복

사장님이 된 봉수

5월, 이른 출근 시각이다.

교실 문을 드르륵 열고 들어가는데, 어두컴컴한 교실 뒤쪽에 누군가 와 있다. 늘 등교 시간에 다다라 느지막하게 도착해서 인사하는 봉수가 오늘은 어쩐 일인지 일찍 와서 낮은 목소리로 인사하고는 고개를 떨구고 있다. 그리고 또 한 사람, 처음 보는 얼굴인데 학부형인 듯하다. 그런데 반가운 내색이 아니라 무언가 못마땅하고 불만이 가득한 표정이다.

"이른 아침에 어떻게 오셨어요? 누구신가요?"

"네, 저는 봉수 엄마예요. 선생님, 속이 상해서 밤에 한잠도 못 잤어요. 봉수 다리 좀 보세요! 이렇게 퍼렇게 멍이 들었으니

11

제가 잠을 자겠냐구요."

'아, 봉수 어머니께서 어제 봉수가 나에게 맞은 것에 대하여 항의하러 오셨구나!'

이를 직감적으로 알 수 있었다.

봉수는 3월, 내가 이 학교에 신규 발령을 받고 나서 처음으로 역할을 부여한 아이다. 행동은 느리기 짝이 없고, 언어는 말장애로 유창성 장애가 있어 말을 시작할 때 더듬고 느리게 말한다. 하지만 단 하나, 정확성 면에서는 누가 따라갈 수 없고 수행 능력도 높다.

당시에는 석탄 난로를 때던 시절이라 아침이면 부산하다. 저녁에 가져다 놓은 석탄을 땔 것인지 말 것인지는 날씨에 따라 결정하는데, 날씨가 추운 날에는 평소에 늦는 봉수가 용케도 일찍 와 제일 먼저 가는 곳이 교장 선생님의 방이다. 난로 속에 장작을 엉그레 얹듯 올리고 그 위에 석탄을 알맞게 부어 올린다. 불쏘시개에 불을 붙여 장작에 옮겨붙인 후 불이 잘 일도록 작은 크기의 장작에 가져다 댄다. 장작의 불이 타오르기 시작하여 석탄에 불이 붙고, 시간이 지나면 '탁 탁' 소리를 내며 방 안을 따뜻하게 달군다. 연기가 밖으로 새지 않도록 뚜껑을 덮고 주변을 꼼꼼하게 정리한 후 바닥을 쓴다.

이미 시작종 치는 소리가 들렸다. 시작종이 치는데 봉수는 교실에 들어오지 않는다. 얼마 후 머리를 긁적이며 들어오는 봉수에게 수업이 끝나고 얘기하자 하고 수업을 계속 이어갔다. 수업이 끝나고 봉수에게 세 번째 약속을 어겼음을 알려 주었고, 약속한 대로 봉수는 종아리 5대를 아프게 맞았다.

"봉수야, 조금만 행동을 빨리 해 보자. 너의 행동이 너무 느린 것에 대하여 지금까지는 그렇게 지냈는지 모르지만 선생님은 너의 느린 행동을 고쳐 주고 싶고, 꼭 고쳐야만 한다. 네가 꼼꼼하게 작업하느라 늦은 것은 이해하는데, 나중에 학교를 졸업하고 사회에 나갔을 때 봉수의 느린 행동을 잘했다고 칭찬하고 인정해 주는 사람은 없을 것이다. 느린 행동은 좋은 점도 있지만 나쁜 점이 더 많단다. 그리고 다른 점에 피해를 주기도 한단다. 밥을 늦게 먹어 양치도 못하고 체육복도 갈아입지 못한 채 수업에 참여하여 체육 선생님께 꾸중을 들었고, 책가방을 늦게 챙겨서 하교도 제일 늦게 하고, 친구들이 같이 놀자고 해도 느려서 따라가지 못하고……. 그래서 친구도 없지 않느냐. 네 행동에 대하여 생각해 보거라."

봉수는 자신의 행동에 대하여 처음 듣는 일이 아닌 듯 고개를 들지 못하고 이야기했다.

"네, 어~ 어, 엄마한테도 매일 혼이 나요. 그~ 그, 그런데 잘 고쳐지지 않아요."

"봉수야, 고쳐 보자. 너는 할 수 있단다."

부드러우면서도 단호하게 이야기했다.

"어머니, 봉수는 꼼꼼한 성격에 손으로 하는 일을 매우 즐겁게 하니, 앞으로 학교를 졸업하면 어머니와 함께 빵집을 운영하셔도 좋을 것 같습니다. 아마도 봉수가 어머니를 잘 도와줄 수 있을 것입니다. 봉수에게 들으니 어머니께서는 과일 장사를 하신다던데, 어머니와 함께 장사를 해도 좋을 듯합니다. 제 얘기를 잊지 마시고 꼭 해 보세요. 그러나 느린 행동으로는 일의 속도가 나지 않으니 그 행동은 꼭 고쳐야 합니다."

봉수 어머니는 나의 얘기를 들으면서 처음 항의를 할 생각으로 온 목적을 잊고 나와 동감하기 시작했다.

"선생님, 집에서도 느린 행동 때문에 제 속이 터져 죽을 것 같아요. 아침에 일어나는 데 한 시간, 밥 먹는 데 한 시간, 옷 입는 데 한 시간……. 그래서 매일 아침 일찍 깨우는 데도 지각하는 것이에요. 그런데 선생님, 정말인가요? 저렇게 느려 터진 봉수가 뭘 할 수 있을 것 같은가요?"

"그럼요, 정말 잘할 수 있을 것입니다."

"선생님, 집에서도 느린 행동을 고쳐서 꼭 일을 할 수 있도록 해 보겠습니다. 때려 주셔서 감사합니다."

몇 년이 흘러 봉수는 특수학교 고등학교를 졸업하였고, 어머니는 나의 당부대로 봉수와 함께 장사를 하셨다. 리어카를 끌고 다니며 과일 장사를 하시다가 돈이 모이자 슈퍼마켓을 운영하셨고, 슈퍼마켓에서 봉수는 주로 물건 정리하기 등을 맡아 하면서 돈에 대한 개념도 익혔다.

그다음에는 음식점을 운영하면서, 봉수는 돈에 대해 알게 되었고, 집의 돈 사정까지도 나에게 말하곤 했다. 빚이 꽤 많았던 것 같다. 음식점에서 배달도 할 수 있게 되고, 꼼꼼한 봉수는 음식 조리에도 관심을 가지며 엄마의 일손을 도왔다. 그러던 중 어머니께서 음식점을 운영하시다가 지친 나머지 몸이 약해지셨고, 다른 업종을 찾아야 했다. 봉수네 가족은 PC방을 운영하기로 결정했다.

봉수는 PC방을 운영하면서 컴퓨터 전공을 하는 동생에게 컴퓨터를 배우기 시작했다. PC방은 호황을 누렸고 그동안 진 빚을 매월 갚아 청산하고 이익을 내기 시작했다. 낮에는 아버지께서 맡아 하시고, 저녁에는 봉수가 주인이 되어 운영을 했다.

PC방 이름도 '봉수 PC방'이라고 했다.

"선생님, 저 이제는 돈 벌었으니 장가갈 수 있어요. 예쁜 색시 좀 구해 주세요."

'나의 멋진 제자님, 사장님도 되었고. 정말 훌륭해요. 잘했어요.'

그때의 회초리는 오늘의 봉수를 만들어 주었고, 나의 진로지도에 따라 준 봉수와 어머니께 감사한다.

나는 학생들을 관찰 · 상담 · 지도하면서 각각의 아이들의 능력과 특성을 찾아내는 데 열중했다. 직업적 능력이 어느 정도인지, 무엇에 흥미를 갖고 있는지, 어떤 분야에 적성이 있는지 등을 알아내며, 이런 것들이 확신에 차게 되면 학생과 부모를 대상으로 진로지도를 시작했다.

중학교 과정은 초등학교와 고등학교를 이어 주는 중요한 다리 역할을 한다. 초등학교에서는 '직업'이 무엇인지를 알고, 직업 인식을 살리기 위하여 일상생활 기능을 익힐 수 있어야 한다. 여가생활과 사회생활, 직업생활의 기초 기능을 익힐 수 있다면 좋겠다.

중학교 과정에서는 인식된 직업에 대한 지식과 기능을 기초로 직업 탐색을 시작해야 한다. 자신을 좀 더 알 수 있게 지도하여 자기결정력을 길러 주고 나면 직업 탐색 및 선택을 하기에 수월해진다.

체계적인 직업탐색 프로그램을 적용하면 아이들의 적성 직종 등을 찾아내기에 용이하다. 그것을 기준으로 중학교에서는 일상생활, 사회생활, 직업생활 기능을 익혀야 한다. 중학교 과정에서 찾아내고 익힌 기능으로 고등학교의 교육 목적에 따라 교육과정을 수행할 수 있게 된다. 중학교에서의 진로지도는 학생의 인생 방향을 결정지을 수 있는 기로에 있다고 할 수 있다.

잃어버린
웃음을 되찾은 은영이

"선생님, 우리 은영이를 취업시켜 주시면 감사하겠습니다. 은영이네는 엄마, 아빠, 동생과 같이 네 명의 가족이 함께 삽니다. 엄마, 아빠, 동생, 은영이 모두 지적장애인이고, 은영이가 집안 살림을 도맡아 하고 있는데 가정 형편이 어려워 돈을 벌어야 합니다. 선생님, 꼭 좀 도와주세요."

은영이 담임 선생님인 김 선생님의 전화다.

"은영이가 무슨 일을 하고 싶어 할까요? 학교에서 잘하는 일이 있을까요? 행동 특성 중에 드러나는 것이 있을까요?"

"네, 착하기 그지없어서 반 친구들 중 어려운 아이들을 잘 도와줍니다."

"혹시 할머니나 할아버지와 같이 살았던 경험이 있나요?"

"아니요. 같이 살지는 않았지만 외할머니 댁에 간다는 얘길 자주 했습니다."

"그렇다면 할머니나 할아버지를 싫어하지는 않겠네요."

김 선생님에게 은영이는 다른 사람을 도와주기를 좋아하고 어르신에게도 거부감이 없으니 노인요양원에서 일을 하면 어떻겠느냐 물었고, 은영이에게도 편찮으신 할머니와 할아버지를 병간호하는 일에 대하여 어떻게 생각하는지 물어봐 달라고 했다.

은영이는 별 어려움이 없을 듯 대답을 했다고 하였고, 아직 경험해 보지 않았기 때문에 하고 싶은 일인지, 하기 싫은 일인지는 잘 모르지만 할머니나 할아버지가 싫지는 않았던 것 같다.

은영이를 위해 일은 급속하게 추진되었고, 요양보호사를 보조하는 일을 할 수 있도록 요양보호사 자격증 취득을 지원했다. 집과 가까운 거리의 요양보호사 양성 학원을 찾았으나 학원 수강료가 비싸서 은영이네 형편으로는 쉽게 수강료를 마련할 수 없었다. 결국 직업전환교육지원센터에서 수강료의 반 이상을 지원받아 학원 공부를 무사히 마쳤고, 수강과 실습만으로 자격증을 취득할 수 있었기에 자랑스럽게 요양보호사 자격증을 취득하였다.

이렇게 취업을 할 수 있는 요건을 마련하였고, 장애인을 채용하려는 노인요양원을 찾았다. 그런데 집과 거리가 멀어 기숙을 해야 했고, 2주 동안 일하고 4일을 쉴 수 있어 쉬는 날에는 학교에 등교했다. 또한 그동안 밀린 집안일을 하느라 정신을 뺐다.

취업 후 3달이 지난 어느 날, 김 선생님으로부터 편지 한 통을 받았다.

'선생님, 저는 은영이가 웃을 줄 모르는 아이인 줄 알았습니다. 고등학교를 다니는 3년 동안 친구들과 어울리는 것은 보았지만 웃는 모습은 보지 못했고, 늘 조용하게 지냈던 아이입니다. 가정 형편이 어렵고, 부모님과 동생 그리고 자신의 장애를 인식해서인지 늘 우울해 보였고, 얼굴 표정은 항상 굳어 있었습니다. 그런데 선생님, 오늘 쉬는 시간에 은영이가 친구들과 얘기하면서 '꺄르륵' 하고 웃는 것이었습니다. 얼마나 놀랐는지……. 저 웃음소리가 은영이의 웃음소리인지 믿어지지 않아 하던 일을 멈추고 귀를 기울였습니다. 학교에 등교하여 반겨 주는 친구들 속에서 요양원 얘기를 즐겁게 들려주고 있었어요. "할머니께서 방귀를 '뿡' 뀌니까 옆에 계신 할아버지께서 방귀를 '뿡' 뀌었다. 그래서 요양원 식구들이 모두 웃었다." "하하하, 호호호, 꺄르륵." 아이들을 보고 있던 저의 눈에 눈물이 흘렀습니다. 선생님 감사합니다. 우리 은영이의 웃음을 찾아 주셔서요.'

글을 읽고 있는 나의 눈가에도 촉촉함이 느껴졌다.

며칠 후 요양원을 방문했을 때 은영이가 왜 웃음을 찾을 수 있었는지 알 수 있었다. 은영이가 처음 요양원에 취업했을 때 원장님께서 괴팍한 할머니 한 분이 계시다고 말해 주신 적이 있었다. 장애학생들이 요양원에서 처음 일을 할 텐데, 요양원에 계신 분들은 편찮으시다 보니 간혹 성격이 괴팍해지신 분이 계셔서 그 어려운 분들을 대하기가 쉽지 않을 것이라고 미리 얘기해 주셨다.

은영이는 식사도 거의 하지 않으시고 말씀도 하지 않으시는 할머니가 안타까웠나 보다. 귀찮다고 옆에 오지도 못하게 하고 밀어내기 일쑤인 할머니께 무엇이라도 드시게 하려고 권해 드렸고, 안 되면 물이라도 떠다 드렸다. 말씀을 하시든 하시지 않든 간에 개의치 않고 할머니 곁을 지켰더니 놀랍게도 할머니께서는 은영이의 손을 잡고 의지하기 시작했고, 그렇게 식사도 잘 하시지 않던 분이 조금씩 음식을 드셨다.

은영이의 사랑이 할머니의 마음을 움직였고, 은영이가 수저를 들고 떠먹여 드리면 맛있게 드실 정도가 되었다. 말씀도 못 하시는 줄로만 알았는데 손과 발을 모두 움직여 표현을 하기 시작했다. 은영이가 보이지 않으면 팔을 저어 은영이를 찾아오라고 하셨고 불안해하셨다.

할머니의 마음을 움직인 은영이를 보면서 요양원 가족들은 감동의 찬사를 보냈다. 칭찬과 격려를 아끼지 않았고, 은영이는 자신이 이루어 낸 일에 자신감과 보람을 느끼기 시작했다. 얼굴에는 미소를 띠었고, 등교하여 친구들에게는 자랑과 웃음을 선물했다.

　'선생님, 소나기가 한줄기 힘차게 쏟아지더니 우리 반 창밖의 저편 언덕 위로 빨, 주, 노, 초, 파, 남, 보의 일곱 빛깔 무지개가 피어올랐습니다. 은영이가 학교에 오는 날을 손꼽아 기다리는 아이들은 기다림을 사랑하게 되었고, 너도 나도 취업하겠다고 푸르른 꿈이 무지개 위를 신나게 날고 있어요.'

예쁜 성호

　고용 계약서를 쓰기 위해 서울 너싱홈(nursing home) 원장님, 성호, 성호 아버지, 담임 선생님, 직업전환교육지원센터 담당 선생님 그리고 내가 센터에 모였다. 고용 계약서를 작성하면서 원장님께서 성호에게 말씀하셨다.

　"쉬는 날은 화요일과 일요일로 하면 될까요?"

　그 말씀에 담임 선생님께서 성호에게 말했다.

　"어머나, 성호야, 화요일에 쉬는 것 좋다. 친구들이 정말 좋아하겠다. 너도 친구들이 보고 싶지? 그렇지 않아도 졸업을 하기 전에 취업이 되어 학교생활이 짧은 듯해 걱정했는데……. 원장님, 화요일에 쉴 수 있게 해 주셔서 감사합니다. 성호야, 화요일에는 학교에 오는 거다."

"성호야, 화요일에 학교 오거라."

"……."

내가 성호에게 말했다.

"성호야, 학교에 가기 싫구나?"

"네."

"학교보다는 요양원에 가고 싶구나?"

"네."

그때 시각은 3시경으로 원장님께서는 요양원에 가지 말고 퇴근해도 좋다고 허락하셨다.

그런데 다음 날, 성호는 어제 고용 계약서를 쓰고 집으로 가지 않았다고 한다. 센터에서 집까지의 거리는 버스로 1시간이 넘는 거리이고, 요양원까지도 1시간 정도 걸리는 꽤 먼 거리다. 아버지와 성호는 당연히 집으로 갈 줄 알았는데, 집으로 가지 않았다고 나의 파트너인 직업전환교육지원센터 담당 선생님이 전해 주었다. 우리 아이들은 가야 할 곳에 제시간에 가지 않는다면, 먼저 무슨 일이 생겼다고 생각하고 불안한 생각부터 하게 된다.

"아니, 그럼 집으로 안 가고 어디로 갔다고 하나요? 원장님께서 퇴근해도 좋다고 하셨는데, 그럼 무슨 일이 생겼나요?"

"성호가 어제 집으로 안 가고 요양원으로 갔대요."

"아니, 퇴근하라고 했는데 집으로 안 가고 왜 요양원으로 갔대요?"

"건강이 좋지 않으시고 치매 기운이 있으신 할아버지께서 성호가 떠먹여 드리는 밥만 드시고, 다른 사람이 떠먹여 드리면 싫어하고 드시지 않으셔서 밥 떠먹여 드리러 요양원으로 갔다고 합니다."

'예쁜 성호.'

성호는 학교에서 처음 요양원 실습을 나갔을 때, 첫 직업생활의 적응에 어려움을 보였다. 학교에서도 장난기가 없지 않았으나 요양원에서 특히 장난이 심했다. 요양보호사의 어깨를 툭툭 치기도 하고, 어디 있는지 모르게 숨고, 뒤에서 깜짝 놀래 주기도 하는 등 일보다 장난을 재미있어 했다. 적응하느라 어려움을 장난으로 표시했던 것이다. 왜 안 그렇겠는가. 학교에서 편안하고 즐겁게 공부하며 친구들과 놀고 지내다가 갑자기 전혀 다른 환경에서 공부가 아닌 일을 해야 하는 것에 적응하기 어려웠을 것이다.

아직은 돈을 벌어야 한다는 개념을 잘 모르니 당황스럽고 어려울 수밖에 없다. 실습 지도 시간에 열심히 일해 보자고 약속하고, 다음에는 전화로 근태 상황을 살펴보니 점점 나아지고 있다는 부원장님의 말씀에 안심하며, 고용을 결정하기에 이르렀다.

할아버지를 침대에서 휠체어로 옮겨 앉혀 드리고, 남자라고 무거운 것도 잘 들고, 할아버지 대소변도 받고, 기저귀도 채워 드리는 등, 성호는 일을 하면서 칭찬도 듣고 신이 나기 시작했다.

일을 한다는 것보다도 누군가에게 도움을 준다는 것에 기쁨을 느끼고 일했다. 우리 아이들도 도움을 받는 것보다 도움을 필요로 하는 사람에게 도움을 주면서 보람을 느낄 수 있다.

요양보호사의 어깨를 툭툭 치던 장난은 어깨를 주물러 주는 애교로 바뀌었고, 얼굴은 싱글벙글 늘 밝고 활기차다. 어르신들, 원장님, 부원장님, 요양보호사의 사랑을 독차지한 성호! 예쁜 성호다!

그렇게 여러 사람의 사랑을 받으면서 어르신들을 사랑하게 된 성호는 퇴근 허락에도 개의치 않고, 오로지 자신이 밥을 먹여 드려야 하는 할아버지에게 달려간 것이다.

예쁜 성호 덕분에 감동한 원장님이 말씀하셨다.

"선생님, 다른 요양원 소개해 드릴게요. 성호 같은 학생들을 추천해 주세요."

원장님은 다른 요양원을 소개해 주셨고, 다른 곳에도 아이들을 취업시킬 수 있었다. 내가 사업체를 개발하느라 고생하는 것을 아시는 원장님께 감사드리고, 자신의 몫을 두 배 이상 해 준 예쁜 성호는 나의 기대를 저버리지 않았다. 우리 예쁜 녀석들의 성실성을 누가 따라갈 수 있을까!

"얘야, 화분에 물을 주세요."라고 하면 비가 오는 날에도 화분에 물을 주는 녀석들이 우리 아이들이다. 적성에 맞는 사업체에서 일을 하게 되면 즐겁게 일을 하면서 성실성을 발휘한다.

상수의 남다른 능력

"이사님, 저 아이는 장애인인데, 왜 우리와 월급이 똑같지요? 장애인이라서 우리보다 못하는 일이 많은데 이렇게 하시면 회사 못 다닙니다. 기분 나쁘고요."

어떻게 알아냈는지 상수 월급이 일반인과 같다고 이사님께 항의가 심하다. 아마도 장애인과 월급이 같다는 것이 자존심 상하고 용납되지 않은가 보다.

"그렇다면 아주머니와 상수 둘 중에 누가 일을 잘하는지 겨루어 볼까요? 지금부터 주방용 TV 제작 과정 중에서 포장 전 단계의 17가지 조립 과정을 겨뤄서 제한 시간 내에 누가 더 생산량이 높고 불량이 없는가를 비교해 보겠어요."

상수는 겨루기의 중요도를 심각하게 알지 못하기 때문에 긴장하지 않고 평소에 하던 대로 작업하였고, 아주머니는 내뱉은 말을 책임지기 위하여 혼신의 노력을 다하여 손을 놀렸다. 결과는 누구의 손을 들어 주었을까?

나는 자신한다. 우리 상수였다. 생산에서도, 불량 검수에서도 우위에 있다. 생산성은 일반인의 120%를 해내고 한 치의 오차도 없고 불량도 없다. 이것이 자폐성장애의 직업적 강점이다. 그러나 한계는 있다. 일반인이 열 가지의 작업 공정을 소화해 낼 수 있다면, 우리 아이들은 두 가지 정도만 할 수 있다. 그 점에서는 인정을 하고 일반인과 비교할 수 없지만, 아주머니는 결과에 승복을 했고, 그 이후로는 장애인과 월급 비교를 하지 않았으며, 우리 아이들에 대한 인식을 달리했다.

불평을 말하지 못하는 아이들, 스스로 자리를 이동하지 못하는 아이들, 적성에 맞는 일을 찾으면 쉬는 시간에도 일하려 하는 아이들, 비가 오나 눈이 오나 변하지 않고 성실한 아이들……. 난 이렇게 사랑스런 아이들과 함께할 수 있어서 얼마나 행복한지 모른다.

9년 근속을 할 즈음, 모 방송국에서 나를 섭외하면서 사업체 방문을 요구했다. 물론 나는 상수를 자랑하고 싶었다.

기자가 작업 반장에게 말했다.

"상수 씨는 단순한 전자 조립 작업을 하나 봅니다."

"아니에요, 기자님. 상수 씨는 기술자입니다. 주방용 TV를 생산하는 데 상수 씨를 따라갈 사람이 거의 없습니다."

상수는 어느새 기술자가 되어 있었다.

나는 글로맥이 창업하면서부터 바로 알기 시작했는데, 해마다 발전을 거듭했다. 사장님과 이사님은 연구를 하여 신상품을 개발하기도 하고, 타 회사에서는 연구 방법을 의뢰하기도 했다. 사업장을 넓히고, 사원도 점차 늘어났으며, 우리 장애 아이들도 7명까지 들어갈 수 있었다. 사장님은 개인 사옥을 구상하며 앞날에 대한 이야기를 들려주기도 했다. 그런데 그해 가을부터 사업체가 휘청이기 시작했다. 그렇게 튼튼하다고 생각하고 있던 사업체였는데 예기치 못한 어려움이 다가오기 시작했다. 거래처로부터 연쇄 부도를 맞으면서 자금 압박을 받고 몇 달은 버텼지만, 워낙 큰 금액이 부도가 나면서 급기야는 인원 감축을 해야 하는 상황으로 치달았다.

지금까지 아이들을 취업시키면서 사업체가 파산하는 경우는 처음이라 나의 충격은 이만저만이 아니었다. 해는 저물어 가는데, 밤에 잠을 잘 수 없었다. 지금까지 9년을 근속하느라 상수의 노력이 얼마나 컸을 것이며, 근속시키느라 나도 최선을 다했었다. 이 아이들을 퇴사시켜야 한다는 이사님의 말씀에 그 해 겨울은 세찬 눈보라에 뼛속이 아리는 듯한 아픔으로 울고 또 울었다.

이사님은 최종 결정을 알리려고 나에게 회사에 와 달라고 요청하셨다. 이사님과 과장님의 퇴사 결정 설명을 들으러 가야 한다. 생각하니 발길이 떨어지지 않고 천근만근 무겁게 느껴졌다.

"선생님, 아이들 중 2명은 다른 사업체로 이직을 할 수 있도록 조치할 예정이고, 상수는 저희가 데리고 있으려고 합니다. 상수를 기술자로 만드느라고 우리도 고생 많이 했습니다. 상수는 우리에게 꼭 있어야 합니다."

상수와 나 그리고 회사 동료, 어머니의 노력이 헛되지 않았음을 알았고 모두에게 감사드렸다. 자신의 실력으로 기술자가 된 상수가 한없이 자랑스럽다. 입사 초 2년 정도 적응하느라 고생이 많았는데, 이제는 부적응 행동이 거의 사라지고 어엿한 사회인으로 성장했다.

일한 만큼 돈을 벌어 재원을 마련하여 삶을 유지하고, 하고 싶은 일을 즐겁게 하면서 자아를 실현하여 삶의 질을 높이고, 사회통합을 통해 장애를 극복하여 일반인 속에서 떳떳하게 살아가는 상수를 보면서, 내가 이 일을 왜 해야 하는지에 대한 의미를 찾았다.

상이 된 벌

　지영이는 할머니, 할아버지, 여동생과 함께 살고 있으며, 주말에는 아버지, 어머니가 계시는 서산의 외딴 마을의 한 집을 찾는다. 빚 때문에 가족이 함께 살지 못하고, 아이들의 교육을 위해 할머니, 할아버지를 따라 특수학급을 찾아 수도권으로 왔다. 아버지, 어머니께서는 빚을 갚기 위하여 없는 자본으로 바다가 보이는 마을 어귀에서 풍부한 수산물로 음식점을 꾸리고 계신다.

　일반학급에서 지내던 지영이는 다소 모자라다는 이유로 친구들에게 따돌림을 당하면서 말수가 적어지고 그늘진 표정이 어둠을 더해 갔다. 귀가하는 발걸음은 무겁고, 신발 앞에 걸린 돌부리에 짜증을 더하는 나날을 보냈다. 살림은 쪼들리지만 더 이상 그런 지영이를 지켜볼 수만은 없었기에 성남으로 분가를 시키고 부모님 곁을 떠나 살았다.

특수학급에서의 생활은 지영이의 말문을 열어 주었고, 마음이 통하는 또래들과 어울리며 밝고 명랑한 웃음소리가 교실 창문을 해맑게 두드렸다.

1학년으로 입학하면서 남학생에게 향한 지영이의 마음은 맹목적이며 초지일관이었다. 남학생과 공부해 본 적이 없었고, 접할 일이 거의 없었기에 처음 만난 남학생, 기남이에게 마음을 모두 빼앗겼다.

기남이는 부모님이 계시지만 어머니와 동생도 지적장애를 갖고 있어 아이들을 양육할 여건이 되지 않아 동생과 함께 시설에서 지내고 있다. 기남이는 부모와 떨어져 살면서 살아남기 위한 본능에서인지, 아니면 부족함을 채우기 위해서인지 도벽이 생겼고, 도벽은 지나칠 정도로 습관이 되었다. 시설에서 어린 동생들을 시켜 물건을 훔치게 하였고, 동생들도 기남이에게 배워 같이 훔치기를 일삼았다.

또한 자기보다 약하다고 생각하면 폭력을 휘두르기도 하여 시설의 원장님은 기남이에게 많은 시간을 할애하며 일을 해결해야 했다. 학교에서는 의사 표현이 어려워 선생님에게 분실 상태를 전하지도 못하는 아이들의 약점을 이용하여 주로 그런 아이들을 대상으로 물건을 훔쳤다.

일반학급에 가서도 그랬고, 시설에 봉사자들이 올 때면 여지

없이 가방에 손을 댔다. 돈의 일부만 가져가기 때문에 사람들은 분실했다는 생각보다는 자신의 기억력을 탓했다. 기남이는 이 기묘한 방법을 알 정도로 단수가 높았다.

기남이는 지영이를 좋아하지 않았고, 오히려 지영이가 좋아하는 것을 나쁘게 이용하였다. 돈을 요구하였으며, 돈을 주지 않을 때에는 얼굴을 때리는 등 폭력을 휘둘렀다. 그렇지만 기남이에게 향한 지영이의 마음은 변함이 없었고, 그 모습이 애처로울 정도로 안타까웠다.

어느 날, 지영이의 담임 선생님께서 지영이가 방학 동안은 엄마가 계신 집에서 지내는데, 산부인과에 다닌다고 한다.

'왜 산부인과에 가지?'

불길한 예감이 스쳤으며, 나의 예감은 적중하고 말았다.

지영이는 할아버지와 할머니께서 일하러 나가시고 늦게 귀가하시는 것을 기회로 삼아 기남이를 집으로 불러들였고, 결국 일이 발생하고 만 것이다! 지영이는 통증을 견디지 못하고 산부인과를 찾게 되었다.

학교 측에서는 양쪽 집의 부모님을 모시고 문제를 해결해야 했다. 기남이 쪽에서는 시설의 원장님이 오셨고, 지영이의 부모님께서는 매우 놀라 한걸음에 달려오셨다. 지영이 아버지와 원장님은 빌미를 준 지영이의 행동과 그것을 이용했던 기남이를 아직 아이들이 생각 없이 한 행동으로 미루고 앞으로의 일을 걱정하셨다.

두 아이 모두 행동에 대한 처벌은 받아야 했기에 기남이는 3개월간 시설에서 봉사활동을 하도록 했고, 지영이는 휴학 조치를 하고 그동안 학원을 다니도록 했다. 그냥 집에 있게 하는 것보다 그 기간 동안 무언가 하도록 하기 위하여 요양보호사 자격증을 취득하도록 학원을 찾아보았고, 어려운 형편이라 직업전환교육지원센터의 지원으로 학원비를 낼 수 있었다.

그 후 지영이는 추운 겨울 날씨에 학교에 오지 못하고 친구도 없는 학원을 혼자 쓸쓸하게 다녔다. 벌을 감수하기에는 무거움이 컸다. 그러나 지영이는 학원을 마치고 요양보호사 자격증을 취득했다.

지영이는 할아버지, 할머니와 생활해서인지 어르신들과 거부감 없이 친밀하게 대할 수 있는 환경의 노인요양원 취업을 희망하였다. 집과 근접한 곳을 찾아 서울에 있는 노인요양원을 개발하였고, 면접 후 지원고용을 하지 않고 바로 취업하기로 결정하였다. 남자를 무척 따르는 지영이를 취업시키기에는 어려움이 큰 데, 다행히 ○○요양원에는 원장님을 제외한 모든 사람이 여성이었다. 할아버지는 안 계시고 할머니들만 계셨다. 이 부분을 걱정했는데 다행히 지영이에게 적합한 사업체를 개발한 것이다.

지영이는 다른 아이들보다 길을 익히는 데 시간이 소요되었다. 할아버지께서 3일간 데리고 다니셨고, 직무지도 교사가 2일간 지도한 후였기에 첫 출근날 요양원으로 출근하는 길을 알 것이라고 생각한 것이 나의 착오였다. 교차로를 세 번 꺾어 지나야 하는데 길눈이 밝지 못한 지영이에게는 당연히 무리였다.

하루 이틀, 마음을 졸이며 시간이 흘렀다. 요양원으로부터 연락이 오지 않는 것은 지영이가 적응을 하는 데 어려움이 크지 않다는 것이고, 다행히 잘 적응해 가고 있다는 것이다.

원장님께 전화를 드리는 손길이 다소 떨린다.

'무슨 말씀을 하실까? 잘 적응하고 있겠지?'

얼마 후, 나는 교장 선생님을 모시고 ○○요양원에 기관 간 협력을 위한 협약을 맺으러 갔다. 물론 그 사이에 사후지도를 하느라 다녀오기는 했지만 이번에는 협약식을 하러 간다. 교장 선생님께서는 그동안 장애학생들이 취업을 하긴 하지만 무슨 일을 어떻게 하고 있는지 궁금하셨을 것이다.

문을 열고 들어섰을 때, 지영이는 일을 하고 있었다. 벽에 기대어 잠을 주무시는 할머니를 깨우는데, 정말 아기를 다루듯 얼굴을 쓰다듬으며 잠을 깨운다. 우리가 들어간지도 모르고 할머니를 깨워 소파로 모시는데, 어깨를 부축하며 모시는 모습이 어색하지 않고 자연스럽다. 심지어 능숙하기까지 하다!

소파에 앉아 있는 어르신들께 한 분씩 하룻밤 사이의 안부를 묻고, 꼭 얼싸안기도 하고, 서로 손을 따뜻하게 잡고 놓지 않는다. 무언가 소곤소곤 얘기하기도 하고 얼굴을 비비며 어깨를 다독이기도 한다. 얼굴에는 어르신들을 좋아하는 기색이 그윽하게 묻어 나와 어르신들께서 왜 지영이를 좋아하시는지 알 수 있을 정도로 일을 하고 있다.

그 모습을 지켜보시던 교장 선생님의 입가에 미소가 떠나지 않았고, "지영이는 저 일에 맞추기나 한 듯 잘하는구나."라고 하시며 어떻게 아이의 적성에 맞는 사업체에 배치하였는지 정말 잘했다고 칭찬을 하신다.

교장 선생님께서는 장애학생들이 취업을 하면 무슨 일을 하는지 궁금해하셨는데, 일에 푹 빠져서 몰두하여 흥미 있게 일하는 지영이를 보시고 난 후 장애학생들도 무언가 할 수 있는 일이 있고 적성에 맞는 일을 찾아 할 수 있다면 행복할 수 있음을 보셨다.

지영이는 아직 졸업을 하지 않았기에 월요일 휴무일에는 학교에 등교한다. 일반학급에서 통합교육을 하기에 일반 학생과의 대화는 솔깃한 궁금증을 자아낸다.

"요양원에 계시는 분들은 나에게 '선생님'이라고 부르신다."

지영이의 이야기를 듣고 있는 아이들에게 신이 나서 이야기를 들려준다.

벌이 상으로 만들어질 수 있다면 얼마나 좋을까! 상으로 만들어 낸 벌이 있었기에 지영이는 오늘 자기 자리에 반듯하게 설 수 있었다. 얼굴에 미소와 활짝 핀 웃음꽃을 피우며 행복해하는 지영이를 보며, 나의 행복이 절로 샘솟는다.

3중주의 아름다운 선율

휘철이 어머니와는 통합형 직업교육 거점학교를 운영하면서 가장 시급하게 서둘렀던 부모교육을 실시했을 때 만났다. 나의 연수를 들으신 어머니는 연수가 끝나고 며칠이 지난 어느 날, 휘철이와 함께 조용한 저녁 시간에 찾아오셨다.

"선생님, 휘철이는 현재 패밀리 레스토랑에서 주방 보조를 하고 있는데 문제는 자신이 장애인이 아니라고 합니다."

휘철이는 검은색 모자를 쓰고 나와 눈 맞추기를 즐거워하지 않으며, 마지못해 겨우 어머니와 함께 동행한 내색이 역력하다. 엉덩이를 내밀고 반쯤 걸터앉은 의자에서 시선은 창밖의 허공을 주시하며 눈을 떼지 못한다.

"휘철아, 자신이 장애인이 아니라고 생각하나요?"

모기만 한 목소리로 "네……."라고 대답한다.

"엄마와 함께 오고 싶지 않은 곳을 왔다만, 이왕에 왔으니 선생님과 얘기를 좀 해 보지요."

"……."

"네가 지금 레스토랑에서 하고 있는 일이 싫어졌나요?"

"네, 다른 일을 하고 싶어요."

"다른 일이 무엇인지 모르지만, 휘철이는 자신이 장애인이 아니라고 했으니 지금부터 선생님이 일반인처럼 대해 보겠어요. 일반인들은 자기가 하고 싶은 일을 하기 위하여 스스로 일할 직장을 찾고, 이력서와 자기소개서를 작성하고, 면접을 보거나 시험을 보고 취업을 하지요? 그러니 휘철이도 한번 스스로 직장을 찾아볼까요? 1주일간 시간을 줄 터이니, 가 보고 싶은 직장을 찾아서 이력서도 제출하고 면접도 보고 취업에 도전해 본 다음에 만나요."

1주일이 지나 휘철이 어머니는 다시 나를 찾아왔다.

"휘철아, 원하는 대로 취업했나요?"

고개를 숙이더니 말이 없다.

"선생님, 휘철이가 어딜 가 보겠어요. 이력서도 혼자 못 쓰는 걸요."

"그랬구나. 회사도 못 찾아봤나요?"

"네."

"스스로 직장을 찾고 서류를 접수하고……, 이런 일들이 쉬운 일이 아니에요. 자신이 장애인이 아니라고 생각하는 것이 좋을 수도 있지만 자신의 장애를 인정하는 것 또한 대단히 중요한 일이에요. 무조건 장애인이 되기 싫은 것이 아니라 내가 부족하여 어려움이 있음을 알고, 그래서 장애를 인정하고 장애를 극복하려고 노력하는 것이 중요합니다."

아마도 휘철이는 자신이 무언가 어려움을 갖고 있다는 것을 조금은 알게 되었고 인정을 했기에, 나를 다시 찾아왔을 때는 발걸음이 가벼워졌음이 보일 정도로 행동이 자연스러웠다.

"선생님, 다른 직장을 찾아봐 주세요."

목소리가 커졌다.

"무슨 일이 하고 싶은데요?"

"가만히 앉아서 하는 일은 싫고요, 움직이면서 하는 일이요."

휘철이와 어머니에게 찾아보겠다고 하며 기다려 달라고 당부했다. 바쁜 날들을 보내며 휘철이가 금방 떠오르지 않았고 머릿속에서 계속 고민과 구상을 하였다. 한 달이 훌쩍 지나고 두 달로 접어들 때 문득 휘철이 생각이 났다.

"어머니 죄송합니다. 제가 그만 바빠서요."

"아니에요 선생님, 기다려 달라고 하셔서 기다리고 있으니 걱정 마세요."

금방 여름 방학이 지나 넉 달이 지났다. 나도 너무했다. 내가 해결할 수 없으면 다른 방법을 찾으라고 해야지, 왜 붙잡고 해결도 안 하는지, 못하는지 하고 있다.

"선생님, 아니에요. 선생님 바쁘시잖아요."

"휘철이에게 미안합니다."

때마침 대형마트가 개발되고 있었다. 활동적인 업무를 희망하는 휘철이에게 적합하여 면접을 추진하였다. 담당자는 휘철이를 보면서 무척이나 큰 기대의 말을 해 주었다. 월등한 기능에 맞는 업무를 주기 위하여 업무를 조정하고 있다고 했다. 그러나 며칠 후 상황이 달라진 연락을 받았고, 기대했던 곳에 갈 수 없게 되었다. 잔뜩 꿈에 부풀었다가 하루아침에 푹 꺼져 버렸다.

"어머니, 휘철이가 기대했을 텐데 일이 그렇게 되었네요."

"선생님, 그것도 휘철이에게는 공부입니다. 살아가는 것이 쉽다면 매사를 쉽게 생각할 터이니 어렵다는 것도 알아야 하지요. 기다릴 터이니 걱정 마세요."

어머니는 언제나 나를 안심시켜 주었고 목소리는 흔들림 없이 편안했다. 또다시 재도전의 기회가 왔다. 이번에도 대형마트다. 저번과 같은 실수가 없어야 하는데, 돌발적인 일에 황당한 일이 발생하지 않기를 기대하며 정확하게 처리하려고 했다.

면접 날짜가 잡히고, 휘철이를 위하여 세 기관의 담당 교사 4명 그리고 어머니까지 5명이 참석했다. 면접 초반에 팀장님께서 현재 근무하는 곳보다 시급이 두 배 정도로 많다는 것을 듣

고 난 후로, 꼭 합격해야겠다는 의지로 질문에 대답을 했다고
한다.

"선생님, 떨려서 혼났어요."

"아니, 하나도 떠는 것 같지 않던데, 팀장님 물음에 대답을 정
말 잘해서 선생님 놀랐어요."

좋은 결과가 있었다. 합격 통보를 받았고 휘철이는 기쁨에 전
화를 걸어왔다. 그러나 일은 만만하지 않았다. 설마 했지만 생
각하고 싶지 않은 일이 또 예기치 않은 방향으로 흘러가고 있었
다. 고용 계약서를 쓰자고 약속하더니 취소를 하였고, 실습을
먼저 해 보자고 하더니 진행되지 않은 채 마냥 조급하게 날짜만
지나갔다. 이미 휘철이는 다니던 직장에서 퇴사를 했는데도 어
머니는 흔들림이 없다.

"선생님 괜찮습니다. 대기업이라서 시간이 걸리나 보지요.
기다리겠습니다."

열흘 정도 지나서 실습 날짜가 정해졌고, 드디어 실습을 시작
했다. 실습을 하면서 처음에는 잘하고 싶은 마음에 일을 급하게
하여 실수도 했지만 점차 안정을 찾으면서 실습을 끝낼 즈음에
팀장님은 합격을 결정했다. 출근 날짜만 정해지기를 기다리는
데 시간을 끌었다. 불안했다.

며칠 후 사업체에서 휘철이의 고용이 어렵다는 연락이 왔다.
어려운 상황에서 생각할 수 있는 것은 휘철이가 장애인이기 때
문이라는 피해 의식이었다. 담당 팀장님을 만나 뵈었고, 휘철이

의 한계점을 알 수 있었다. 사업체에서 요구하는 일은 10가지이고, 일반인은 모두 할 수 있는 일인데 휘철이는 2가지만 할 수 있었다고 하며, 아직은 사업체가 휘철이를, 아니 장애인을 이해하는 것이 부족한 것 같다고 했다.

머릿속에 떠오르는 생각은 불만으로 표출되며, 그동안 장애인 고용에 어려움을 심하게 겪지 않았던 나는 장애인에 대한 인식의 부족을 실감했다.

'지적장애인도 잘 모르면서, 대기업에서 그럴 것 같으면 왜 고용을 시도했는지……. 휘철이 마음에 상처를 주고, 이것을 경험으로만 돌리라는 것은 가혹하다.'

그러나 한편으로는 위로를 했다.

'처음부터 성공할 것을 기대하기는 어려울 수 있다. 이제 막 문을 두드렸으니 내년에 재도전을 할 것이고, 또 희망을 가져 보자.'

어머니는 또 기다림을 재촉했다. 며칠이 지나고 휘철이가 갈 곳이 결정되었다. 두 번의 실망으로 기대하지 않았고, 장소는 잠실에 있는 대형마트다. 어머니께서는 그래도 또 면접에 참석하셨다. 생각보다 지치지 않은 얼굴에 나를 위로하듯 아무렇지도 않은 내색을 하셨다. 면접은 잘 보았고, 그 자리에서 합격 통보를 받고 출근 날짜를 정했다.

긴 한숨을 내쉬는 어머니는 그제야 그동안의 어려웠던 줄거리를 말씀하셨다. 대형마트에 취업되었다고 할머니께서 여기저기 소문을 내셨는데, 그것이 무효가 되면서 할머니를 실망시킨 것이 어쩌면 휘철이가 겪었던 아픔보다 더 컸었노라고. 출근 후 한 달이 지나서 월급을 탄 휘철이는 어머니와 함께 나를 찾아오겠다고 했으나 그날은 나의 출장으로 만나지 못하고 전화로 힘찬 목소리만 들었다.

"선생님, 이곳의 일은 제가 하고 싶었던 일이에요. 그래서 신나게 일하고 있어요."

"선생님, 출근하는 휘철이의 뒷모습을 보면 어찌나 발걸음이 가볍고 빨리 걸어가는지, 집에 와서도 콧노래를 불러요."

휘철이는 고등학교 때 지역의 복지관에서 직업평가를 받을 때만 해도 직장을 갖기 어려운 결과가 나왔다. 또한 휘철이네 집은 매우 부유하여 휘철이가 직장생활을 안 해도 충분히 살 수 있는 집안 형편이다. 그럼에도 휘철이 어머니는 여기저기를 다니며 휘철이의 진로를 살폈고, 패밀리 레스토랑에서 온종일 설거지하는 일에 찬성을 하며 휘철이를 적극 지원했다. 그로부터 3년 후 휘철이가 다른 직장으로 옮기고자 했을 때 지역 복지관의 평가를 다시 받게 되었다. 복지관에서는 변화된 휘철이의 능력에 놀라며 적성에 맞는 대형마트 취업이 안정적이라고 했다.

이렇게 휘철이가 변화·성장할 수 있었던 것은 사회통합을 하면서 일반인의 생활양식을 보고 배웠던 휘철이의 생활 그 자체가 산교육이었기 때문이다. 휘철이 어머니께서는 그 변화와 향상을 예견하셨듯이 풍족한 살림에도 휘철이를 사회인으로 만드는 데 주저하지 않았다. 그 소신은 적중했고, 휘철이는 더 나은 직장에 번듯하게 합격했다.

기다려 주고, 여유 있고 지혜롭게 자녀를 교육하고, 함께 방안을 찾았던 휘철이 어머니의 자녀 사랑과 지원에 잔잔한 감동이 밀려온다. 교사, 학생, 부모의 3중주는 하모니를 이루어 '장애 극복'이라는 아름다운 선율을 들려주었다.

난 어린이가 예뻐요

　서경이는 경중의 지적장애인이며 휘철이의 동생이다. 보통 우리 아이들은 자기결정력이 부족하여 자신이 무엇을 좋아하고 싫어하는지, 무슨 일이 하고 싶은지를 잘 모른다. 그래서 사회인이 되기 위한 첫 번째 관문인 면접에서 질문에 대한 답변을 제대로 하지 못하여 탈락의 아픔을 겪는다. 그러나 서경이는 자기 생각이 확고하다. 대형마트 면접에서 면접관이 식품관에 근무를 희망하느냐고 물으니, "저는 유치원 보조 선생님이 되고 싶어요. 유치원 아이들처럼 어린아이들이 예쁩니다."라고 말할 정도다.

　휘철이 어머니는 휘철이에 이어서 서경이의 취업도 기다리기 시작했다. 서경이에 대하여 상담한 지 반년의 시간이 흘렀지만, 그래도 적합한 유치원을 찾아야 했다. 시간이 걸려 찾은 유치원은 원장님부터 부원감님, 동료 교사들의 분위기가 훈훈한 곳이었다. 그런데 통근 시간이 한 시간 반 정도가 걸린다고 하니 접근성에서 걱정이다. 어머니께서는 그것을 개의치 않으셨다.

"선생님 통근 거리가 멀면 길에서 얻는 공부가 많을 테니 걱정하지 않습니다."

실습 전날 한 번의 교통 훈련을 마치고, 다음 날 첫 출근에 어머니는 서경이가 혼자 가도록 조치했다.

담임 선생님께 연락이 왔다.

"서경이가 출근하면서 내려야 할 전철역을 놓쳐 다시 한 정거장을 돌아오느라 출근 시각 바로 전에 도착했대요."

"선생님, 서경이 고생 좀 해야 해요. 걱정하지 마세요. 그리고 정신 못 차리면 호되게 야단쳐 주세요. 때려 주셔도 됩니다."

조금도 흔들림 없는 어머니의 태도에 걱정했던 선생님의 마음이 가라앉았다.

서경이가 맡은 일은 수업 시간에는 담임 선생님의 보조, 식사 시간에 식사 보조, 현장 체험 학습이나 이동 시에 보조, 음악 시간에 피아노 치기, 동화책 읽어 주기, 놀이방에서 같이 놀아 주기 등의 업무가 주어졌다.

수업 시간에 담임 선생님의 보조는 학교에서 선생님을 도와 중증의 학생들이 공부할 수 있도록 도우면서 배웠고, 식사 시간에 식사 보조는 집에서 할머니를 모시면서 어머니를 따라 할머니의 식사를 보조하면서 배웠고, 현장 체험 학습이나 이동 시의 보조는 항상 학교에서 이동 시 어려운 친구들을 도우면서 배웠다. 또한 음악 시간에 피아노 치기는 어려서부터 어머니께서 서경이가 좋아하는 피아노를 칠 수 있도록 학원에서의 교습으로 간단한 동요와 부르고 싶은 곡은 칠 수 있었고, 동화책 읽어 주기는 어려운 글자를 제외하고는 한글을 거의 해득하였기에 할 수 있었으며, 책 읽는 방법을 선생님에게 배워 할 수 있었다. 놀이방에서 같이 놀아 주기는 아이들을 예뻐하며 눈높이를 맞춰 줄 수 있는 서경이의 능력이 있었기에 할 수 있었다.

이러한 기능과 능력은 서경이가 유치원 보조 교사로 적성을 갖추기에 충분했고, 어머니와 선생님 그리고 서경이 자신의 노력이 있었기에 준비할 수 있었다.

원장님의 배려로 유치원 학부모님들께 장애학생이 보조 교사를 맡고 있음을 알렸고, 서경이에게 오후 종일반 수업을 맡기셨다. 서경이는 유치원 내 야외 학습장에서 아이들과 낙엽을 주워 모아 스케치북에 붙이고 가을의 색깔도 칠하면서 미술 수업을 훌륭하게 해냈다.

학교에서 선생님에게 배운 대로 아이들에게도 적용했다. 음악 시간에는 동요를 치면서 아이들과 신나게 노래도 하고, 율동도 한다. 하고 싶은 일을 하면서 예쁜 얼굴이 더욱 예뻐졌고, 특히 남자 어린이들이 젊은 보조 선생님을 졸졸 따라다니며 좋아한단다. 아마도 조금이라도 젊어서 맘이 통한다고 생각하나 보다.

출근 후 며칠 지나 서경이를 찾아갔을 때 활짝 핀 미소에 입술에는 살짝 색을 칠했는데, 익숙하지 못해 서투름이 보였다. 그 서투름도 얼마나 예쁘게 보였던지……. 그것은 서경이가 유치원 아이들에게 예쁘게 보이려고 그린 마음이 예쁘게 담겨 있기 때문일 것이다. 쟁반에 찻잔을 올려 들고 나오는데 예의를 다했다. 학교와 집에서 차를 준비하는 교육을 잘 배웠던 것 같다. 원장님과 부원감님으로부터 자자하게 칭찬을 들었다. 나의 어깨가 으쓱해지면서도 오래도록 유지해야 하는 데에 대한 어깨가 무거워졌다.

한편, 원장님께서는 통근 시간이 장시간이라 걱정했는데 어머니의 말씀을 듣고 걱정을 내려놓았다고 말씀하셨다. 유치원은 오랫동안 서경이가 일하고 싶어 한 곳이고, 서경이의 적성에 맞고 서경이를 이해하고 받아 주는 곳이기 때문에 거리는 상관이 없다고……. 오히려 길에서 배우는 것도 중요하다고 하셨단다. 한 시간 반 동안의 통근 시간에도 힘들어하지 않고 즐겁게 근무할 수 있는 것은 어머니의 의지가 서경이에게 굽히지 않는 소신으로 전달되었기 때문이기도 하다.

부유한 가정에 장애를 가진 자식들을 고생시키지 않을 법도 한데 사회에서의 교육을 선택했고, 그 고생이 아이들에게 가장 큰 교육임을 깨달으셨다. 이러한 어머니의 역할이 서경이와 휘철이를 훌륭한 사회인으로 만들면서 장애를 극복하고 사회 속에서 우뚝 자리매김할 수 있도록 만든 원동력이라고 하겠다.

사회 속에서의 사회통합이야말로 장애를 극복할 수 있는 가장 절실한 교육이다. 어머니의 훌륭한 자녀 교육에 휘철이는 대형마트에서, 서경이는 유치원에서 자기의 몫을 충분히 발휘하며, 질 높은 삶을 향해 발걸음을 옮긴다.

할머니의 꿈

　2000년도에 처음으로 정신지체 특수학교 전공과를 열심히 운영해 보겠다고 교장 선생님께 자청했고, 그때부터 내가 하고 싶은 직업교육에 몰두하게 되었다.

　아이들이 사회에 나가기 위하여 준비해야 할 교육을 몇 가지 추진했고, 그 결과 취업으로 이어져야 하는데 그것이 정말 걱정이었다. 사업체 개발 방법에도 어려움이 있지만 어떻게 모르는 사업체를 믿고 우리 아이들을 보낼지가 가장 고민이었고, 해결 방법으로 인맥을 동원하기로 했다. 친하게 만날 수 있는 사람들이면 모두 나의 사업체 개발 대상자였다.

　마침 학교에는 봉사활동을 나오는 어른들이 있었는데, 그들과 얘기를 나누며, 오로지 그들이 다니는 사업체가 어떤 사업체이고 직무가 무엇인지를 물었다. 2000년대 초에는 성남시에 양말 공장이 많았다. 양말을 짜는 곳, 양말에 자수를 놓는 곳, 포장하는 곳 등이 있었다. 그중에서 우리 아이들이 할 수 있는 직무가 있는 곳은 자수를 놓는 곳과 포장하는 곳이다. 봉사자 중에 한 분이 자수를 놓는 곳의 사업체에서 과장의 직함을 갖고 계셨다. 나는 얼른 전공 과정을 소개하였고, 아이들이 훈련하는 모습도 보여 주었다. 아이들이 잘할 수 있는 강점을 안내하고 실습을 해 보자고 권하였다. 특수학교에 봉사를 하는 만큼 장애인에 대한 인식이 있었다. 그때만 해도 일할 사람을 구하기가 쉽지 않았고, 이직이 다반사였다. 또한 자수를 놓는 기계 소리가 매우 크게 들려 사업주는 주로 청각장애인을 대상으로 고용하고 있었다.

용남이는 경증의 자폐성장애인이다. 어머니는 가출하셨고, 그로 인하여 술로 나날을 보내시는 아버지와 살림을 꾸려 가시는 할머니와 함께 살고 있다. 낡고 깨끗하지 못한 옷에 팔꿈치에는 때가 살이 되어 얹혀 있었다. 용남이는 취업 대상자를 찾으면서 1순위에 두었다. 용남이와 할머니에게 희망을 주고 싶었다. 정교한 작업을 잘 해낼 수 있었고, 취업에 대한 욕구도 있었다. 할머니께서는 일을 하시기 때문에 출근 전날에 내가 교통지도를 했고, 집과 가까우며 한 번의 버스 이용이 가능했기에 용남이는 한 번에 알아들었다.

다음 날 나는 아침부터 바짝 긴장이 되었다. '용남이가 출근을 잘해야 할 텐데…….' '일을 잘 해내야 할 텐데…….' 등 매사가 불안했다. 아니나 다를까 10시쯤이 되어 과장님에게 전화가 걸려왔다. 가슴이 덜컥 내려앉는다. 용남이가 아직 출근을 하지 않았다고 한다. 갑작스럽게 발생한 일에 당황하기보다는 빠른 대책이 필요했다.

"과장님, 용남이가 어제 탄 버스를 기다리는 것 같습니다."

"아니, 왜요? 꼭 어제 탄 버스를 기다려야 하나요?"

예상은 적중하여 용남이는 11시경 회사에 도착하였고, 어제 탄 버스를 기다렸다고 한다. 자폐성장애인의 특성을 알리기나 하는 듯하였고, 퇴근 후 과장님께 용남이의 장애를 알리면서 미리 알리지 못한 점을 사과드렸다. 돌발 사태를 미리 준비해야 했었는데 놓친 것이다.

다음 날부터 출근은 순조로웠다. 실습을 잘 마치고 고용 계약서를 작성했다. 2000년 10월 전공과 운영을 하면서 처음으로 취업을 시켰고, 최저 임금 40만 원을 받을 수 있게 되었다. 고용 후 몇 차례 일이 있었으나 아주 가벼운 일이었고, 별 문제 없이 지나갔다. 주로 사회인으로 살아가면서 지켜야 할 예절 중 몸단장을 스스로 할 수 있도록 지도했다.

실습장에서 재배 훈련을 하면서 200평 땅에 농사를 지은 농산물이 여름 방학 중 비를 맞고 쑥쑥 자라나 바구니에 하나 가득했다. 재배지는 사업체와 가까운 곳이었기에 용남이 점심을 맛있게 해 주라고 고추, 호박, 가지 등을 잔뜩 따서 회사에 갔다. 아주머니께서 해 주시는 밥에 가져간 반찬거리는 훌륭한 점심이 될 것이다. 나는 아이들이 먹는 밥이 어떤지를 알아보기 위하여 일부러 점심시간에 사업체에 들르기도 한다. 눈이 마주치자 용남이는 일을 하다가 깍듯하게 머리를 숙여, "선생님, 안녕하세요?" 하고 인사하는 것이 아닌가! 순간 나의 귀를 의심했다.

'용남이가 저렇게 또렷하게 인사를 하다니!'

학교에서는 스스로 인사하기가 어려웠었는데, 직장이 그리고 일이 용남이를 이렇게 훌륭하게 만들어 주었다. 그것뿐만이 아니었다. 복장은 깔끔하고 단정하게 갖추어져 잘생긴 얼굴이 더욱 훤칠해 보였다. 나의 입가에 절로 미소가 띠워졌다. 싱싱한 야채로 차려진 식사를 마치고 나니 용남이가 차를 내왔다. 자판기에서 커피를 뽑아 와 내밀며 "선생님, 커피 드세요."를 한다. 또 한 번 눈이 동그랗게 커지며 용남이를 쳐다보았다. 용남이는 살짝 미소를 보이며 멋쩍어한다. 커피를 건네고는 동료에게로 가더니 이야기를 나눈다. 웃기도 하고 도란도란 이야기 소리가 들리기도 한다. 나는 넋을 놓고 쳐다보았다. 학교에서는 선생님, 친구들과도 스스로 인사하기가 어려웠는데, 이렇게 인사를 잘하고 차도 내오고 차를 드시라고 인사도 하고 동료들과 이야기도 나누고……. 용남이는 성공을 했다!

직장인 그리고 사회인으로 살아가는 데 한 치의 부족함이 없고, 어디에 내놓아도 살아갈 수 있을 것 같았다. 취업을 한 후 5년이 지난 어느 날 할머니께서 학교에 찾아오셨다.

"선생님, 며칠 있으면 적금 3,000만 원을 탑니다. 정말 고맙습니다. 용남이가 버는 것이 기특하여 월급 받는 것을 쓰지 못하고 제가 버는 것을 보태어 큰돈을 만들었어요. 조금만 더 벌면 집도 사고 장가도 갈 수 있겠어요."

"그럼요, 할머니. 용남이가 지금처럼 열심히 살면 집도 사고 결혼하여 오순도순 재미있게 살 수 있어요."

할머니의 꿈은 벌써 용남이의 집을 장만하고 장가도 보냈다. 할머니는 손자의 앞날을 멋지게 설계하고 계셨다.

직업상담

학생의 직업적 요구와 능력을 알아보고, 그에 맞는 직업교육과정에 대한 정보를 제공하여 직업교육을 효율적으로 실시하기 위함이다. 나아가 학생의 특성과 요구에 맞는 취업 지원을 이루기 위함이다.

★ 상담 대상자가 편안하게 상담할 수 있도록 분위기를 조성한다.

★ 상담 방법은 전화, 면담을 하는 경우가 있다. 진로 · 직업교육을 위한 기초자료 조사는 부모가 바쁘다고 하여 가정으로 보내어 작성하게 되면 학생의 능력을 과대 · 과소평가할 수 있으니 부모와 교사가 함께 작성하도록 주의한다.

★ 학생 상담 시 학생이 자기결정력이 부족하다고 하여 제외시키면 안 되며, 그림이나 사진 등 쉽게 표현할 수 있는 방법을 찾아 상담한다. 의사소통장애의 경우 학생 특성에 맞게 표현할 수 있도록 방법을 찾는다.

★ 학부모 상담 시 부모가 위축되지 않도록 분위기를 조성한다. 학생의 병력, 질병, 약물 복용, 직업생활에 어려움을 줄 수 있는 부적응 행동 등을 숨기지 않고 의논할 수 있도록 유도한다.

★ 상담일지에는 체크리스트로 작성된 기초자료 조사에서 추가하고 싶은 내용들을 상담하여 기록한다. 특히, 고등학교 3학년 과정에서는 취업 희망 여부를 확실하게 해야 한다. 이는 학생과 부모가 희망하지 않는 지원을 할 수 없기 때문이고 그에 알맞은 교육 및 지원을 할 수 있다.

★ 학생과 부모가 취업을 희망했을 경우에는 직종 등의 요구를 조사하고 취업을 위한 직업평가에서 직업훈련 등 직업재활과정의 다음 단계를 제시한다.

★ 학생이 취업에 대한 동기가 되지 않았을 경우 시간을 두고 단서 제공, 견학, 사례 제공, 체험 등의 방법을 제공하여 동기를 갖도록 한다.

★ 부모가 동기가 되지 않았을 경우에도 학생과 마찬가지로 인식을 시켜 이해할 수 있도록 지원해야 하며, 이해가 부족했을 경우 교사는 부모의 이해를 이끌 수 있도록 방법을 찾아야 한다. 부모나 가족이 자녀의 직업 생활에 자신을 갖고 참여할 수 있도록 지원하는 것도 교사의 역할이다.

★ 진로를 전공과, 직업훈련기관, 장애인복지관으로 희망할 경우 그에 맞는 지원을 설명한다.

★ 진로를 대학으로 희망할 경우 교사와 부모는 적성에 맞는 학과, 대학, 위치 등에 관해 준비하도록 한다.

★ 다음 학년에 요구가 변화될 수 있다는 것도 염두에 두고 지속적인 상담 및 지원을 해야 한다.

★ 상담을 통해 요구를 조사하고, 파악하며, 문제점 발견 시 해결, 치료, 방법 모색 등을 수행할 수 있다.

★ 상담일지에는 상담 날짜, 시간, 장소, 방법을 기입한다. 학생의 인적사 항으로 학생과 보호자 성명, 학년, 반, 주소, 전화번호 등을 기록한다.

★ 상담일지의 내용으로는 일상생활, 사회생활, 여가생활, 직업생활에 대한 현재 수준과 요구 사항을 기록한다.

★ 직업상담은 일반상담과 다르게 직업적 요구, 능력, 적성 등을 알아내야 하는 과정이기 때문에 학생, 부모와 함께 일상생활, 사회생활, 여가생활, 직업생활의 수행 수준을 알아보기 위한 체크리스트 등을 작성한다.

★ 상담 후 상담자의 의견을 기록하여 상담 결과를 적용하는 데 도움이 되도록 한다.

★ 작성 후 개별화교육프로그램, 개별화전환교육계획 작성에 참고한다.

★ 상담 내용을 기록으로 남겨 요구, 변화되는 내용, 정보 등을 참고로 교육에 반영한다.

★ 기록된 내용은 한 학년에만 그치지 말고 보관하여 다음 학년이나 과정 에도 연결·전달되어 학생의 변화 내용을 알고 지도할 수 있도록 한다.

★ 질병은 직업생활 유지에 어려움을 줄 수 있기 때문에 절대 숨겨서는 안 되는 사항임을 알고 부모와 교사가 협조하여 학생의 자립을 지원해야 한다.

★ 학교 졸업 후 평생교육 지원을 위한 기초자료 구축에는 반드시 부모의 동의를 받아 개인 정보를 공유한다.

　　장애학생의 잠재 능력, 적성, 흥미 등을 평가하여 직업교육을 위한 기초자료, 직업재활의 적격성 판정, 직업 배치 시 비교적합성 분석, 적합한 직종 선택을 지원하기 위하여 실시한다.

★ 평가 실시는 직업평가 전문기관에서 학교에 방문할 수 있고, 학생이 기관에 방문하여 평가를 받을 수 있는데 기관의 상황에 따라 의논하여 조정한다.

★ 기관에 가서 평가를 받을 때에는 부모가 동행하여 학생에 대한 정보를 제공하는 등 평가를 지원한다. 부모가 참여하는 것은 직업재활과정에 대한 인식을 높이고 관심을 갖게 하며 협력했을 때 효과가 높기 때문이다. 또한 평가 결과 보고서를 받았을 때 보고서의 내용을 쉽게 이해할 수 있고, 자녀의 직업재활과정을 지원하는 데 책임감과 자신감을 갖게 하기 위함이다.

★ 학교에서 평가 실시 시 평가를 할 수 있는 조용한 분위기의 장소를 마련한다.

★ 학교에서는 간단한 진단평가를 실시하여 학생의 직업적 능력을 객관적으로 파악한다.

★ 결과 보고서에 제시된 학생의 직업적 능력과 적성을 기초로 직업교육에 활용한다.

★ 학생의 적합한 직종을 파악하는 데 참고한다.

★ 직업 배치 시 사업체의 직무분석 내용과 학생의 적성을 비교하여 적합한 대상자를 찾는 비교적합성 분석의 자료로 활용한다.

★ 결과 보고서는 학교, 기관, 가정에서 보관하고 학교는 일정 기간 보관하여 평생교육의 자료로 활용한다.

★ 결과 보고서는 가정에 보내 주어 부모가 자녀의 직업적 능력을 파악할 수 있도록 하며, 가정에서의 직업교육을 실시하는 데 참고가 되도록 한다.

★ 학교에서 결과 보고서는 개별화전환교육계획에 첨부하여 차기 년도 담임에게 전달하여 직업교육에 참고한다.

★ 직업평가를 끝낸 후 시기, 방법, 과정 등에서 개선 사항을 찾아 수정하고, 활용 방안이 높을 경우에는 일반화시키도록 한다.

★ 직업평가는 평가 도구의 비용과 실시 요령, 결과 보고서의 작성 문제로 전문가에게 의뢰하는 것이 효과적이며, 직업재활과정을 함께 연계하기 위해서는 기관에서 학생을 파악해야 하는 필요성이 있기 때문에 기관에서 평가를 실시하는 것은 학생을 알 수 있는 좋은 기회라고 할 수 있다.

★ 학교에서는 차기 년도 평가 요구를 미리 기관에 의뢰하여 기관이 차기 년도 계획에 반영하도록 한다.

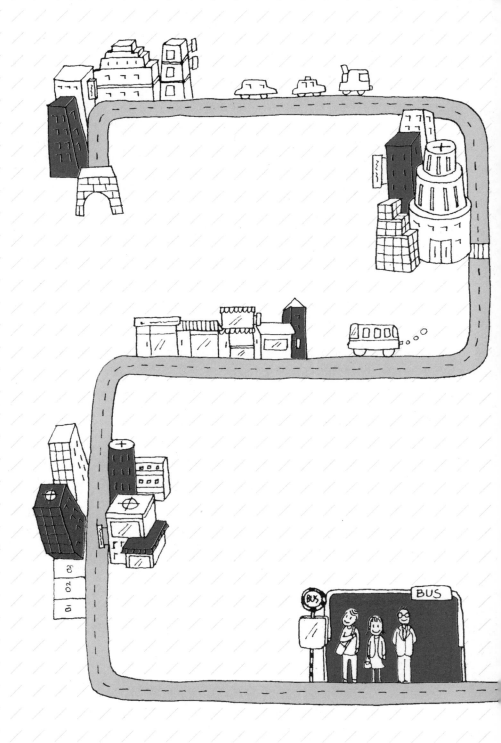

02

한계, 인내
그리고 기다림

12가지 색연필 심 끼우기

　전공과를 맡아 하면서 나에게 가장 시급했던 것은 학생들의 기능을 향상시키는 것이었다. 단순한 작업을 해내는 데에도 기능은 필요하기 때문이다. 나는 고민했고, 학생들이 가장 즐거워하고 흥미가 있으면서도 교육적 효과가 있는 작업을 찾아야 했다. 방학을 하면 서울에 있는 장애인복지관을 둘러보며 직업훈련의 실태를 알아보았다. 가장 앞서가는 복지관은 공과 중심의 훈련을 쇄신하기 위하여 기존의 훈련 시설을 거침없이 변환시키는 선구적인 곳이었다.

　전공과 운영을 시작하면서 직업재활 담당자를 만났을 때 받은 명함을 가지고 있다가 필요한 상황에 꺼내었고, 오래도록 기억해 준 나에게 그들은 답례로 도움을 아끼지 않았다. 또한 직업교육의 어려움을 공감하며 동료로 나눔을 같이하려 했다.

복지관에서 진행하고 있는 '색연필 심 끼우기'의 훈련 재료는 학생들의 흥미를 자극하고 훈련 효과를 내기에 충분했다. 12가지 색연필 심은 각각의 색을 아름답게 뿜내며 자신만의 독특한 색을 드러내었다. 단순히 쓰기만 했던 색연필을 직접 조립한다고 하니 학생들은 호기심에 두 눈을 동그랗게 뜨고 쳐다보았다.

아이들이 할 작업은 색연필의 끝부분에 하얀 플라스틱의 로켓을 끼우는 작업이다. 로켓은 약한 불에 달구어 부드러워졌을 때 색연필 심에 끼우고, 굳었을 때 색연필 심의 끝에서 고정될 수 있다. 로켓 뒤에는 스프링이 달려 있으며 색연필을 앞으로 내밀거나 뒤로 당겨 색연필 심을 꺼내거나 넣는다.

색연필 심은 조금만 힘을 주어도 여지없이 부러지고 만다. 따라서 색연필 심 끼우기의 작업은 이러한 부러지기 쉬운 색연필 심의 특성상 손의 힘 조절력이 필요하다. 적당히 손의 힘 조절을 했을 때 로켓은 경쾌하게 심의 끝에서 폼을 잰다. 하지만 눈과 손의 협응력이 부족하다면 심의 끝에 로켓을 바로 끼우지 못하고 심의 주변을 방황하다가 로켓은 더운 열기가 식어 부러지고 만다. 이러한 작업 방법을 익히고 속도를 냈을 때 손가락의 기민성을 향상시켜 준다.

훈희는 뇌병변장애로 왼쪽 팔과 다리에 마비가 있다. 집념이 강하고 쉽게 포기하지 않는 녀석이다. 색연필 심 끼우기를 해 보겠다고 도전했으며, 지금까지 해 보지 못했던 작업에 대한 흥미로 얼굴에 미소와 함께 눈이 반짝 빛났다. 자리에 바로 앉고 좋아하는 분홍색 색연필을 골랐다. 프라이팬의 약한 불에 달구어진 로켓은 나를 먼저 데려가 달라고 눈길을 보낸다. 왼손에 심을 잡고 오른손으로 로켓을 잡았다. 로켓의 따뜻한 열이 식기 전에 심에 끼워야 한다.

그런데 아차! 처음해 보는 작업이라 왼손이 심하게 떨리면서 로켓을 끼우기도 전에 왼손의 손가락 사이에서 색연필 심은 무참하게 부러져 버렸다.

'어머나, 부러졌네.'

부러지는 순간은 나도 경험했지만 나의 몸 일부가 부러지는 느낌으로 아찔하다.

'어쩌나, 심에게 미안함을!'

두 번째 시도에서는 심 가까이까지 로켓이 갔으나 손의 떨림을 막으려고 시간을 지체하여 열이 식으면서 또 부러지고 말았다.

세 번째 시도에서도 로켓은 끼워지지 않았고, 그다음에도 부러졌으며, 책상 위에 나뒹굴고 있는 부러진 상처들은 훈희의 도전 정신을 시험하기 시작했다.

시간은 아침부터 반나절이 지났고 얼굴에 흐른 땀이 눈으로 들어가 눈이 따갑고 아파 왔다. 하루 종일 실패를 거듭했더니 색연필 심의 모양이 흔들리기까지 했다. 드디어 어쩌다 한 개를 끼우고, 끼웠다고 환호를 지르기에는 기진맥진 힘이 다 빠져 있었다.

어떻게 하나! 이 작업이 재미있고 잘 해내리라고 판단하여 어렵게 시작을 했는데 하루 종일 한 개를 성공할 수 있다면 계속해야 하는지 포기해야 하는지, 갈등과 한계에 이르렀다.

'과연 이 상태에서 향상될 수 있을까?'

이것이 가장 결정하기 힘든 일이었지만, 단 한 가지 교육적 효과는 충분히 컸다. 그러나 어려움이란 녀석은 어려울수록 포기란 있을 수 없다는, 해 보고자 하는 집념을 만들어 주었다. 그래도 한 개를 끼울 수 있었으니 희망은 있었다. 다음 날도 계속할 수 있다는 실낱같은 희망을 안았다.

그런데 또 하나의 어려움이 있었다. 복지관에서 적은 물량을 가져와 시작해 본 것인데, 이 작업을 본격적으로 시작하게 되면 문제가 커지는 것이다. 사업체에 직접 가서 조달해야 했고, 부피가 크고 무게도 무거워 승용차로는 운반이 안 되고 트럭이 필요했다. 트럭을 이용하려면 비용을 지불해야 하는데, 그 금액은 아이들이 작업해서 번 돈으로는 턱없이 부족했다.

어떻게 해결해야 하나? 잦은 출장을 허락받는 것 또한 걱정이다. 머릿속에서 뱅뱅 도는 문제를 퇴근하고 집에 온 남편과 의논했다. 남편은 걱정하지 말라고 하며 자신이 해 주겠다고 했다. 다행히 남편이 운영하는 공장에 트럭이 있고 그것을 이용하여 운반해 주었다. 남편이 실어 온 색연필을 보고 아이들은 기쁨에 겨워 무거움을 잊고 운반했으며, 아이들이 기뻐하는 모습에 남편은 힘을 내었다.

나의 직업교육 실천에 든든한 기둥이 되어 준 남편. 역시! 나의 조력자다.

이런 여러 가지 도움과 협조로 훈희는 나날이 색연필 심을 끼우는 개수가 늘어났고, 한 가지 생각하지 못했던 더 큰 교육적 효과가 있었다. 손의 떨림을 치료할 수 있는 치료교육이 이루어지고 있었다. 손의 떨림이 최소로 줄어 취업을 할 수 있기를 고대했으며, 훈희도 나의 생각을 읽고 꿋꿋함을 길러 갔다.

현장 실습 허락받다

"얘들아, 취업해야 한다."
"선생님, 취업이 뭔데요?"

지능과 적응에 어려움이 있기 때문에 우리 아이들에게는 현장에서의 교육이 절실히 필요하다. 취업이 무엇인지 모르는 아이들에게 사업체에서 직원들과 동일하게 출퇴근하고 일하는 경험은 가장 효과적인 직업교육 방법이다.

2000년, 아직은 아이들이 특수학교의 교문을 나가면 사고의 위험성이 크다고 생각하여 현장학습, 견학, 체험, 실습 등 교문 밖을 나가서 하는 교육은 엄두를 내지 못하고 있었다. 어떻게 해야 실습을 나갈 수 있을까? 분명히 실시해야만 한다. 목적을 세웠으니 방법을 찾아야 한다. 전공과 동료 교사들에게 의지를 밝히고 의사를 물었다. 동료들은 반대하지 않았고, 오히려 꼭 필요한 교육이니 방법을 찾아보자고 나에게 힘을 실어 주었다.

전공과 2학년 학생들은 두 학급에 21명의 학생들이 즐겁게 학교생활을 하고 있다. 이 예쁜 녀석들을 구제하기 위한 첫 번째 단계는 교내에서 모의 직업훈련을 하는 것이고, 두 번째는 학교에서 교육받은 것을 현장에서 적용해 보는 것이다.

두 번째 관문에 봉착하여 해결책을 찾아야 했다. 두 가지 일을 해결해야 하는데, 한 가지는 아이들이 실습할 사업체를 찾아야 하고, 다른 한 가지는 교장, 교감 선생님의 허락을 받는 일이다. 두 가지 모두 만만치 않아서 방법을 찾느라 다른 생각을 할 겨를이 없다.

아이들은 21명으로 교사 7명에 3명씩 짝을 지어 7개 사업체를 찾아야 했다. 중증의 아이들은 졸업 후 장애인복지관으로 갈 경우가 많기 때문에 복지관도 사업체 대상으로 넣었다. 아이들에게 어떤 회사를 가고 싶으냐고 물으니 적성대로 대답을 하는 아이도 있고, 어디를 가야 할지 모르는 아이들도 있다.

그동안 찾아 놓은 사업체를 아이들의 적성에 따라 나누어 보았다. 전자회사, 양말 포장하는 공장과 생산하는 공장, 화장품 케이스를 제작하는 곳, 콘센트 조립 회사, 복지관 등 7군데를 찾았는데 사장님의 허락이 문제다.

"사장님, 우리 아이들은 일을 성실하게 할 수 있고, 실습장에 지도 교사를 배치할 터이니 실습을 받아 주시면 고맙겠습니다."

사장님이 허락을 할 수 있었던 것은 아마도 나의 간곡한 청도 있었겠지만, 장애인에 대하여 잘 알지 못하여 알고 싶은 마음도 있었을 것이다. 또한 일손이 달려 장애인을 인력 대상으로 고려해 보고 싶었던 이유도 있을 것이다. 그리고 지도 교사를 배치한다는 말에 거의 허락을 받을 수 있었다.

한 고개는 넘었지만 만만치 않은 한 고개가 더 남았다. 바로 교장 선생님의 허락을 받아 내는 일이다. 교장 선생님의 허락을 직접 받아 내기는 어림도 없는 일임을 교감 선생님께서 알려 주셨다. 교장 선생님께서는 사고를 걱정하시어 결재하지 않으실 것이라고 하셨다. 선생님들과 회의를 하고 좋은 방안을 찾으려 했지만 쉽게 찾을 수가 없었다.

그런데 하루는 학부모님이 아침에 아이를 등교시키고 지나가면서 "선생님, 우리 아이도 실습 나갈 수 있나요? 나갈 수 있으면 정말 좋겠어요."라고 한 말이 생각났다. 순간 좋은 생각이 머릿속을 번개처럼 스쳤다.

'아! 부모님께서 실습에 대하여 긍정적이시구나.'

그렇다면 부모님의 힘을 빌려도 될 것 같았다. 다행히 전공과 2학년에 전교 학부모 회장님이 계셨다. 얼른 회장님께 전화를 드려 만나 뵙고자 요청했다. 회장님은 아직까지 해 보지 못했던 교육과정에 동감하며, 같이 협력해 보자고 했다.

"회장님, 아직 교장 선생님의 허락이 나지 않았지만 모르는 척 하시고 교장 선생님께 감사의 인사를 드리시면 좋겠습니다."

"교장 선생님, 실습을 허락해 주셔서 감사합니다."

당시에는 교장실의 문턱이 낮아 학부모의 출입이 잦았지만 칭찬은 들을 수가 없었고, 민원에 진정 등으로 교장 선생님은 몸살을 앓으실 정도였다. 그런데 학부모 회장님의 감사 인사를 들었으니 교장 선생님께서는 무척 기분이 좋으셨을 것이다. 그 후에 나는 아무렇지도 않은 듯 결재판을 들고 교장 선생님을 찾아 뵈었다. 교장 선생님께서는 아무 말씀도 하지 않으시고 바로 'OK' 허락을 해 주셨다. 그때의 기쁨을 무엇으로 표현할까! 가슴이 벅차올라 하늘을 둥둥 나는 듯하고 세상의 모든 것이 아름다워 보였다. 발걸음도 가볍고 연신 콧노래가 나왔다.

그해 가을, 우리 교사 7명은 한 달 동안 실습을 하면서 아이들이 하지 못하는 부분의 몫을 채우려고 얼마나 열심히 일했는지 모른다. 실습 사업체의 업무를 꿰뚫을 수 있었고, 사장님으로부터 감사 인사와 함께 다음 실습을 허락받았다.

"선생님, 저 실습한 사업체에 취업하고 싶어요."

"일하고 싶어요. 일해서 돈을 벌고 싶어요."

"선생님, 장애인에 대하여 잘 몰랐는데, 정말 착하고 열심히 일하네요."

"실습 학생 중에 한 명을 채용하고 싶습니다."

나의 실습 목적을 달성하는 순간이었다.

높은 산봉우리의 정상에서 나는 다짐한다. 꼭 정상을 밟을 것
이라고! 산이 높고 험하다고 해서 오르다 내려가는 일은 없을
것이라고!

자신감 기르기

　나의 수업은 '대화, 질문, 칭찬'으로 이어진다. 아이들의 잃어버린 자신감을 되찾아 주어야 하기 때문이다. 이 방법은 이론상으로 배운 것이 아니고 교직 경력 이래로 터득한 것으로, 아이들은 이 방법을 좋아한다.

　아이들은 살아가면서 주변 사람들로부터 알게 모르게 무시를 받는 경험을 한다. 아무리 지적장애를 가졌다 해도 자신이 무시당하는 것을 아는 아이들이기에 위축되고, 말수가 적어지고, 움츠러들어 웃음도 잃고 표정이 어둡다. 또한 어깨나 등의 모습은 늘 제모양을 갖추지 못하고 쳐져 있다.

　우리 아이들에게 자신감을 줄 수 있는 교수-학습 방법으로

'대화, 질문, 칭찬'의 방법은 내가 가장 중요하게 생각하여 실천해 오는 방법이다. 아이들은 대화를 통해 선생님이 자신을 인정해 준다고 생각한다. 물론 아이의 눈높이에 맞춰 대화를 이어가야 한다. 나는 어떻게 하면 아이들과 재미있게 대화할 수 있을까 생각하였고, 모든 말을 쉽게 풀어야 대화를 할 수 있기에 지금은 말을 쉽게 푸는 데에는 자신이 생겼다. 대신 어려운 고사성어나 한자어 등의 낱말이나 단어를 잊어버려서 웃음을 터뜨리는 일이 종종 발생한다.

가족과 식탁에서의 대화였다. '적반하장'이라는 용어를 사용해야 하는 상황에 나는 '역반하장'이라고 말하여 우리 가족 모두의 웃음을 자아냈다. 20년을 넘도록 쉬운 말로 이야기하며 지냈더니 이런 일이 생기기 시작한 것이다. 아들들은 엄마는 선생님이면서 그것도 모르냐고 하지만 나는 그래도 행복하다. 우리 아이들이 내가 쉽게 하는 말을 이해하고 알아듣는다면 나는 어려운 단어들을 잊어도 좋다. 우리 아이들이 소중하고 나는 특수교사로서 역할을 하는 데 만족한다.

현장 체험 학습을 하러 출발하려는데 비가 온다. "얘들아, 비가 오니 우산 챙기세요."라고 하지 않는다. "얘들아, 비가 오는데 어떻게 해야 할까요?"라고 질문을 던진다.

매일 마시는 우유는 정해진 장소에 가져다 놓고 아이들이 가져다 마시도록 지도한다. 직접 나누어 주지 않고 아이들이 마시고 싶으면 마실 수 있도록 결정할 수 있는 기회를 제공한다. 아이들에게는 요구를 하여 그에 맞는 행동을 할 수 있도록 지켜본다. 단, 수행하는 데 어려움이 생겼을 때에만 해결할 수 있도록 최소한의 지원만 한다. 아이들이 스스로 해 보고 친구들과 협력해서 해결하여 자기주도학습, 협동학습이 되도록 격려한다. 우리 아이들에게 자기결정력이 생기면 사회의 첫 관문에서 탈락하는 일은 없을 것이다.

사장님과의 입사 면접에서 "이름이 뭐지요?"라는 질문에 그저 씨~익 웃는다. "어느 학교 다니세요?" 씨~익 웃는다. 물론 면접에서 합격하지 못한다. 자기결정력이 부족하기 때문에 사회의 첫 발걸음을 돌려야 한다. 이러한 어려움을 수없이 지켜볼 수만은 없다. 자신감을 갖도록 가르쳐야 한다. 그렇게 하지 않으면 아이들은 사회통합을 이루기 어렵고 끝까지 장애인으로 남아야 한다.

나의 발표 수업을 본 교사들은 "선생님, 이 수업이 정말 지적장애 학생들의 수업인가요? 대답을 잘하는 것을 보니 연습 많이 하셨나 봐요."라고 질문한다.

"얘들아, 너희 틀리게 대답해도 괜찮단다. 왜냐하면 너희는 몰라서 배우러 학교에 왔기 때문이다."

나는 야단을 치지 않았고, 틀리게 대답해도 "이렇게 하면 더 좋겠어요." "이 방법이 더 좋겠어요."라고 하며 격려했고, "안 돼." "틀렸어."라는 말은 하지 않으려고 노력했다. "참, 잘했어요. 정말 잘했다." "선생님, 놀랐어요. 대답 잘했어요." 틀리는 답에 대하여 야단은 치지 않고, 잘한 대답에 칭찬을 하니 아이들은 신바람이 나기 시작했다.

공개 수업에서 "이것 누가 대답해 볼까요?"라는 질문에 아이들은 너도나도 손을 높이 쳐들고, "저요, 저요, 제가 할래요." 하는 소리가 천장을 들썩들썩하게 해 놓는다.

역동적인 수업이다. 아이들이 모두 참여하며 재미있게 칭찬을 들으며 하는 수업이 진행된다. 조금을 했든, 기대 이상으로 해냈든지 간에 아이들은 칭찬과 격려가 살아 있는 수업에 흠뻑 빠져들어 기량을 펼친다. 부적응 행동이 보이지 않는다. 한 명 한 명 눈맞춤을 하고, 인정하고, 다독거리고, 쓰다듬어 주어 흥이 났는데 부적응 행동을 보일 리 없다.

"선생님, 이것 다 했어요."

1학년 아이의 질문이다. 옆에 있던 3학년 누나가 대답한다(무학년제 수업이기 때문에 1, 2, 3학년이 함께 수업을 한다.).

"그러면, 그다음에는 무엇을 해야 하지요?"

3학년 아이는 나의 수업 방법을 읽고 대신 반문했다. 바로 답을 주지 않고 자신이 생각하여 문제를 해결하도록 하는 방법을 알아챈 것이다. 중증의 경우에는 더 자세하게 단서를 제공한다.

"선생님 옆에 무엇이 있네, 그것이 무얼까?"

나의 옆에 있는 교재가 필요한 상황에 대한 반문이다.

"이것 가져다 해 보세요."라고 말하지 않고 재료를 찾을 때까지 계속 질문을 던져 주며 스스로 찾도록 한다.

아이들이 장애를 갖고 있다는 이유로 주변에서 아이들이 스스로 할 수 있는 것을 막고, 대신 찾아 주고, 해결해 주어 자신이 스스로 결정해야 하는 방법을 모두 잊어버렸기 때문에 하려고 하지 않는다. '내가 하지 않아도 누군가는 해 주겠지…….' '혹시 하면 야단을 맞지 않을까?' 생각하며 아예 하지 않는 것이 좋다고 판단하기 때문이다.

수업이나 생활에서 아이들은 교사가 요구하는 것이 끝나면 다음 행동으로 이어가지 못하여, 이 태도는 직장생활을 하는 데 치명적인 어려움을 낳는다. 그뿐 아니라 인생을 살아가면서 주도적이지 못하고 타인에 의한 삶이 되기 때문에 이를 바로잡기 위한 방법으로 자기결정력을 기르도록 강조하고 지도한다. 고등학교 1학년 때에는 내가 주는 단서를 이해하지 못해 어려워하다가, 2학년이 되니 단서가 점차 줄었고, 3학년이 되자 스스로 일어나 찾으려 준비하고, 상황에 맞는 말을 어떻게 해야 하는지 등 다음 행동을 이어간다.

'성공이다! 그래야 너희가 사회에 나가서 고생하지 않는단다.'

취업한 아이들을 대상으로 "취업해 보니 어떤 점이 좋으니?"라고 묻는 기자님의 인터뷰에 다소 걱정이 된 내가 대신 간략하게 말해 주었다. 그런데 아이들은 나의 이야기에 자신이 하고 싶은 말을 덧붙여 말하고 있었다.

성공이다! 오늘과 같은 날을 기다리며 가르쳤는데, 가르친 보람을 느끼며 살포시 얼싸안아 주었다.

통합교육과정
직업─수학 수업

　나는 수업을 하는 데 있어서 한 교과만 지도하는 것이 아니라 한 교과에 다른 교과의 내용도 함께 지도하는 것을 선호한다. 교사와 학부모를 대상으로 공개 수업을 해야 했는데, 평소에 하고 있는 수업을 공개하기로 했다.

　단원은 측량, 제재는 무게 재기, 수업 내용은 도라지 껍질 벗기기였다. 아이들의 능력에 맞도록 두 개의 목표를 수립하였으며, 하나는 '도라지 껍질을 벗겨서 무게를 비교할 수 있다.'이고, 또 하나는 '도라지 껍질을 벗겨서 무게의 숫자를 따라 읽을 수 있다.'로 정하였다.

　교사는 팀 티칭(team teaching)으로 나와 한 명의 교사가 함께

했다. 대상 학생은 14명이고 1, 2, 3학년 무학년으로 시간표에 따라 정했다.

도라지 껍질 벗기기 작업은 시작한 지 1년이 넘었고, 재료는 아이들을 취업시킨 사업체에서 조달하고 있다. 사업체는 학교와 가까운 경기도 광주시에 위치하며, 사장님은 첫 번째 사업체에서 장애인 10명을 고용하여 성공한 사례를 바탕으로 두 번째 사업체를 구상하기 시작하였다. 그리고 장애인을 채용하여 할 수 있는 일을 찾아 사업을 시작했다.

사장님은 임산물, 농산물 관련 전공을 했고, 자신의 넓은 땅에 더덕을 심어 키우고 수확할 것에 대비하여 사업체를 열었다. 아이들은 더덕 껍질을 동글동글하면서도 모양에 맞게 능숙하게 벗겼으며, 우리 학교에서는 더덕보다 가벼운 재료의 도라지를 가져와 학교에서 훈련한 후 바로 취업에 연결할 수 있도록 하기 위하여 시작했다. 사업체는 처음 하는 훈련에 우수한 품질의 도라지를 마련해 주었고, 나도 그렇게 크고 건실한 국내산 도라지는 처음 보았다. 칼을 사용하는 작업이라 매우 조심스러웠고, 안전사고에 대비하여 철저하게 준비했다. 그러나 아이들은 교사보다 더욱 조심했고, 갑작스러운 상황에 대처하는 능력은 다소 어렵지만 미리미리 준비는 할 수 있었다.

한편, 잔가지를 뚝뚝 잘라내기도 하고 윗부분을 칼로 싹둑 잘라내기도 하며, 장갑을 끼고 작업하지만 너무 만져서 흐물흐물거리기도 하고, 한 곳만 계속 깎아서 도라지 흰 속살이 파이기도 하는 등 1년이 넘도록 불량을 내어 작업에 참여하지 못하고 지켜보기만 하던 아이가 있었다. 그런데 이 아이가 1년이 넘어서야 제대로 도라지 껍질을 벗기는 모습을 보며, 새삼 인내하며 기다리는 것의 중요함을 알았다. 작업실과 복도에는 은은한 도라지의 향으로 아이들의 콧노래를 만들어 내었고 흥을 돋우어 즐겁게 해 주었다.

수업이 시작되었다. 1kg의 무게가 어느 정도인지 준비된 교재를 만져 보고 들어 보게 하였고, 도라지 1kg이 어느 정도 되는지 호기심을 갖도록 유도했다.

다음은 수업 목표를 제시하였고, 목표 도달 기준과 도달했을 때 받을 수 있는 상을 알려 주었다. 평가 기준은 도라지 껍질을 벗긴 작업량의 크기, 작업 태도, 불량 정도 3가지였다. 상으로는 이긴 팀의 구성원에게 다른 팀이 열심히 깐 도라지를 500g씩 집으로 가져가는 것이다. 아이들은 평소에 향이 좋은 도라지를 먹고 싶어 했는데, 드디어 오늘 도라지를 상으로 받아 집으로 가져갈 수 있는 기회이기에 오늘의 수업 내용이 무엇인지 인지하고 팀별로 서로 잘해 보겠다고 파이팅을 외쳤다.

전개에 들어가 도라지 1kg의 무게를 저울에 달아 보게 했다. 저울은 전자 저울과 눈금 저울을 고르게 준비하여 두 가지를 모두 경험할 수 있게 하였다. 아이들은 저울에 씌어 있는 1,000이라는 숫자를 읽으며 1kg이 1,000g임을 공부했다.

도라지가 준비되고 제한된 시간에 껍질 벗기기를 시작하기 위하여 사전에 다시 한 번 껍질 벗기는 데 지켜야 할 사항을 안내했다. 이것은 평가 기준에 포함되는 사항이었다. 어느 팀이 평가 기준을 잘 지켜서 도라지 껍질을 벗길 수 있을까? 아이들은 팀 대결을 하기 때문에 각 팀끼리 결속을 다졌고 서로 잘해 보자고 눈길을 주고받았다. 제한 시간 동안 도라지 껍질을 열심히 벗기면서 작업 태도를 익혔고 불량을 내지 않으려고 노력하면서 속도와 정확도를 익혔다.

제한 시간이 다 되어 가자 아이들은 마지막 속도를 내었고 작업한 양을 저울에 달았다. 칠판에 각 팀별 팀장이 작업량을 쓰는데, 어느 팀의 작업량이 많은지에 관심이 고조되었다. 평가는 교사와 아이들이 함께 순위를 정하는 것으로 진행하였다. 칠판에 적힌 각 팀의 작업량을 읽어 보고 가장 많이 도라지 껍질을 벗긴 순서대로 순위를 매겼다. 아이들은 환호하기도 하며, 안타까워하기도 했다.

다음은 작업 태도 평가로 서로 어느 팀이 잘했는지를 정하는 데 "선생님 A팀은 아까 소곤소곤 소리를 냈어요." "B팀은 모두 열심히 껍질을 벗겼어요." 하며 스스로 순위를 정했다.

마지막으로 불량 정도 평가를 하는 데 도라지를 보며, 다른 팀이 잘한 점과 못한 점을 찾아내도록 했다. "선생님, 이 도라지는 뿌리가 잘라졌어요." "이 도라지는 살이 너무 벗겨졌어요." 라고 하며 평가 기준을 잘 알고 찾아내어 순위를 정했다.

총점을 합산하면서 더하기 공부를 했고, 총점을 적는 아이는 옆 팀의 총점을 흘깃거리면서 훔쳐보기도 했다. 세 팀의 총점을 다 같이 읽어 보면서 1, 2, 3등 순위를 매겼다. 약속대로 2, 3등이 벗긴 도라지를 1등에게 주어 1등 팀의 아이들이 도라지를 집에 가져가도록 했다. 아이들은 안타까워하기도 하고 상을 받는 기쁨에 박수를 치며 소리를 높이기도 했다.

"다음 시간에는 우리 친구들이 벗긴 도라지의 양을 더해 보는 덧셈 공부를 하겠습니다."

차시 예고를 하고 정리 정돈을 했다. 제일 먼저 칼을 칼 통에 담아 제자리에 놓고 벗긴 껍질을 정리하였다. 수업을 마치면서 끝나는 종이 울렸다.

팀 티칭을 하면서 인사, 출석 확인, 조별 확인, 전시학습 상기, 동기 유발, 목표 제시, 전개, 평가, 차시 예고, 정리의 영역을 두 교사가 교과에 따라 적당하게 나누어 제시하였다. 나는 직업 관련 내용을 맡고, 다른 한 교사는 수학 관련 내용을 맡아 진행했다.

아이들은 두 명의 교사가 함께하면서 들려주는 다른 목소리, 다른 수업 방법 그리고 다른 칭찬과 격려에 흥미를 갖고 참여했다. 무게를 익히며 수학 수업을 하였고, 작업을 하면서 직업 수업을 했다. 한 가지 교과만을 고집하지 않고 한 시간에 여러 교과가 복합된 수업, 즉 통합교육과정을 적용하면서 아이들은 흥미 있어 했고, 교사는 한 시간에 여러 교과에서 주고자 하는 능력을 아이들에게 전달할 수 있었다.

동료 교사와 학부모들은 지역 사회 사업체와 직접 연결된 수업 재료에 호기심을 갖고 전반적으로 매우 우수한 평가를 해 주었다. 힘을 내어 더욱 창의성 있고 아이들이 푹 빠져서 할 수 있는, 아이들이 좋아하는 수업을 준비할 것이다.

통합교육과정
직업-국어 수업

　우리 학교는 공장이다. 우리 교실은 공장 그리고 사업체와 유사한 모의 직업훈련실이다. 교실마다 작업 재료와 상자가 채워져 있어 교실 안이 공장을 연상케 한다.

　우리 아이들은 취업이 뭔지 이해하기 어렵다. 이러한 아이들의 특성 때문에 가장 좋은 수업은 현장에서의 수업이고, 그다음은 현장과 유사한 조건에서의 수업이다. 교재·교구는 지역 사회 사업체의 생산 과정 중에 우리 아이들이 할 수 있는 과정과 재료를 선택하며, 일상생활과 밀접한 것 중에 찾으려고 한다. 그래야만 아이들의 눈에 익숙하게 보이고 흥미 있어 하기 때문이다.

재료는 여러 가지가 있다. 모형 비행기 부품 조립으로 가로 길이가 1m 정도 되는 설명서를 반으로 접고, 또 한 번 반으로 접고, 다음은 세 등분을 하여 접는다. 모서리를 맞추어 접으면서 공간지각력, 눈과 손의 협응력 등을 기른다. 클리어 파일, 삼각 파일, 불투명 파일을 조립하면서 여러 가지 손의 기능을 기른다. 의자 바퀴를 조립하면서 망치로 바퀴 양쪽을 두드려 고정하면서 망치를 두드리는 손의 힘 조절력을 기른다. 또한 아이들이 흥미 있어 하는 재료 중 하나는 전자레인지에 사용할 수 있는 그릇의 뚜껑을 조립하는 것인데, 이는 그릇의 뚜껑 가운데에 손잡이 끼우기, 겉면에 스티커 붙이기, 뚜껑 옆면에 실리콘 끼우기(음식물 국물이나 냄새 방지용)를 하면서 눈과 손의 협응력, 공간지각력, 손의 힘 조절력, 손가락의 기민성, 전이 능력 등을 익힐 수 있는 좋은 재료들이다.

　이렇게 재료는 여러 가지가 있는데, 교육적으로 가장 효과가 있는 것을 찾아야 하기에 계속해서 주변 사업체의 작업 내용을 눈여겨보아야 한다. 또 아이들이 좋아하는 재료로는 축하 카드와 연하장 조립이 있다. 축하 카드는 크기도 다양하고 모양도 다양하며, 아이들이 좋아하는 모양이 많다. 아이들은 새로운 모양의 축하 카드를 보면서 예쁜 디자인과 밝고 환한 색상에 환호한다. 쉬는 시간에도 쉬지 않고 계속 작업하려 하고, 하물며 일반학급 통합수업에 가려고 하지 않으며, 카드 조립만 희망하여 즐길 정도다.

오늘 수업은 곰돌이 모양이 있는 축하 카드를 조립하여 속지에 축하의 글을 쓰고 친구들에게 글을 공개하는 내용이다. 카드 바탕에는 곰돌이가 크고 맛있게 생긴 사탕을 들고, 치마를 입고 있으며, 멋진 장화를 신고 있는 모습이 그려져 있다. 재료는 곰돌이가 사탕을 들고 있는 것, 치마 부분, 손 부분 이렇게 세 가지가 바탕과 똑같은 모양으로 있다. 그 모양의 뒷면에 작은 스티로폼을 붙여 원본 바탕에 곰돌이를 먼저 붙이고 다음에 치마, 그다음에 손을 붙여 세 번의 작업 과정을 거치면 곰돌이가 입체감이 나는 모양으로 실감나게 변한다. 바탕을 완성하고 나면 카드를 반으로 접고, 접힌 카드 사이에 속지를 끼워 축하 내용을 적을 수 있도록 하고, 카드 뒷면에는 봉투를 첨부하여 비닐에 담는다. 담은 비닐 위의 정해진 위치에 스티커를 붙여 가격을 표시한다. 다음은 완성된 카드를 열 개씩 묶어 고무 밴드로 고정하고 상자에 1,000개씩 세어 담아 상자를 포장하여 운반하는 것이 작업의 마지막 과정이다.

아이들은 제한된 시간 안에 카드를 조립하는 데 컴퓨터의 시간 재기 프로그램을 사용하는 것을 흥미 있어 한다. 남은 시간을 보며 시간 공부도 하고 속도도 높인다. 자신이 만든 축하 카드에 친구의 생일 축하 글을 쓰고 친구들에게 읽어 주면서 국어의 문장 공부를 재미있게 할 수 있다. 이긴 팀에게는 축하 카드를 선물로 주어 아이들은 자신이 조립한 다양한 모양의 카드를 선물 받고 성취감을 느낀다. 그리고 부모님께 드리는 카드를 작성하여 부모님께 자랑을 하고 또 한다. 내가 만든 카드라고 하면서 앞면과 뒷면을 보여 드리고, 부품 설명도 하고 조립 과정도 설명한다.

아이들은 그동안 상품을 보면서 자신과 상관없는 먼 나라에서 온 것으로 생각했는데, 바로 내가 만들어 사용하면서 물건이 만들어지는 과정도 익힐 수 있고 상품의 판매 과정도 알게 된다. 또한 완성품을 납품하면 대금을 받을 수 있고, 사장님은 귀찮지만 아이들마다 통장에 작업한 만큼의 월급을 넣어 주신다. 은행을 찾아 월급을 확인하고 저금통장의 이용 방법을 익히기도 한다. 그 통장은 3년간 간직하고 있다가 졸업식 날에 선물로 주어진다. 비록 큰 금액은 아니나 아이들은 자신이 작업하여 번 돈을 소중하게 생각하고 큰 선물로 받는다. 통장 선물은 아이들도 좋아하지만 부모님들이 더 좋아하신다. 마치 회사에 취업하여 월급을 받은 것처럼 생각하시며 자녀의 성장에 고마워하신다.

오늘 수업을 통해서 축하 카드의 부품 명칭 익히기와 축하의 글을 쓰는 것을 배우고, 나아가 물품 작업 과정과 시장의 유통 등에 대한 지식을 쌓고, 은행 이용하기도 배울 수 있다. 생활 기능을 익히는 수업을 하면서 아이들은 친숙하고 거리감 없이 공부함으로써 생활의 지혜와 지식을 저장한다.

장애를 갖고 있고 인지에 어려움이 있기 때문에 어떻게 하면 아이들이 쉽게 이해하고 받아들일 수 있을지 연구하고 생각하며 생활 주변에서 소재를 찾는 데 게을리하지 않는다. 이러한 생활 기능적 수업을 하여 익혔을 때 아이들은 성인이 되어 부모와 교사로부터 독립하게 되면 고생하지 않고 자연스럽게 성인으로서의 역할을 수행할 수 있을 것이다.

사회의 첫발이 좌절되다

밤잠을 이룰 수 없다. 몇 시간 전에 받은 전화 내용이 나의 마음을 송두리째 구렁텅이로 몰아넣었고, 떠오르는 얼굴을 지우기 어렵다. 나의 잘못이 컸다.

"선생님, 저 면접에 합격하면 취업하나요? 돈 벌 수 있어요? 나 돈 벌어서 엄마 맛있는 것 사 줄래요."

"그래요. 우리 선희가 열심히 일해서 돈 벌면 엄마, 아빠가 좋아하시는 것 사드릴 수 있단다. 그러니 우리 힘내서 자신 있게 사장님을 만나자. 얼굴에 미소를 띠어 보자. 사장님이 질문할 때 모르면 어떻게 대답해야 할까요?"

"잘 모르겠습니다. 큰 소리로 말해요."

"그래, 우리 선희, 할 수 있다. 잘해 보자."

다음 날 오전, 선희 아버지와 함께 사업체를 방문했다. 선희는 연신 가슴에 손을 얹고는 떨린다고 했다. 면접이 무언지 아직 잘 모르고, 취업해서 어떻게 해야 하는지 모르지만 학교를 졸업하고는 더 이상 학교를 다닐 수 없다는 것과 자신에게 주어진 무언가를 해야 한다는 것을 짐작하는 듯하며 나를 따라나섰다.

면접은 시작되었고, 사장님께서는 장애인에 대하여 잘 모르기에 내가 전해 준 정보를 기억하고 선희가 대답할 수 있게 아주 쉬운 질문을 하셨다. 이름과 집에 같이 사는 가족이 누구인지, 학교에서 공부하는 것 중에 무엇이 제일 재미있는지를 물으셨고, 나중에는 사업체에서 수행해야 하는 업무에서 필요한 기능을 물으셨다.

"우리 회사는 무슨 일을 하고 있는지 조금 후에 보여 주겠지만, 양말을 포장하는 곳이에요. 그런데 선희 양이 할 수 있는 일은 10개의 개수를 셀 수 있어야 하는데, 한번 세어 볼까요?"

선희는 열 개를 숨도 쉬지 않고, 한숨에 세었다. 옆에서 지켜보는 나는 미소를 머금었다. 그 정도는 미리 연습을 시켰고, 선희는 백 단위까지 셀 수 있었기 때문이다. 사실 우리 아이들은 숫자 인지 기능에 어려움을 겪을 경우 1년을 공부해서 아니, 고등학교를 졸업해도 열 개의 개수를 헤아리지 못하는 경우가 많다. 밝고 명랑한 선희는 사장님의 쉬운 질문에 그동안 연습한 것을 충분히 발휘하였고, 사장님은 만족하시고 그 자리에서 채용 결정을 하셨다.

"내일부터 출근할 수 있나요?"

"선생님, 저 그럼 취업해서 일하는 거예요?"

"그래요. 합격했어요."

"아, 좋아라. 아빠, 나 사장님이 일하래요."

선희는 좋아서 아빠를 얼싸안으며 팔짝팔짝 뛴다. 아마도 지금까지 자신이 인정받은 것 중에 최고의 선물인 듯 보인다. 아침 8시 50분까지 출근하기로 약속하고, 첫 출퇴근길의 교통지도는 아버지께서 해 주시기로 했다. 나도 회사로 출근하여 첫날의 직무 지도를 하기로 하고 어려울 경우에는 단 며칠이라도 더 지원하기로 했다.

사업체는 장애학생을 잘 모르기 때문에 내가 회사에 가서 간단한 사항이라도 알려 주어야 하고, 선희에게는 일생에 사회로의 첫발을 뗀 기쁨도 있겠지만 두려움도 있기에 내가 옆에 있음으로써 안정감을 갖도록 도움을 주어야 했다. 학교로 돌아가 교장 선생님과 동료 교사에게 상황을 말씀드리고, 다음 날 출장을 허락받았다. 아이가 학교로 돌아올 수 있는 요소는 너무 많기에 기뻐하지만은 않았지만 희망을 갖고 시작하라는 교장 선생님의 당부에 힘이 솟았다.

오랜만에 일찍 귀가하여 저녁밥을 먹고 내일을 구상하고 있었다. 아침 출근길 교통편은 버스로 하고, 선희보다는 조금 일찍 갈 것이고, 그래서 선희의 어색함을 덜어 주고, 복장은 나도 일을 해야 하니 바지에 편한 옷을 골랐다. 취업해서 직장생활을 한다는 것이 항상 즐거울 수만은 없기에 선희가 기뻐하는 얼굴을 그리며, 그 기뻐하는 얼굴에 그늘이 지지 않도록 꼼꼼하게 살펴볼 것을 생각했다. 의자 높이는 적당한지, 업무는 어떤 동료와 할 것인지, 동료에게 부탁할 말은 무엇인지, 점심 식사는 어떤지, 휴식 시간에는 어떻게 행동해야 하는지, 화장실 이용 방법 등을 간단하게 메모하며 내일을 기다렸다.

9시가 넘어 10시에 가까운 시각이었다. 전화벨이 울렸고 전화기 너머 들려온 목소리는 선희 아버지였다.

"선생님, 저……. 어려운 말씀을 드려야 해서요. 선희, 내일 출근을 못할 것 같습니다."

"아니, 왜요? 무슨 일이 있나요?"

"네, 선희는 어려서부터 밤에만 간질을 하는데, 취업해서 일을 하면 더 심해질 것 같아서 취업을 포기하려고요."

"아니, 선희가 간질을 한다는 말은 처음 듣는 일이고, 그런 어려움이 있으면 진즉 말씀해 주시지 않고요."

"글쎄……, 그렇게 되었습니다. 죄송합니다."

"어쩌지, 우리 선희……."

이제 막 선희가 사회에 첫발을 내딛었는데, 그것이 좌절되면서 기뻐하던 선희의 얼굴이 순간 스쳐 지나간다.

"알겠습니다. 선희가 무척 실망할 텐데, 선희도 출근하지 못한다는 것을 알고 있나요?"

"네……."

"선희가 아픈 것을 담임 선생님께서 알고 있나요?"

"아니요, 지금까지 어느 선생님께도 말씀드려 본 적이 없어요."

"아버님, 선희의 간질이 취업을 하는 데 걸림돌이 되지는 않습니다. 아버님 말씀대로 낮에 긴장하거나 힘이 들면 밤에 아픈 것이 사실이지만 담임 선생님이나 저와 의논하여서 방법을 찾을 수 있었을 텐데 이렇게 되었네요."

"죄송합니다. 선생님."

밤새 뒤척이다가 아침을 맞이했다. 잠을 이룰 수 없었던 것은 나의 미흡함으로 선희의 희망과 성취감이 바닥에 내려놓이게 되었기 때문이다. 아이에게 그런 어려움이 있었는데도 발견하지 못한 죄스러움으로 선희를 볼 면목이 없었다. 마음의 문을 굳게 닫은 부모님의 마음을 열 수 있도록 하는 것도 나의 역할이었는데 그 중요한 것을 놓치다니! 나의 진로지도 방법에 크나큰 허점을 발견하고는 두 번 다시 그런 실수를 하지 않기 위해 이번 일을 되짚고 또 다짐했다.

우리 아이들의 진로지도에서 첫 번째 과정이며, 중요한 요소 중의 하나가 아이들을 탐색하는 것이다. 어떤 강점과 약점을 가지고 있는지를 알아내어 강점은 살리고 약점은 보완하여야 아이는 고생을 덜하고 사회에 안착할 수 있다. 약점 중에서 질병은 부모님께서 겉으로 드러내기 어려워하고, 특히 학교에서 약을 복용하지 않는 상황이면 알리려고 하지 않는다. 그러나 교사의 역할은 그것을 알아내야 하고, 어려워하는 부모님과 대화 등의 방법으로 이끌어 내야 한다. 내가 놓친 일로 아이들에게 어려움을 주면 안 되기에 고통스러웠고, 그래도 힘을 내고 다음을 계획하기 위하여 주저앉은 선희를 일으켜 세웠다. 졸업의 시간이 가까워졌기에 더 많은 지도는 할 수 없었지만, 건강 회복에 대처하고 그 기간 동안 직업적 능력을 기를 수 있는 장애인복지관을 찾아 진로를 결정했다. 선희는 명랑함을 다시 찾았고 희망의 끈을 놓지 않았다.

다음 해 학기를 시작하고 사후지도에서 복지관을 찾아 선희를 볼 수 있었다. 보호 작업장에서 즐겁게 작업하는 모습을 확인하며, 복지관 담당 선생님께 선희의 아버지와 상담을 권했다. 그리고 선희의 취업을 같이 추진해 보자고 제안하자 담당 선생님께서는 힘을 더해 주어 고맙다고 했다. 졸업을 해도 내가 지원할 수 있는 방안을 끝까지 찾아보려고 한다. 다시 만난 나를 반갑게 맞아 준 선희에게 얼굴을 마주하며 고마움을 표했다.

그해 여름 방학

2006년도에 전국 실업계 고등학교에 공문이 하달되었다. 고등학교 3학년 학생들의 실습을 11월부터 시행하라는 내용이다. "특수학급 학생들도 예외는 아니니 실습은 일반학급 학생들과 동일하게 11월부터 시작해 보세요."라는 교장 선생님의 말씀에 앞이 캄캄했다.

3월부터 계획을 하여 7월에 방학을 하자마자 바로 실습을 하려고 아이들과 부모님, 사업체 사장님들과 약속을 해 놓았는데, 일이 이렇게 되다니……. 걱정이 태산이다. 아이들과 사업주 누구도 실망시킬 수 없는 일이었다.

'해결을 해야지.'

"교장 선생님, 우리 아이들은 취업해서 안정될 때까지 사후지도를 해 주어야 하는데 11월에 실습하면 취업이 늦어지고 사후지도를 하기 어렵습니다."

"공문으로 지시를 받은 상황에 끝까지 장애 학생들을 실습시키겠다고 하면 근거를 가져오세요."

교육인적자원부에 문의를 했고, 문의 내용에 따라 분류하다 보니 일반학급의 일인 줄 알고 실습 담당 부서로 갔다가 특수교육과로 와서 답장을 받는 데 두 달의 시간이 걸렸다. 답변을 받느라 걸린 시간 동안 애가 탔고, 시간을 단축하고 긍정적인 답변을 받기 위하여 특수교육과에 미리 상황을 말씀드렸다. 문의에 대한 답변은 실습은 학교장의 재량에 따라 조정 가능하고 학생들에게는 능력에 따라 적절한 교육과정을 적용할 수 있다는 내용이었다.

개학 후 교장 선생님께 교육인적자원부의 답변을 말씀드렸다.

"황 선생님, 아이들 실습을 꼭 해야 하나요? 어려울 텐데, 문제가 발생하지 않겠어요?"

"네, 그렇게 해야만 아이들의 진로를 안전하게 지도할 수 있겠습니다."

"음……. 그럼, 그렇게 해 보세요."

다음 해 2월이면 교장 선생님께서 퇴임을 하신다. 실습 시 문제 발생의 가능성이 높다고 생각하셨지만 근거를 제시하고, 하고자 하는 나의 집념에 허락을 하셨으며, 퇴임 전 장애학생을 위한 지원을 해 보고자 하는 열정도 있으셨다.

2006년 여름 방학은 가장 어깨가 무거운 시간이었다. 교장 선생님의 허락을 받지도 않고 현장실습을 추진했거니와 아이들도 소중하지만 퇴임을 앞둔 교장 선생님을 어렵게 해서는 안 되기 때문이었다. 교육인적자원부는 시간을 요구했고, 근거 없이 교장 선생님의 허락을 받지도 않고 실습을 시작했던 나는 실습의 어려움과 허락받지 않은 것이 더해져 그 무게가 천근만근으로 밀려왔다. 그 무게를 줄일 수는 없었고, 실습을 무사히 마치는 것이 최선이었다.

특수학교에서 전근을 와 황금과도 같은 고등학교 3학년 담임을 맡았고, 내가 해 보고 싶은 대로 1년을 계획했다. 특수학교와 달리 특수학급의 아이들은 경중이었으나 직업교육을 시킬 제반 여건이 매우 부족했다. 직업교육을 할 수 있는 환경과 교육과정, 인식 등이 황무지였고, 사실 나는 그 황무지를 개척하기 위하여 고등학교의 특수학급을 선택하여 전근을 희망했다.

3월에서 7월까지 학교 내외에서 직업 훈련을 시키고, 방학을 하면서 바로 현장실습을 시작하기 위하여 사업체를 개발하였다. 왼쪽 편마비인 용문이에게는 한 손으로 할 수 있는 직무를 찾아 주유소 세차장에서 세차되어 나오는 차를 마무리하는 것으로 주유소를 개발하였고, 정교한 작업을 잘하는 준연이와 영민이에게는 컴퓨터 부품을 생산하는 사업체를 찾았다. 사업체와 3명의 아이들, 부모님과 7월 방학을 맞이하면서 바로 실습을 하기로 약속을 했는데, 결국 교장 선생님께는 말씀을 드리지도 못한 채, 실습을 하기로 했다.

그해 여름은 무던히도 더웠다. 아니면 나의 마음이 더 더웠는지 모른다. 허락을 받지 않고 일을 추진했으니 어깨가 무거운 것은 말로 표현할 수 없지만 하루가 시작되면 그 무더위가 있었는지도 모르도록 시간이 지나갔다. 아이들은 실습을 하면서 아직 학교와 구별이 되지 않은 상황과 다른 환경에서의 적응에 어려움이 연달아 나타났다. 학교에서 청소 시 걸레질을 잘한다고 생각했는데, 실제로 현장에서 세차되어 나오는 차에 물기를 닦는 데는 여러 기능이 필요했다. 닦는 방향이 되도록 일정해야 하고, 물기가 닦이는 상태도 파악해야 하며, 걸레도 뒤적이거나 혹은 교환하며 사용해야 하는데 아이들에게는 이런 것 모두가 미흡하였다.

사실 이런 직무를 배우기 위하여 실습을 시작했지만 기대했던 것보다 수행이 어려웠다. 학교에서 점심 식사 시간에 식사량을 자제하도록 교육한 것이 환경이 바뀌고 교사가 없다는 것을 인지하고는 먹고 싶은 대로 먹느라 작업 시간을 놓치기도 하고, 작업 시간에 하고 싶은 전화 통화를 하느라 주유소 세차장을 찾은 고객의 눈살을 찌푸리게 하기도 했다. 또한 관리자나 동료가 요구하는 사항을 전달하지 못하고 두려움에 구석에 숨어서 나오지 않거나 학교에서 볼 수 없었던 행동들이 속출했다. 두 곳의 사업체를 왔다 갔다 하며 내가 없는 틈에 발생한 일들을 해결하기 바빴다.

　방학 동안의 실습을 마치고 개학을 하여 교장 선생님께 사실을 말씀드렸다. 교장 선생님은 야단 대신에 얼마나 힘들었느냐고 격려해 주셨고, 교육부의 답변을 보시며 실습을 허락하셨다. 물론 취업도 아이들과 부모가 요구한다면 노력해 보라고 하셨다. 다행히 큰 문제 없이 실습이 마무리되었고, 교장 선생님께서 취업까지 허락하셨으니 나의 계획은 차질이 없었고, 지원고용을 추진하게 되었다. 이후 실습과 지원고용의 추진에는 적극 지원을 받았고, 교육부의 답변은 전국의 특수교사들이 진로·직업교육을 추진하는 데 도움이 되도록 전해졌다.

　거칠고 험한 등산을 하고 정상에 오른 기분이다. 그러나 그 험한 등산로는 나에게 인내와 지혜를 만들어 극복할 수 있는 힘과 용기를 주었다. 다시 돌아갈 수 없고, 돌아가서도 안 된다는 교훈을 주었다. 이 교훈은 우리 아이들이 나에게 준 선물이며, 노력하면 이룰 수 있다는 값진 성취감을 만나게 해 준 우리 아이들을 사랑한다.

일을 왜 해야 하는지 몰라요

  성욱이는 일반학급에서 완전통합을 하고 있는 특수교육대상
자였다. 쉬는 시간이나 점심시간에 보면 늘 교무실 주변을 맴돌
거나 교실 밖 복도에서 만날 수 있었는데, 그것은 교실의 친구
들과 어울리지 못함을 짐작하게 했다.

  교무실에는 어려서부터 가깝게 알고 지냈던 선생님이 계시는
데, 기분이 좋지 않거나 대화를 하고 싶을 때 찾아뵙고는 속에
있는 말을 털어놓곤 한다. 나중에 안 사실이지만 성욱이는 왕따
를 당하거나 어려움을 겪을 경우에 당하는 것이 아니라 자신이
그들을 왕따시켰다고 말을 늘어놓아 처음에는 그런 줄 알지만
점차 아니라는 것을 알게 되었다고 한다. 반 친구들과 사귀지

못하고 주변인으로 남아 학교생활이 우울함을 알아챈 어머니께서는 고등학교 1학년 1학기가 지나도록 성욱이의 장애를 인정하지 못하고 특수학급을 완강하게 부정하였지만 더 이상 지켜볼 수 없었던지 나를 찾아오셨다.

통합학급의 담임 선생님은 성욱이가 특수학급에서 공부할 것을 권하면서 자신이 특수학급에서 공부하게 된 것에 창피함을 느끼거나 거부를 할까 봐 걱정을 하셨다. 성욱이와의 대화에서 걱정했던 것보다 긍정적으로 받아들여 부정하고 싶었던 어머니를 체념과 지원에 가깝게 이끌었다. 평소 특수학급 아이들이 명랑하고 무언가 열심히 살아가는 모습을 보고, 그리고 일반학급 선생님이나 아이들이 특수학급의 아이들을 보호하고 감싸고 아껴 주는 모습을 보고 입급을 선택한 것이다.

1학년 2학기에 같이 생활을 하기 시작하여 3학년이 되었다. 그동안 어머니와 성욱이와의 대화를 통하여 대학보다는 취업으로 진로를 생각하고 가능할 수 있도록 가정과 학교가 협력하기로 하였다.

성욱이는 날이 갈수록 명랑해졌고 어려서부터 배웠던 우리 민요와 창을 아이들 앞에 선보이기도 하고 대회에 나가 은상을 받아오기도 하는 등 자신감을 회복하였다. 다소 염려가 되었던 것은 일반학급에서 왔다는 이유로 특수학급의 다른 아이들보다 월등하다고 생각하는 것이었다. 그래서 다른 아이들보다 우위에 있다고 생각하여 선생님하고만 대화하려 하고, 선생님 의자에 앉으려 하는 등 또래들보다는 선생님과 지내려고 했다. 아마도 이러한 성격은 일반학급에서 친구들과 어울리지 못한 점도 있었지만 그보다 우위에 있는 선생님과 가까이 하려 했던 점이 더 강했으며, 이러한 성격의 원인은 어머니와의 대화에서 알 수 있었다.

성욱이 아버지께서는 집안의 장손으로 가장 독보적으로 인정받으며 귀하게 여김을 받고 자랐고, 외아들인 성욱이가 그 뒤를 이어갈 것으로 생각하여 똑같이 대접을 받고 지냈다. 고모나 작은아버지, 사촌들에게 성욱이는 귀하고 소중한 장손으로 군림하다시피 했다. 그런 환경에서 형성된 성격으로 성욱이는 늘 누구보다 우위에 있다는 우월감을 갖고 누구의 밑에서 하달이나 명령을 받는 것이 용납되지 않았다. 이러한 태도는 성욱이가 3학년이 되어 여실히 드러나기 시작했다.

한편, 2000년도 중반에 나는 충청도의 노인요양원을 두루 방문하면서 그곳에 채용되어 있는 지적장애인들을 살펴보았다. 노인들과 눈높이가 맞는 우리 아이들의 얼굴은 행복이 가득하여 그 기쁨이 온몸에 묻어났다. 어르신들은 간병인보다는 우리 아이들을 찾아 손에 사탕 하나를 꼭 쥐어 주는 등 아이들을 먼저 찾는다고 들었다. 어르신들께 그런 사랑을 받는 아이들을 보면서 이곳에 일자리를 마련해 주고 싶었다.

2008년 우리나라가 고령화 사회로 접어들면서 노인요양원이 보험의 혜택을 받게 되었고, 이로 인해 전국에 노인요양원이 우후죽순으로 세워지기 시작했다. 나는 그때를 놓치지 않고 우리 아이들의 일자리를 마련하기 시작했다. 우선 인터넷을 이용하여 경기도에 있는 노인요양원을 찾아내었고, 아이들의 집과 근접한 곳부터 전화 방문을 하였다. 요양원에서는 아이들에 대한 인식이 있었고, 이미 그때는 충청도를 비롯하여 곳곳에 성공 사례가 있었기에 개발이 수월했고, 사례를 말씀드리면 받아들이려고 했다.

일요일이면 교회에서 봉사를 하는 성욱이는 무슨 일을 할 수 있을까를 찾을 때 남을 도와주면서 그것이 일이 될 수 있는 일을 하고 싶다고 했다. 용인에 있는 요양원에 면접을 봤고 말을 잘하는 성욱이는 가볍게 면접을 통과했다. 3주간의 실습이 시작되었고, 실습은 지금까지 했던 봉사와는 다르게 여유가 없는 실제 일이어서 빡빡한 일정에 잘못하면 장애인이라고 봐 주기보다는 바르게 할 것을 요구받았다. 물리치료실에서 잠시 한눈을 팔면 노인들의 팔과 다리를 놓칠 수도 있고, 심하면 침대에서 떨어뜨릴 경우도 발생하기 때문에 여유란 있을 수 없었다.

성욱이는 특히 누군가의 지시를 싫어하는 데다 봉사를 해야 하는데 일을 하라고 하는 것에서 적응하지 못했다. 봉사하면서 윗사람들과 슬슬 이야기도 하고 대강 놀기도 해야 하는데, 일에 대한 준비가 되지 않은 터라 담당 관리자의 지시를 수행하지 못했고 더 이상 일을 시킬 수 없는 상황까지 갔다. 이런 상황에 다다르자 성욱이는 자신이 일을 못하는 것이 아니라 아버지께서 일을 하지 말라고 했다는 말을 퍼뜨리고 요양원의 실습을 끝냈다.

돌아온 성욱이를 붙잡고 일을 해야 하는 의미를 가르쳤지만, 성욱이는 고개를 저었다. 특히, 어머니는 질병으로 일을 못하시고 아버지 혼자 벌면서 어머니의 병원비와 생활비를 대야 하는데, 아버지 혼자 감당하기엔 역부족이어서 고모께서 보태야 하는 살림이었다. 그런데도 성욱이는 왜 일을 해야 하고 돈을 벌어야 하는지에 대한 개념이 생기지 않았고 일을 해야 하는 동기도 거의 없었다. 선배나 친구들이 취업하여 돈을 벌어 통장에 모은 돈을 자랑하는 것을 듣게 하였고, 돈으로 사고 싶은 물건을 사거나 친구들에게 맛있는 것을 사 주는 모습을 보면서도 성욱이의 동기는 깨지지 않았다.

2학기가 되어 학교 근처의 사업체에서 5명 정도의 채용 의뢰가 있어 혼자보다는 친구들과 함께하면 가능할 것이라 생각하여 추천을 했다. 갈 때까지는 성욱이도 다시 한 번 도전해 보겠다는 의지를 보여 어머니와 교사들은 안심을 했다. 실습을 통과하여 고용 계약서를 쓰면서 드디어 성욱이에게 의지가 생겼다고 좋아했다. 한 달이 지나고 두 달, 세 달을 잘 넘기는가 하여 사업체를 다니며 다독거리고 격려하였는데, 어느 날 작업 반장님의 불만이 나를 불안으로 몰았다.

"선생님, 성욱이는 왜 회사에 오면 아침부터 하품을 하고, 심지어 졸아서 라인 작업이 되지 않을 때가 많아 걱정입니다."

"성욱아, 매우 힘들구나. 저녁에 일찍 자고 회사에서 졸거나 일을 게을리 하면 다른 친구들이 일을 이어서 하지 못하는 것을 알지 않느냐. 힘을 내 보자."

나아질 것 같았던 성욱이였는데, 다음에 갈 때에는 반장님의 더욱 호된 질책이 나를 흔들었다. 성욱이도 문제이지만 사업체도 고려를 해야 한다. 월급은 그냥 지급되는 것이 아니라 일한 만큼의 대가이고, 일을 해서 사업체가 이익을 냈을 때 사원에게 주어지는 월급이 가능하다는 것을 잘 알고 있기에 성욱이와 함께 사업체 입장을 고려했다. 피해를 주면 안 된다는 것이다.

성욱이와 강한 어조로 약속을 했다. 반장님의 호된 꾸지람이 3번 계속되면 안 된다고……. 심하게는 회사를 그만두어야 한다고 서로 약속했다. 며칠 후 전무님께서 해외 출장을 다녀와 나에게 전화를 주셨다.

"성욱이가 다른 회사에서 스카웃 제의를 받았다고 하며, 회사를 그만두고 싶다고 합니다."

처음 채용 결정을 하고 고용 계약서를 쓸 때 전무님께서는 이렇게 말씀하셨다.

"아이들이 회사 취업을 희망하면 고용할 것이고, 퇴사를 원하면 언제든지 할 수 있습니다."

성욱이의 퇴사 희망에 전무님은 성욱이의 말을 존중하고 따르셨다. 이 일에 대해 어머니께 말씀드렸다.

"선생님, 무슨 스카웃이에요. 없는 말 꾸민 것 아시잖아요."

누군가의 지시를 따르기보다는 누군가의 우위에서 지시를 하고 싶은 성욱이가 일할 수 있는 환경은 찾기 힘들 것이다. 창업을 하더라도 다른 사람의 말을 들어야 하는 것이 중요한데 성욱이는 그런 환경에 적응을 하지 못하니, 자신의 장애를 인정하지 않는 요인이 크다 하겠다.

일을 해야 하는 것보다 자신을 내려놓지 못하는 성욱이가 안타깝지만 언젠가는 즐겁게 일을 해야 한다는 것을 깨달을 때가 있을 것이라고 그때를 기다려 본다.

알림장 사건

　고등학교 3학년 특수학급을 맡으면서 특수학교와는 다르게 경중인 아이들을 만났다. 특수학교에서는 쉬는 시간 없이 알림장을 써야 한다. 아이들이 전달하는 데 어려움이 있고, 전달을 놓치면 안 되는 일은 꼭 알려 줘야 하기 때문이다.

　그것보다 내가 알림장을 소중하고 중요하게 여기는 이유는 알림장을 통해서 부모와의 대화로 교육을 하고 싶어서다. 가정에서의 교육과 학교에서의 교육이 일치하면 아이들이 혼란스러워하지 않을 것이고, 내가 하는 방법을 부모님께 알려 드려 함께하고 싶고, 또한 부모님의 교육 방법을 알아 배울 것은 배워 아이들에게 적용하면 교육의 효과는 기대 이상이 될 수 있기 때문이다.

학교와 가정을 이어 주고 다리를 놓아 주는 것이 알림장이다. 바쁘신 부모님께서는 글을 보내 드려도 읽지 못할 경우가 허다하고, 답장을 써 오는 예는 많지 않지만 그래도 계속해서 학교생활을 안내해 드리거나 의논을 드리면 바쁜 생활 속에서도 아이에 대한 관심을 살려 답글을 적어 오신다. 먹고 살기 위한 생활에 쪼들리다 보면 아이들에게 관심이 적어지고 어릴 때에는 어떻게 해서라도 장애를 최소화하기 위해 노력하시다가, 그 변화가 미비하면 체념이나 포기를 하기도 한다. 고등학교나 전공과 과정이 되면 이제 사회로 나가기 일보 직전의 단계이니 만큼 가장 관심이 고조되어야 함에도 불구하고 한 반에 두세 명의 부모님을 제외하고는 아이들을 손에서 놓고 만다.

알림장은 부모님의 관심을 살리기에 충분했고, 그 관심이 살아나는 날까지 나의 알림장 쓰기는 계속되었다.

특수학급에 오니 아이들이 자기결정력도 있고 전달도 가능하여 알림장 쓸 시간이 대폭 줄었고, 그 시간에 다른 일을 할 수 있게 되었다. 그중에는 도저히 전달이 어려워 알림장을 써 주는 아이가 두 명 정도 있었지만, 대승이는 훈련을 시키면 전달이 가능하고 발전할 수 있는 가능성이 보였다. 어머니께도 나의 의도와 지도 방법을 말씀드리고 알림장을 될 수 있는 대로 쓰지 않고 대승이가 전달하도록 하겠다고 알렸다. 그리고 중요한 사항은 전달을 제대로 했는지 전화로 확인하겠다고 했다. 그렇게 훈련을 한다면 대승이는 좀 더 조리 있게 의사 표현을 할 수 있을 것이며, 전달 능력과 상황 판단 능력도 향상될 것이다. 또한 직장생활에서 지시 따르기와 대인관계 등이 가능해질 것이다.

그러나 어머니는 나의 생각과는 달랐다. 고등학교 2학년이 되도록 선생님들은 대승이 어머니가 요구하는 대로 알림장을 통해서 안내를 했다. 대승이 어머니는 대승이가 제대로 전달하지 못해서 꼭 알림장이 필요하다고 주장하는 것이다. 그러나 내가 보는 대승이는 말도 잘하고 조금만 훈련을 한다면 충분히 가능성이 있었다. 나는 알림장을 쓰지 않았고, 대승이는 어머니께 곧잘 알렸다. 잘못 전달된 경우도 있지만 중요한 사항은 전화로 확인을 했기에 차질을 빚은 일은 없었다. 문제가 생긴 일도 없었다. 대승이가 잘하고 있음에도 불구하고 어머니는 지금까지 해 왔던 것을 고집하며 알림장을 원하셨고, 그것이 받아들여지지 않자 교장 선생님 방을 찾아가 제안했다.

"교장 선생님, 황 선생님께 알림장 좀 쓰라고 지시해 주세요."

교장 선생님께서는 어머니 입장에서의 상황을 들으셨음에도 나에게 이런 제안이 들어왔음을 알리지 않으셨다. 나의 교육 방법을 듣지 않으시고도 상황을 파악하고 지지하신 것이다. 한 동안 시간이 지나도록 나는 여전히 대승이와의 대화를 지속했다. 도교육청 장학사님께서 전화를 주셨다.

"황 선생님 학급에 대승이라는 학생이 있나요?"

"네, 그렇습니다."

"대승이 어머니께서 몇 차례 전화를 하셨는데 황 선생님이 알림장을 안 써 준다고 제발 쓰게 해 달라고 하는데, 어머니의 요구이니 써 주면 좋겠네요."

"네, 장학사님, 알겠습니다."

그러나 나는 끝내 쓰지 않았다. 대승이의 입장에서 교육을 생각했을 때 나의 방법이 옳다고 판단하기 때문이다.

나는 항상 모든 교육의 초점을 우리 아이들에게 둔다. 직업교육을 하면서 나 혼자만의 교육이 아니라 부모님과 사회와의 연관 속에 많은 질책과 민원이 발생할 소지가 많고, 때로는 동료 교사들 사이에서나 관리자와의 관계 속에서도 어려움을 겪을 때가 있다. 이런 상황을 헤쳐 나갈 수 있는 가장 큰 무기는 우리 아이들에 대한 사랑의 교육이었다. 교육의 목표는 항상 아이들에게 있었으며, 그 목표에 맞는 교육을 실시했을 때 나는 언제든지 당당할 수 있었다. 대승이 어머니와도 그랬다. 나의 개인적인 이유로 알림장을 쓰지 않은 것이 아니라 대승이의 자기결정력을 향상시키기 위한 것이었기 때문에 나는 굽히지 않았고, 나의 의지대로 대승이는 나날이 향상되었다.

그렇게 졸업을 하고 몇 달이 지난 어느 날 대승이 어머니께서 나를 찾아왔다. 갈등하다가 전공과 진학을 놓치고, 장애인복지관을 가기 위하여 면접 및 상담을 하는데 담당 교사께서 대승이 칭찬이 대단했다고 하셨다. 질문에 대한 대답을 또박또박 할 수 있었고, 상황 파악이라든지 자신의 진로에 대하여 판단을 하고 앞날을 계획하고 있다고 하시며, 복지관에서 훈련을 하면 취업이 가능하다는 말씀을 듣고는 한걸음에 나를 찾아오셨다.

"선생님, 알림장 안 써 주시길 잘하셨습니다. 제가 선생님의 의도도 모르고 함부로 행동한 것을 용서해 주세요. 대승이 복지관 면접 잘 보았다고 담당 선생님께 칭찬받고, 바로 직업훈련반에 들어갔어요. 정말 감사합니다."

늦게라도 나의 의도를 알고 찾아오신 어머니께 나도 또한 감사를 드렸다.

"이제라도 아시게 되어 다행이고 대승이가 더 향상될 것입니다. 감사합니다."

대승이가 바른 교육을 받을 수 있음에 감사드렸다.

학교, 가정, 지역 사회의 효율적인 협조 체제를 통하여 학생 개개인의 특성 및 요구에 중점을 두고 교사의 관찰, 상담, 요구, 직업평가를 기초로 장·단기 목표를 수립하여 실시함으로써 학교에서 사회로의 전환을 성공적으로 이루기 위함이다.

★ 장애인 등에 대한 특수교육법 시행규칙
[일부개정 2010.12.20 교육과학기술부령 제86호]

제4조(개별화교육지원팀의 구성 등) ① 각급학교의 장은 법 제22조제1항에 따라 매 학년의 시작일부터 2주 이내에 각각의 특수교육대상자에 대한 개별화교육지원팀을 구성하여야 한다.
② 개별화교육지원팀은 매 학기의 시작일부터 30일 이내에 개별화교육계획을 작성하여야 한다.
③ 개별화교육계획에는 특수교육대상자의 인적사항과 특별한 교육지원이 필요한 영역의 현재 학습수행수준, 교육목표, 교육내용, 교육방법, 평가계획 및 제공할 특수교육 관련서비스의 내용과 방법 등이 포함되어야 한다.
④ 각급학교의 장은 매 학기마다 개별화교육계획에 따른 각각의 특수교육대상자의 학업성취도 평가를 실시하고, 그 결과를 특수교육대상자 또는 그 보호자에게 통보하여야 한다.

★ 배경 정보 분석으로 전년도 담임교사의 기록, 다른 기관 관찰 기록, 전년도 개별화교육 프로그램, 관찰 등의 자료를 기초로 현재 수준을 파악한다.

★ 면접 자료나 설문지 참여 자료를 준비한다.

★ 심리 측정 도구를 사용한 학업성취, 직업흥미, 자아개념, 직업적성에 관한 평가 결과를 준비한다.

★ 개인의 흥미, 능력, 작업 습관, 개인적·사회적 기술을 평가하는 작업 표본 평가의 결과를 참고한다.

★ 교육과정 중심 평가로 교육과정 기반의 직업평가, 포트폴리오, 수행평가를 통한 자료를 수집한다.

★ 현장실습, 체험학습, 견학을 통한 상황에서의 상황 평가 결과를 수집한다.

★ 개별화전환교육계획의 내용은 고용 목표, 직업교육/훈련 목표, 중등 이후의 교육 목표, 독립 주거 목표, 교통 이용/이동의 목표, 사회적 관계 목표, 오락/여가 목표, 건강/안전 목표, 자기권리 주장, 미래 계획 등의 목표를 수립할 수 있다.

★ 학생의 특성과 요구에 따라 목표를 조정한다.

★ 전환교육계획 수립 시 학생과 부모를 참여시켜 요구를 수렴하여 작성함으로써 실질적인 계획이 되도록 한다.

★ 학생, 부모의 요구와 현재 수준을 고려하여 수행이 가능한 범위 내에서 장·단기 목표를 수립한다.

★ 내용에는 목표를 도달하기 위한 단계가 제시되며 1~3년간의 단계를 수립할 수 있다.

★ 목표 도달 날짜와 지도 책임자의 명시가 필요하다.

★ 고등학교 2, 3학년에서는 전년도에 수립한 내용을 기준으로 그동안의 발전 정도를 살펴보고 변화된 요구를 수렴하여 경신한다.

★ 전환교육계획 수립은 직업재활을 위한 필수적인 과정이며, 계획을 통해 미래를 구체적으로 구상할 수 있고, 방법을 찾을 수 있다.

★ 계획 수립을 위한 양식은 각 학교의 실정에 맞게 고안하여 사용한다.

★ 전환교육계획에서 수립된 영역의 목표는 각 교과 담당 시간에 지도하는 것이 효과적이며, 학생에 따라 영역의 목표를 간단하게 또는 자세하게 수립할 수 있다.

직업적응훈련

직업적인 기술 외에 기초기능 학습, 지역사회 시설 이용 능력, 일상 생활 지도를 통하여 사회나 직장생활에서 보다 나은 적응을 하기 위함이다.

★ 학생의 능력과 적성, 요구에 맞는 직업적응훈련계획을 수립한다.

★ 기초기능 학습과 지역사회 시설 이용, 일상생활 훈련은 개별화교육계획에 포함하여 지도한다.

★ 직업생활에서 요구되는 직업기능 이외에 필요한 기능을 익히는 것으로 어떤 능력이 필요한가를 알아내고, 교육과정에 삽입하여 지도함으로써 직업생활의 유지를 원만하게 한다.

★ 지도 시 지역사회 시설 이용에 필요한 훈련 기관을 지역사회에서 조사하거나, 직업재활 기관에 의뢰하기도 한다.

★ 직업적응훈련 후 진로 결정을 위해 상담한다. 학생의 능력에 따라 취업, 전공과, 대학, 직업재활시설, 직업훈련기관, 가정 등으로의 진로 결정을 수정하거나 변경을 위해 상담한다.

★ 직업적응훈련 후 고용 형태를 결정한다. 지원고용, 보호고용, 직업재활 시설 배치 등을 학생의 능력과 적성에 적합하도록 한다.

지역 사회에서 요구하는 직종을 선택하여 교내외 훈련을 실시함으로써 사업체 현장 적응에 필요한 직업 기능, 지식, 태도 등을 길러 취업을 원활하게 하기 위함이다.

★ 직업훈련실은 훈련을 효과적으로 할 수 있도록 시설, 설비, 재료, 도구, 환경 등을 갖춘다.

★ 교사는 직업훈련의 중요성과 목적을 알고 훈련에 임하며, 훈련 재료를 지원받거나 훈련 장소를 이용하는 경우에 책임을 다하도록 한다. 훈련 재료를 지원받을 경우에는 불량 작업이 생기지 않도록 주의하며, 훈련실을 이용할 경우에는 뒷마무리까지 정리하여 다음 훈련에 지장을 주지 않도록 한다.

★ 직업훈련 분석표와 훈련 과정도를 작성하여 훈련 내용을 파악할 수 있도록 한다.

★ 훈련 분석표의 내용으로는 훈련명, 지원하는 사업체, 훈련 기간, 준비물, 훈련 과정의 순서, 훈련 내용, 수행도, 교육적 효과, 평가 등으로 구성되어 훈련 내용과 정도를 쉽게 파악할 수 있다. 과정도는 훈련 과정을 사진으로 남겨 과정을 이해하기 쉽도록 한다.

★ 직업훈련 결과를 분석하고 피드백한다.

★ 훈련을 통해 장애학생의 능력과 적성을 탐색하여 직업배치 시에 정확하게 배치하여 높은 훈련 효과를 갖도록 한다.

★ 직업훈련 후 진로 결정을 위해 상담한다. 학생의 능력에 따라 취업, 전공과, 대학, 직업재활시설, 직업훈련기관, 가정 등으로의 진로 결정을 수정하거나 변경을 위해 상담한다.

★ 직업훈련 후 고용 형태를 결정한다. 지원고용, 보호고용, 직업재활시설 배치 등을 학생의 능력과 적성에 적합하도록 한다.

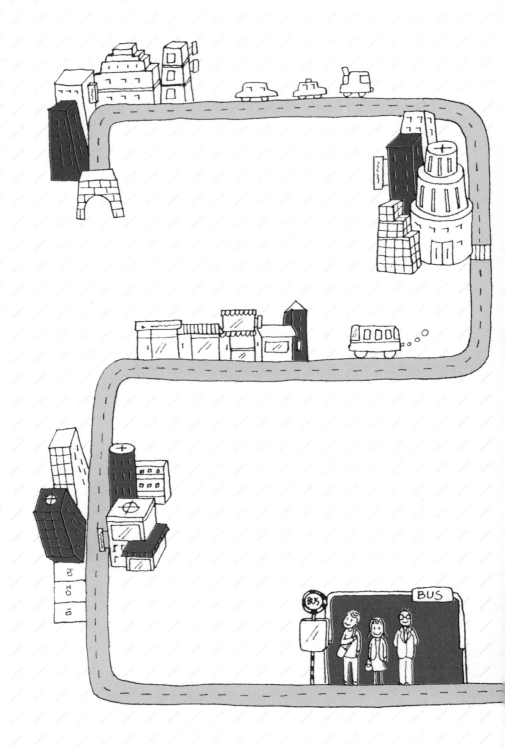

03

숭고한
자식 사랑

아버지 술을 끊으시다

효선이는 엄마 이야기만 나오면 진저리를 치며 싫어한다.

"엄마는 우리에게 빚만 남기고 도망갔어요. 아버지는 매일 술만 드시고, 엄마 이야기하시면서 상을 때려 부수고, 저와 동생에게 욕만 해요. 정말 집에 가기도 싫고 짜증나서 못 살겠어요."

아침밥은 먹어 본 적이 없고 과자 부스러기나 먹던지 빵으로 아침을 때운다. 그러니 건강이 좋을 리 없고 환절기에는 감기로 몸을 가누지 못할 정도로 기침에 시달리며, 간혹 복통을 호소하거나 머리가 아프다고도 한다. 제대로 먹지도 못하면서 체중은 과체중으로 움직이기를 싫어한다.

고등학교 1학년에 입학했을 때 자신을 드러내기 싫어하고 숨은 듯 살면서도 친구들 사이에서는 누구든 휘어잡는 카리스마를 보였다. 1학년은 남학생 7명에 여학생 7명으로 14명이었는데, 여학생은 물론이고 남학생들도 효선이 앞에서는 숨죽이고 가까이 가기를 꺼려하여 조금 떨어진 곳에서 말한다. 언제 폭탄이 날아올지 모르기 때문에 적당한 거리가 필요하다. 맘에 드는 친구는 효선이의 사랑을 받으며 효선이의 옆에서 측근으로 군림한다.

효선이는 반에서 가장 인지력이 있어 교사의 보조를 맡아 하며, 중중 친구들의 장애에 대하여 비판을 가하기가 일쑤다. 정교한 작업을 잘하여 조립 작업에서 적성을 보였다. 움직이기를 싫어하니 앉아서 작업하여 좋고, 잘하여 칭찬받고, 하고 싶은 일이니 여간 좋은 일이 아니다. 속도가 다소 빨라진다면 일반인과도 견줄 만할 정도다.

2학년 겨울방학 전 현장실습 대상 학생을 선정하면서 가정 형편이 어렵고 직업적 기능에서 우위인 효선이로 결정했다. 물론 효선이에게 의사를 물었고, 효선이는 어려운 가정 형편을 조금이라도 도울 방법으로 일을 해야 함을 알고 있었다.

첫날 효선이와 출근하기 위하여 함께 버스를 탔다. 출근 시각의 버스는 콩나물시루 같은 만원 버스였다. 제시간에 출근하여 관리자와 동료들에게 소개하고 당부를 하였다. 불안하여 말도 하지 않고 나의 뒤에서 앞으로 나오기 힘들어하더니 각오를 한 듯 앞으로 나서며 반장님을 따라갔다. 하루를 마음 졸이며 힘들어할 효선이를 생각하고, 잘 해낼 것을 믿으며 어느덧 퇴근 시간이 되었다. 집에 잘 도착했을 것이라고 생각했는데 효선 아버지의 불만스런 목소리가 나를 불안에 휩싸이게 했다.

"선생님, 효선이가 퇴근하는 버스 안에서 숨이 막히도록 힘들었다고 하더니 집에 와서 토를 하고 있습니다. 이러니 어떻게 더 회사를 다니겠습니까! 힘들 것 같습니다. 내일부터 안 갔으면 합니다."

앞이 캄캄하다. 하루 다녀 보고 하루 만에 못 다니겠다고 하니 막막해 온다.

"아버님, 효선이는 그렇게 약한 아이가 아닙니다. 첫날이라서 그런 것입니다. 학교에 편하게 다니다가 일을 해야 하는 회사로 나가니 무척 부담스러웠나 봅니다. 버스에서는 퇴근 시간이라 사람들이 한꺼번에 몰려나와 그런 것이니 여기에서 포기하시면 안 됩니다. 제 생각으로는 더 다녀 보고 그래도 어렵다면 그때 실습을 그만두기로 하지요. 아버님께서 마음을 강하게 먹지 않으면 효선이는 더 약해져서 실습을 할 수 없고 나중에 취업을 어떻게 하겠습니까? 여기서 포기하시면 앞으로 모든 것이 어렵기만 할 것입니다. 힘을 내십시오."

다음 날 초조한 하루가 지나고 연락이 없다. 아마도 연락이 없는 것은 잘 해냈을 것이라 생각했다. 조마조마한 날들이 지나면서 효선이는 점차 안정을 찾았다. 정교한 작업을 해야 하는 전자 조립 회사에서 불량 없이 작업을 해내면서 칭찬을 받고 흥미를 더해 갔다. 출근이 재미있어지면서 이른 아침에 출근을 하고 동료 아주머니들로부터 사랑을 받기 시작했다. 초과 근무가 어렵지 않게 되었고 오히려 월급이 많아지면서 일을 해야 하는 기쁨이 생기기 시작했다.

돈……, 돈이 쌓여 간다. 아버지는 하루하루를 술로 보내셨는데, 효선이 통장에 돈이 쌓여 가면서 일을 찾기 시작했다. 나이 어린 딸이 고생한다고 생각하면서 효선이가 버는 돈을 쓸 수 없었고, 아버지도 돈을 벌어 딸과 함께 돈을 모아야 한다고 생각했다. 모든 일이 짜증나고 회의에 빠져 술로 나날을 보냈는데, 힘들다고 투정하지 않고 묵묵히 일하는 효선이를 보면서 막노동을 하시는 아버지의 발걸음이 가벼워지기 시작했다. 술로 늦었던 귀가 시간도 빨라지고 딸을 위해 밥과 반찬을 마련해 주었다. 아버지는 점차 술을 줄이셨고 고등학교 3년 동안 얼굴을 들고 학교는 못 온다고 한 번도 오시지 못하던 아버지께서 효선이가 취업한 후 1년이 넘었을까 학교를 찾아오셨다. 검게 탄 얼굴과 구부정한 허리는 막노동의 힘듦을 보여 주는 듯하였다.

"선생님, 고맙습니다. 우리 효선이가 장애인으로 세상 어디에도 쓸모가 없다고 생각했는데, 이렇게 돈을 벌어 올 줄은 꿈에도 생각하지 못했습니다."

통장을 내 앞으로 내밀어 보여 주신다. 얼마나 소중하게 간직했는지, 그리고 얼마나 만져 보고 열어 보셨는지 겉표지가 손끝에서 닳고 또 닳았다. 통장을 넘기며 숫자가 늘어간 것이 보인다. 한 번도 출금하지 않고 고스란히 월급이 들어와 있다. 매월 100만 원이 넘은 숫자는 1년이 넘으면서 천만 원이 넘었고 상여금까지 나와 꽤 많은 돈이 쌓여 있었다.

나도 모르게 통장을 가슴에 안아 보았다. 효선이의 땀이 녹아내린 듯하며 따뜻하다. 고생했구나, 효선아! 잘도 참아내고 즐겁게 일하는 네가 무척이나 사랑스럽다.

"효선아, 돈만 모으지 말고 예쁜 옷도 사 입고, 이제는 성인이 되었으니 화장도 했으면 좋겠다."

직장생활을 하면서 예뻐지려면 살을 빼야겠다고 생각하면서 밥 먹는 것을 줄였는지 회사로 찾아갈 때마다 살이 빠져 있었다. 급기야 "선생님, 저 너무 아파서 회사에 출근했다가 조퇴했어요." "어지러워서 밥을 먹을 수가 없고 일어날 수가 없어서 며칠 회사에 못 나갔어요."라는 말을 하였다.

"어서 아버지를 바꿔 주거라. 아버지, 효선이가 체중을 줄인다고 밥을 먹지 않은 것이 지나쳤나 봅니다. 얼른 약을 먹이도록 해 보세요."

처음으로 결근을 하고 건강을 잃어 보면서 함부로 아무렇게나 체중을 줄이면 안 됨을 알고 조심했다. 다시 회복하여 열심히 일을 하더니 무언가 해 보고 싶은 일이 있다고 전해 온다.

"선생님, 저 일본어 학원에 다니고 싶어요. 제가 좋아하는 일본어 공부해서 일본 여행 가려고요. 전 정말 일본에 꼭 가 보고 싶어요."

시험을 보면 일본어 성적은 반에서 우수했다. 일본어는 만화와 일본 드라마를 보면서 자연스럽게 익히더니 일본어 공부에 취미를 갖고 있었다. 하고 싶은 것도 생기고 돈을 벌어 쓸 계획도 하면서 돈을 벌어야 하는 목적도 더 구체화되고, 따라서 일하는 것이 더 흥미 있어졌다. 아버지는 그렇게 열심히 살아가는 효선이를 보면서 점차 술을 줄이시더니 술을 끊어야겠다고 생각하셨고, 그것을 효선이 앞에서 공표를 하여 더 확고히 하고 싶으셨나 보다.

"선생님, 어제 아버지께서 저녁밥을 사 주시면서 이제는 술을 끊겠다고 손가락 걸고 약속했어요."

그동안 효선이로 인해 아버지는 술을 더 드셨고, 쓰러져 가는 희망을 잡으려 하지 않으셨고, 아마도 잡을 힘도 없으셨으리라. 빚더미에서 효선 엄마는 가출했고, 남겨진 것은 빚과 장애를 가진 딸 효선이뿐이었다. 앞으로 살아갈 날이 보이지 않고 술로만 사시더니 효선의 취업으로 통장에 돈이 쌓이고, 어둡기만 했던 장애인 딸 효선이가 큰 몫을 해 주면서 아버지는 서서히 바뀌어 삶의 끈을 잡고 굵고 튼튼한 동아줄을 만들어 갔다. 효선이가 찾아 준 가정의 행복은 오두막집에 웃음꽃을 피웠다.

"선생님, 고맙습니다. 우리 가정에 행복을 만들어 주셔서요. 효선이와 같이 벌어서 집 장만도 하고 넓고 좋은 집에서 행복하게 살도록 하겠습니다. 이제는 정신 차려 효선이 마음 아프게 한 것을 쓰다듬으며 살겠습니다. 물론 술도 끊겠습니다."

출근 첫날 나에게 원망 섞인 목소리로 전화하시며, 고생하는 효선이가 안타까워 포기하려고 했던 아버지께서 다시 도전하는 마음으로 효선이를 내보냈고, 다시 해 보자고 다독거려 주신 아버지의 의지가 지금의 효선의 행복을 만들었다.

아직 사회를 모르고 무엇이 걱정스러운지, 새로운 환경이 얼마나 힘든지를 잘 모르는 우리 아이들에게 부모가 자녀를 성공시키겠다는 역할과 의무는 매우 중요하다.

알림장에서 싹튼 믿음

"돈순아, 돈 많이 모았니?"

돈순이는 내가 경력 4년차에 만난 사랑하는 제자 수연이다. 왼손과 왼발에 뇌성마비를 앓고 있고, 나와 일상적인 대화가 되며, 고민을 털어놓는 아이다. '돈순이'는 수연이의 별명인데, 중학교 때부터 워낙 돈에 대하여는 계산이 철저하여 내가 붙여준 별명이며 수연이도 그 별명을 싫어하지 않았다. 보통 때에는 수연이라고 부르지만 돈 얘기만 나오면 돈순이라고 불러준다.

수연이 어머니는 내가 만나기 전부터 간경화로 얼굴은 검은 빛에 가깝고 여기저기 입원하여 치료받고, 한방치료도 받고, 좋은 약도 찾아 드실 정도로 병세가 위험 수준이었다. 그럼에도 수연이 교육에는 한 치의 물러남 없이 적극적이었다. 학교에 찾아오셔서 상담을 하기도 하고 급할 때에는 전화 통화로 하기도 하지만, 주로 알림장을 통해 대화를 나누었다. 큰 계획을 세운 것은 아니었고, 하루하루의 생활 속에서 수연이의 가정 교육을 의논하셨고, 의논한 대로 실천에 옮겼다. 실천한 후에는 변화되는 정도를 알림장에 써 오셨고 알림장은 하루도 거르는 날이 없이 매일매일 글들이 쌓여 갔다. 어머니와는 서로의 방법을 공유하고, 제안하고, 연구하면서 좋은 방법을 찾았고, 수연이는 나와 어머니의 노력을 이해하고 열심히 따라 주었다.

학교에서는 한글 해득과 더불어 기초 지식을 향상시키는 데 주력하였고, 가정에서는 어머니와 집안일을 함께하면서 일상생활에 대한 기능을 익혔다. 그때 나는 둘째를 임신하여 배가 만삭이었지만 조금이라도 더 가르쳐 보겠다는 생각으로 퇴근하기 일보 직전까지 보충 수업을 했다. 두 명의 남학생과 수연이는 나의 기대 이상으로 따라와 주어 한글 해득과 수학의 기초 공부를 터득할 수 있게 되었다.

3학년이 되기 전 나는 세 명의 아이들을 일반학급에 환급시켰고, 환급을 하면서 알림장의 글은 더 이상 쓰지 않았다. 2년 동안 쓴 알림장은 일 년에 두 권, 총 네 권의 두꺼운 책으로 남겨져 전근을 갈 때마다 재산처럼 내 옆을 지켰다. 글 속에는 평범한 대화 같지만 수연이에 대한 어머니와 나의 애틋한 사랑과 열정이 스며들어 알림장의 두께가 부풀어 더 두껍게 느껴졌다. 내가 만진 알림장의 한 장 한 장을 어머니께서도 다시 어루만지며 글을 쓰셨기 때문에 두 사람의 정성이 종이에 닿아 두꺼워진 것이다.

그 결과, 수연이는 환급을 하여 실업계 고등학교에 진학했다. 고등학교 진학 후에도 상담은 계속되었다. 학교를 졸업하고 난 수연이의 첫 마디는 "선생님, 저 돈을 벌어야겠어요." 역시 돈 순이다.

첫 직장에서 인쇄소에서 책을 펴내는 데 보조 업무를 담당했으나 왼손의 마비 증세로 오래 유지하지 못했다. 성실한 수연이는 그대로 주저앉지 않았으며, 다른 사업체를 전전긍긍하며 옮겨 다녔다. 그것도 안 되어 물건을 받아 판매하는 상점도 가 보았으나 경증의 언어장애가 어려움을 주었다. 이것저것이 어려워지자 수연이는 어머니와 함께 교회에서 운영하는 전문 과정의 대학도 졸업하고 요양보호사 자격증도 취득하였다. 자격증이 생기자 수연이는 이렇게 말했다.

"선생님, 저 돈을 벌어야 하겠어요. 그동안 돈을 벌지는 못하고 쓰기만 했습니다."

"너희 집은 고급 아파트에 평수도 넓고, 아버지 돈도 많은데 왜 돈을 벌려고 그렇게 애를 쓰느냐?"

"선생님, 그 돈은 부모님의 돈이고, 제 돈이 아닙니다. 그러니 제 돈을 벌어야 해요."

역시 돈에 대하여는 계산이 철저하다.

내가 주로 개발하는 사업체는 경기도 동쪽 편의 성남 공단을 중심으로 나의 학교 부근이라, 서울 지역을 개발하기는 지역적으로 어려웠다. 2005년경 노인요양원에 지적장애 학생들이 간병인의 보조 일을 하는 모습을 살펴보고, 나의 목표는 노인요양원을 개발하는 것이었다. 그 후 3년이 지나 경기도 광주시, 용인시, 이천시, 양평군의 외곽 지역에 요양원을 개발하던 중 기숙사가 있는 곳을 발견했고 환경 등 여러 여건이 수연이에게 적합하여 눈이 번쩍 뜨였다.

수연이는 요양보호사 자격증이 있으니 요양보호사를 보조하는 업무를 담당할 수 있기에 수연이와 어머니의 의견을 물어 면접을 추진했고, 원장님께서는 수연이의 편마비를 알고도 고용을 허락했다. 원장님의 고민 끝에 수연이는 주방에 배치를 받았다. 수연이는 어려서부터 어머니와 함께 가사를 도왔기 때문에 요리도 할 수 있었고 주방 일은 어렵지 않았다.

근무한 지 여섯 달이 지난 어느 날, 수연이와 대화를 하던 중에 수연이가 수면제를 먹는 것을 알았고, 놀라 물으니 상태가 심각했다. 주방은 새벽 4시 40분에 기상하여 아침 식사를 준비하고, 저녁 식사와 설거지가 끝나는 시간은 7시가 넘어 8시경이 되었다. 씻고 잠을 자야 하는데, 한 방에 6명의 요양보호사가 함께 거주한다. 그것도 넓지 않은 좁은 방이었다. 집에서는 넓은 방 자기 침대에서 편안하게 잤던 수연이가 갑자기 좁은 방에서 침대도 없이 자야 하고, 중간에 쉰다고는 하지만 거의 온종일 일을 하면서 제대로 잠을 이룰 수가 없어서 아무도 모르게 약을 먹기 시작했던 것이다. 그 일을 은연중의 대화에서 알게 되었다. 여섯 달이 넘도록 그렇게 불편한 여건에서 일을 하면서 나에게는 한마디도 하지 않았다.

"선생님 걱정하실까 봐 말씀드리지 못했어요."

"그렇다고 어머니께서도 아무 말씀을 하지 않으셨어요?"

"선생님 아시면 걱정하시고, 점차 적응하면 좋아질 줄 알았어요."

정신이 번쩍 들면서 요양원을 찾아가 기숙사를 살폈을 때 '아니, 어떻게 이렇게 좁을 수가 있을까.' 하는 생각이 들 정도였다. 병실이 호텔과도 같이 잘 꾸며져 당연히 기숙사도 그러리라 생각한 나의 잘못이 너무 컸다. 여섯 달이 넘도록 그런 곳에서 생활하면서 나를 원망하기는커녕 내 걱정을 해 준 수연이와 어머니께 뭐라고 말씀드릴 수가 없었다.

수연이는 그렇게 힘든 곳에서 수면제를 먹고 간신히 잠들면서도 자주 옮기면 안 된다고 걱정을 했지만 건강이 악화되어 하루가 절실했다. 이제는 지역을 불문하고 수연이의 집과 가까운 곳의 요양원을 찾았고, 집에서 출퇴근이 가능한 곳에 재취업을 하였다. 집에서 출퇴근을 하며 안정을 되찾아 약 복용을 끊었다.

끝까지 나를 믿어 준 수연이와 어머니께 정말 미안하고 감사하다. 그런 열악한 환경에서 어려움을 겪으면서도 나에게 불평

한마디 하지 않을 수 있을까? 나는 그 믿음을 지켜 주기 위하여 집에서 가까운 일자리를 찾는 데 최선을 다했다.

"고맙습니다. 어머니, 저와의 믿음과 신뢰를 더 단단히 만들어 주셨습니다. 우리 돈순이가 돈을 벌 수 있도록 노력하겠습니다."

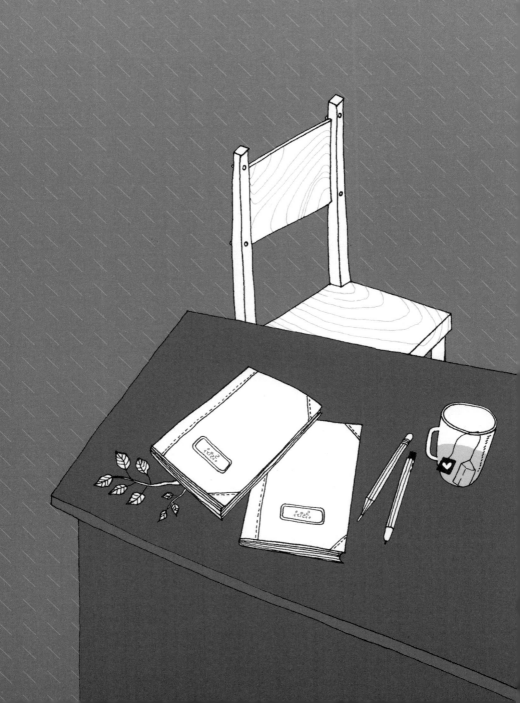

대중교통은 나의 것

전공과 1학년 입학식이 있던 날, 나는 아이들의 부모님께 폭탄선언을 했다.

"이제 전공과에 입학했으니, 곧 성인이 될 것이고 따라서 학교에서 운행하는 학교 버스를 타지 말고 자율 통학을 하도록 하겠습니다. 단, 지체장애나 시각장애인 경우에는 사유서를 제출하고 사유가 인정될 경우에 한해서만 학교 버스를 탈 수 있도록 하겠습니다."

부모님들께서는 하늘이 무너지는 캄캄함에 앞이 보이지 않으며, 학교를 다녀야 하는지 말아야 하는지를 고민했다. 아이가 능력이 부족하여 훈련시키는 것이 두렵기도 하지만, 자신이 성의를 다하여 훈련시킬 수 있는지에 자신 없는 것이 더 두려웠기 때문이었다. 밑바닥까지 떨어진 자신감을 끌어올리며 힘을 모아 당장 내일부터 어떻게 해야 할지를 결정해야 했다.

승용차는 없고 정말 버스를 타고 다녀야 한다. 바쁜 아침 시간에 아이만 학교로 보내면 되었는데, 이제는 일찍 일어나야 하고 아이와 함께 학교를 가기 위해서 저녁부터 부산을 떨었다. 내리는 정류장의 이름을 가르치고 도착역에 가기 전에 눈여겨볼 건물이 있는지 확인하고, 버스 안에서는 자리에 못 앉았을 때 어디를 잡고 서야 하는지 등을 몇 차례 알려 주고 또 알려 주었다. 한 달이 넘도록 동행을 하고 이제는 혼자 갈 수 있을 것 같아 마음먹고 혼자 가도록 조치했다.

"선생님, 지금 버스 태웠어요. 앞으로 50분 정도 후에 도착할 것입니다. 부탁드려요."

"네, 알겠습니다. 정류장에 나가서 기다리겠습니다."

며칠 동안은 잘 만났는데, 끝내 일이 벌어지고 말았다.

"어머니, 한 시간이 지나도 오지 않아요. 어머니, 두 시간이 넘었어요."

남영이는 점심시간이 지나고 해가 뉘엿뉘엿 지도록 오지 않았고, 실종 신고를 했는데도 아무런 연락이 없어 가슴을 태웠다. 밤이 되자 급속도로 마음이 급해지고 불안이 고조에 달했다. 종착역에 가서 들어오는 기사님께 남영이의 인상을 그려 주며, 혹시 못 보았느냐고 물어도 모두 모르겠다고만 할 뿐이었다. 버스 노선을 따라 차를 타고 가며 훑어보고 눈이 돌아가도록 여기저기를 보아도 남영이의 모습은 찾을 길이 없었다.

'어디로 갔을까?' '얼마나 배가 고플까?' '얼마나 불안할까?' 등의 생각은 꼬리에 꼬리를 물고 어머니는 넋이 나간 사람처럼 멍하니 몸을 가누지 못했다. 경찰서와 길에서 방황하다가 새벽녘에야 집으로 발길을 돌렸다. 이제는 전화벨 소리에 촉각을 곤두세우고 연락을 기다리는 수밖에 없었다. 피를 말리던 밤이 지나고 해는 솟아올랐건만 연락은 오지 않고 야속하게 시간만 흘렀다.

점심시간이 지나고 전화벨이 울렸다. 의정부 방향의 경찰서에서다. 남영이는 버스에서 내려 전철로 갈아타 의정부로 갔던 것이다. 밤에 어디를 들어갈 수 없으니 길을 터덕터덕 걸을 수밖에 없었고 배고픔에 추위는 더했다. 아직은 4월의 밤, 쌀쌀한 날씨에 옷 속을 뚫고 들어오는 찬기로 몸을 움츠리고 걷는 걸음은 멀리 가지 못하고 주변을 맴돌고 있었다. 가방을 메고 길을 걷고 있었으니 지나가는 사람들은 아마도 '저 아이는 밤이 늦도록 공부하느라 고생하는구나.' 라고 생각했을 것이다.

의정부는 몇 년 전 남영이 어머니의 친구가 살고 있어 남영이를 데리고 한 번 다녀온 곳이다. 자폐성장애를 갖고 있는 남영이는 한 번 간 곳의 길을 정확하게 기억하고 갔으나 그 사이에 길이 변했고, 엄마의 친구 집을 갔다고 해도 들어가지는 못했을 것이다. 얼굴은 초췌하고 배고픔과 불안함에 파랗게 질려 있었다. 찾았으니 다행이다. 그러나 부모의 애간장은 다 녹았을 것이고, 나의 걱정 또한 가볍지 않아 두통으로 머리를 들 수 없었다.

인간은 망각의 동물이니 얼마나 다행이고 감사한 일인지, 그 고통이 서서히 잊혀질 즈음 어머니는 또다시 자율통학 훈련을 시작했다. 남영이는 긴 시간 버스를 타면서 잠시 졸음이 밀려와 그만 내려야 하는 역을 놓치고 또 길을 잃었다.

두 번째 발생한 사태에 어머니는 처음보다는 냉정을 찾으려 했고, 바로 실종 신고부터 했다. 남영이를 잃어버렸을 때에는 다시는 버스를 태우지 않을 것이라고 다짐하고 또 다짐한다. 해가 산을 넘고 어슴프레 밤이 찾아올 시간에 경찰서에서 연락이 왔다. 이번에는 서울에서 남영이를 데리고 왔다. 배고픔에 허겁지겁 밥을 먹고, 얼마나 피곤했는지 금방 잠에 빠져 코를 골며 잠을 잔다. 자는 모습을 보면 여느 아이들과 다르지 않은데 왜 남영이는 이렇게 태어나 고생을 하는 것인지…… 잠든 남영이를 쳐다보는 어머니의 눈가에 촉촉한 눈물이 묻어났다.

또다시 버스와의 전쟁은 시작되었고, 처음에는 어머니가 끝까지 같이 다닐 것이라고 각오를 달리하지만 날이 갈수록 그 마음은 옅어지고 새로운 꿈틀거림은 다시 도전을 해야 한다고 보챈다.

통학 훈련은 다시 시작되어 동행을 하다가 손을 놓고 기다리고 쳐다보기를 하는데 처음보다, 그리고 두 번째보다 훨씬 시간이 단축되었다. 그런데 여지없이 남영이를 또 잃어버리고 말았다. 이제는 바로 실종 신고를 했고, '기다리면 오겠지.' 라는 느긋한 마음까지 들 정도로 간사한 마음은 얄궂기까지 했다. 아니나 다를까 남영이는 오전이 넘어가기 전에 제 발로 집을 찾아왔다.

그리고 그다음 날부터는 혼자 학교를 등교할 수 있는 자신감이 생겼다. 그 뿐만 아니라 모르는 곳을 찾아가려면 버스 노선에 관련하여 어머니의 말씀을 새겨 듣고 새로운 길을 가야 할 경우 자신 있게 노선을 찾는 노력을 하였으며, 그 후 몇 년이 지난 지금은 '대중교통은 나의 것'이 될 수 있었다.

고통이 클수록 남는 것은 비례하여 크고 유익하다. 고통과 자유로움을 바꾼 남영이와 어머니께 찬사를 보낸다.

지하철은 나의 친구

성윤이는 일요일이면 서울에 있는 교회에 간다. 어머니는 성윤이와 함께 나들이를 할 때에는 승용차를 이용하지 않고 어김없이 지하철로 이동한다. 왜냐하면 성윤이가 지하철을 좋아하기도 하지만 지하철을 이용할 수 있도록 훈련하는 것이다.

지하철이 개통되면 성윤이는 누구보다도 먼저 시승을 해 보려고 엄마를 조른다. 혼자 다녀올 수 있도록 허락해 달라고 말이다. 5호선이 개통된 후 성윤이는 엄마의 조심해서 다녀오라는 허락을 받고 하교 후 부랴부랴 집으로 왔다. 가방을 내려놓기가 무섭게 비상금이 든 지갑이 주머니에서 빠져나오지 않도록 깊숙이 넣고 집을 나섰다. 그 시각이 오후 4시경이었다.

성윤이는 새로 개통된 지하철을 타 본다는 희망과 호기심에 들떠 어떤 두려움도 없었지만 어머니의 마음은 아들을 황량한 벌판에 내놓는 그리고 그 벌판에 집을 지어 보라고 재료를 던져 주면서 지켜보는 기분이었을 것이다.

'혹시 도중에 누구에게 끌려가지나 않을까?'

'언어장애가 있기에 의사 표현도 제대로 못하는데 옆에 보호자도 없으니 이용하기 좋은 기회를 제공하는 것은 아닐까?'

'옷은 멋지게 잘 입었으니 으슥한 곳에 데리고 가서는 옷을 벗겨 구석진 곳에서 울고 있지는 않을까?'

이럴 때를 대비해서 대처 방법을 가르쳤어야 했는데……. 불안한 생각은 꼬리에 꼬리를 물었다.

'아니지, 우리 아들은 해낼 수 있어!'

이미 출발한 아들 뒤에서 불안한 생각을 하는 것이 미안했다. 성윤이는 경중의 지체장애를 수반하여 왼쪽 다리의 걸음걸이에 어려움이 보이는데, 그 다리가 뛰는 듯, 마치 나비가 날아가듯 어려움이 보이지 않는다.

저녁 9시가 넘은 시각이었다.

"선생님, 성윤이가 5호선 개통된 지하철을 타러 갔는데 아직까지 안 오고 있어요."

걱정이 되어 전화하시는 어머니께 나는 태연해야 했다.

"어머니 걱정하지 마세요. 성윤이가 지하철을 하루 이틀 타 본 것도 아니고, 그리고 우리나라에는 경찰도 있고, 신고해 주는 선량한 시민들도 있으니 별일 없이 곧 돌아올 것입니다. 여기저기 구경하느라 그럴 것입니다."

이렇게 말은 했으나 나 역시도 가슴이 뛰고 불안을 감출 수 없었다. 시계 바늘의 초침이 지나가는 것이 이렇게 길고 답답할 수가 있을까! 달려가 볼 수도 없고, 휴대 전화가 없으니 통화할 수도 없고……. 정신을 차리고 방안을 생각했다. 두 가지 생각이 떠올랐는데, 한 가지는 지하철 역사에 전화를 하거나 집과 가까운 역사에 달려 나가 신고를 하는 것이고, 또 한 가지는 경찰에 실종 신고를 하는 것이다.

어머니께는 넉넉하게 11시까지 성윤이가 들어오지 않으면 두 가지 방법을 모두 해 보자고 제의했다. 그러면서도 한편으로는 우리 성윤이를 믿었다.

그해 중학교 2학년 담임을 맡으면서 우리 반 아이들은 전체 9명 중에 7명이 언어장애를 중복장애로 수반하고 있었다.

아침에 눈을 뜨면 머리가 다소 무겁다. 왜냐하면 출근하여 아이들이 하는 말을 잘 알아듣고 대화를 해야 하는데 빨리 못 알아들으면 아이들에게 자신감을 주지 못하는 상황이 발생할까봐 걱정이 되기 때문이었다. 아이들은 눈을 반짝, 생글생글 웃는 눈빛으로 '우리 선생님께서 오늘은 무슨 말씀을 하실까?' '나와 대화를 하면서 어떤 칭찬을 해 주실까?' 하고 오감각을 세우고 내 곁에서 얼굴을 마주한다. 그 기대를 저버릴까 봐 늘 아침이면 오늘도 우리 아이들 말을 잘 알아듣도록 노력하겠다고 다짐하면서 출근길을 재촉한다.

내가 아이들의 말을 끝까지 알아듣고 대화를 해 주었을 때, 그 떠듬거리며 하는 말이 점차 늘어나고, 그러면서 발음이 완전하게 들리기도 하고 낱말 단위로 얘기하게 되었다. 문장 단위로 말이 늘어나는 것에 놀라며 나는 아이들의 말을 끝까지 알아들으려 하고 대화를 해야 했다.

그 당시 성윤이는 매우 소극적이고 언어장애를 스스로 인지하면서 스스로 말수를 줄였으며, 특히 상대방이 자신의 말을 알아듣지 못하면 자신을 움츠리고 숨겼다. 이런 성윤이와 가까워지기 위하여 대화가 필요했고, 성윤이의 말을 알아듣기 위해서 몸의 모든 수단, 즉 얼굴 표정, 손짓, 발짓, 몸짓 등을 동원하여 대화했다. 성윤이의 일과를 알아내서 대화를 폭넓게 하기 위한 수단으로 알림장을 사용하여 어머니와 대화를 했다. 어머니께서는 알림장을 통한 나와의 대화를 이렇게 표현하셨다.

"선생님, 오늘은 어떤 글을 써 오실지 기다리는 마음이 꼭 연애를 하는 기분이 들 때가 간혹 있습니다."

아마도 나와 어머니가 진정 성윤이를 위해서 글을 통한 대화를 하기 때문이라고 생각한다. 글을 통해 나는 성윤이의 24시간을 들여다볼 수 있었고 대화 내용이 풍부해졌다.

"성윤아, 어제는 외식을 했다면서? 어떤 맛있는 음식을 골라서 먹었니?"

성윤이 눈이 둥그레진다.

"선생님, 어떻게 아셨어요?"

"선생님은 도사다. 성윤이가 집에서 무엇을 하는지 다 알거든. 엄마 앞에서 투정을 부리거나 집안 청소와 설거지를 안 하고 텔레비전만 보는 것 다 알고 있단다. 그러니 집에서 집안일 잘하고 엄마 말씀 잘 들어야 한다."

알림장의 효과는 컸고, 아이들에게 우리 선생님은 모르는 것이 없는 만능 도사로 통했다. 언어장애를 갖고 있는, 그래서 자신감을 잃은 아이들에게 자신감을 살려 주는 방법으로 대화와 질문 그리고 칭찬을 하는 것이 나의 중요한 교육 목표이며 방법 중의 하나다. 성윤이는 그 교육 목표를 잘 따라 주었고, 매일 신이 나서 싱글벙글 학교에 등교한다. 오늘도 선생님과 이야기하는 것이 즐겁고 자신의 말을 알아들어 주어 신이 나기 때문이다. 그리고 못 알아들을 때 선생님이 자신에게 사과를 하는 것이 또 신이 난다.

"성윤아, 선생님이 너의 말을 못 알아들어 미안해요. 다시 한번 얘기해 줄래? 아, 미안해. 또 얘기했는데도 못 알아들었네, 이번에는 공책에 써 볼까? 정말 미안해요."

나는 끝까지 성윤이의 말을 알아들으려고 했고, 그 마음을 성윤이도 알고 따라 주었다.

"여러분, 길을 잃었을 때 우리 어떻게 해야 하는지 말해 볼까요? 너희의 말이 자연스럽지 못하다고 말을 안 하고 있으면 집을 찾아가기 어렵단다. 제일 좋은 방법은 경찰 아저씨를 찾는 것이다. 경찰서나 경찰 옷을 입은 아저씨를 찾아야 한다. 경찰 아저씨를 찾지 못했으면 주변의 가게에 찾아 들어가 말을 해야 한다. 집에 가게 해 달라고."

성윤이는 나의 가르침을 마음에 새기고 기억하고 있었다. 5호선을 타고 환승하면서 집으로 오는 방향으로 갈아타야 하는데 거꾸로 가고 있었다. 그 방향이 잘못된 지 모르고 한없이 가다가, 시계를 볼 줄 알기에 시간은 지났는데 집 근처의 정류장은 나오지 않는 것이 이상한 것을 알아채고는 지하철에서 내려 한참을 서 있다가 선생님의 말씀을 기억했다고 한다.

'그렇지 역사를 찾아가야지.'

진정을 하고 역사에서 지하철 표를 판매하는 아저씨에게 복지카드를 보이며 떠듬떠듬 말을 시작했다. 아저씨는 성윤이의 태도와 말로 장애인임을 바로 보고 도움을 주었다. 집이 어디인지 물었을 때 성윤이는 집 주소를 말하였고, 지갑에 어머니께서 써 준 주소와 전화번호를 내밀었다. 다시 집으로 가는 방법을 이해하여 되돌아오며 성윤이는 길을 잃었을 때 자신이 해낸 행동에 자신감과 성취감을 느끼고 두둥실 기쁨이 가득했다.

'엄마에게 자신 있게 말씀드려야지. 나도 할 수 있다고……'

10시가 넘은 시각, 전화기 너머로 성윤이 목소리가 들린다.

"선생님, 저 5호선 타고 김포공항까지 다녀왔어요."

흥분된 목소리가 살아서 귓가를 울린다.

"아니, 선생님도 5호선 못 타봤는데 우리 성윤이가 먼저 갔다 왔네. 내일 친구들 앞에서 재미있게 얘기해 보자. 그리고 길을 잃었을 때 역사에 찾아가 도와 달라고 한 것도 정말 잘했다. 우리 성윤이 최고다. 정말 잘했어요."

나의 칭찬을 듣더니 어깨가 으쓱하는 것이 보이듯 설명하는 억양이 높아진다. 이후 성윤이는 '지하철은 나의 친구'가 되었고, 어디든지 혼자 지하철을 이용하여 이동할 수 있게 되었다. 승용차를 마다하고 지하철 훈련을 선택하신 어머니 교육에 힘찬 박수를 보낸다.

넉넉하게 3년만 훈련을 한다면 충분히 해낼 수 있는 우리 아이들이다. 그때까지 참고, 무지개 뜨는 그날을 기다리며 인내하고, 한계에 도전하여 이겨낸다면 그다음은 부모와 자녀가 서로 해방을 맞을 것이다. 장애로부터의 해방이다. 비록 한 부분이지만 그 극복은 너무도 맛있고 풍성한 것임을……. 성윤이 어머니는 해냈고 풍성함을 누릴 수 있게 되었다.

민희의 결혼 생활

민희는 내가 초임 때 만났던 아이다. 눈이 동그랗고 쌍꺼풀이 있으며, 피부는 뽀얗고, 특히 얼굴이나 외모에서 장애를 찾아보기 어려운 예쁜 아이다. 이제는 결혼을 했으니 아이라고 하면 안 될 일이고, 제자라고 해야 하겠다.

민희는 고등학교를 특수학교에서 졸업하고 2~3년간 어머니께서 하시는 장사를 도왔다. 장사를 하면서 사람들의 눈길은 성인으로 성숙해 가는 예쁜 민희에게 멈추었고, 적절한 시기에 결혼을 시켜야 한다는 주변 권유로 어머니께서는 결혼 상대자를 찾아 나섰다. 이모께서 잘 알고 지내는 일반인 총각을 권하셨고, 어머니와 민희는 첫 만남에서 김 총각과의 결혼을 갈망했다. 물론 김 총각도 착하고 예쁜 민희의 얼굴에 마음이 동요되었다.

데이트를 한 지 반년이 지나 김 총각은 총각을 면하고 싶다고 했고, 일반인을 사위로 맞을 수 있다는 기쁨에 민희의 부모님은 선뜻 결혼을 허락하셨다. 민희 또한 일반인과의 결혼을 동경하면서, 무뚝뚝하지만 정이 가는 김 총각과 결혼하기로 마음을 정했다.

결혼 생활은 시작되었고, 뜸하게 연락을 했던 민희의 전화가 늘어났다. 아기를 낳고 싶어 하더니 임신을 했고, 튼튼하게 생긴 첫 아들을 낳았다.

"선생님, 우유는 얼마나 타야 해요? 정훈이가 우는데 배가 고픈 것인지, 어디가 아픈지 모르겠어요."

'이크, 큰일 났구나.'

결혼은 했는데 결혼 생활을 유지할 수 있는 교육이 없었으니 우리 아이들이야말로 평생교육이 필요함을 절감한다.

잦아지는 전화의 내용은 점점 무거워져 갔다.

"선생님, 흐흑, 어젯밤에 신랑과 다투었는데, 밥상을 때려 부수고……. 얼마나 많이 맞았는지 얼굴과 몸이 멍투성이에요. 엉~ 어엉."

이런 내용의 전화가 계속되더니, 이제는 매를 맞고 살기 힘들다고 하면서 이혼을 생각했다. 부모님께서도 이혼을 종용했고, 그때는 이미 둘째 아이를 임신하고 있었다.

왜 이런 문제가 생겼을까를 생각해 보았다. 가장 중요했던 것은 일반인과의 결혼이었던 것으로 짐작이 갔다. 민희는 경증으로 장애가 드러나지 않지만 생활하다 보면 다소 어려움이 보였을 것이고, 그것에 만족하지 못하는 신랑은 손이 나가기 일쑤였고, 폭력은 날로 심해졌다.

어머니와 민희의 가족, 친지는 민희가 장애인이라는 것을 신랑과 시댁에 비밀로 하고 결혼을 시킨 것이 문제가 된 것이다. 신랑은 아직도 그것을 모른 채 다른 여자와의 사이에 딸아이를 두었고, 두 집 살림을 하면서 민희에게 부족한 것을 다른 곳에서 채우려 했다. 퇴근 후 집에 머무는 시간은 짧았고, 동네 PC방이나 두 집 살림을 차린 여자의 집에서 외박을 하는 횟수도 늘어났다.

민희는 이혼하면 신랑이 아이들을 맡겠다는 말에 아이들이 보고 싶어 이혼하기는 어렵다고 포기해야 했고, 계속 폭력에 시달려야 했다.

민희의 특수학급 친구인 은진이는 부모와 동생까지 장애로 가족력을 갖고 있었다. 은진이는 가까운 동네의 지적장애인과 결혼을 하였고, 아이를 낳아 행복하게 살고 있다. 서로의 장애를 인식하고 취업을 하여 맞벌이를 할 정도로 경증의 장애다. 서로 아끼고 사랑하는 정도가 만나거나 전화를 하면 깨가 쏟아지는 느낌이 들 정도다. 민희는 후회되는 마음을 토로한다.

"나도 장애인과 결혼했으면 좋았으련만. 같은 반이었던 경준이가 좋다고 할 때 경준이와 결혼할 걸. 일반인과 결혼하면 좋을 줄 알았는데 나를 이해해 주지도 않고 이렇게 매만 맞고 살고 있으니……. 이혼할 수도 없고 내 인생은 왜 이래야 하는지 속상해요."

남편은 부모님과 주변의 만류에도 두 집 살림을 계속했고, 그 정황을 알아낸 민희는 미칠 듯이 괴로워했다. 그러나 남편도 소중하고 셋째까지 낳아 놓은 상태에서 아이들을 두고 헤어질 수는 없었다. 어떻게 하면 매를 맞지 않을지를 고민했고, 시간이 가면서 남편으로부터 관심을 비우기 시작했다. 관심을 다른 곳으로 돌리려고 아버지 가게에 나가 일을 하면서 남편의 폭력은 줄어들었지만 부부 생활은 여전히 즐겁지 않았다. 세 아이가 건강하게 잘 자라도록 애쓰는 것을 최대의 즐거움과 희망으로 위로하였다.

나는 이렇게 말하고 싶다. 우리 아이들도 서로 좋아하는 사람과 만나서 결혼해야 하고, 자식도 낳으면서 사회 속에서 자연스럽게 살며 인생을 즐겁게 살 권리가 있다. 하지만 아이들 부모님께서는 걱정을 하신다. 자기 자식이 장애인인 것 하나만으로 족하지 남의 자식을 데려다 두 배의 어려움을 겪고 싶지 않아서 결혼을 말리고 싶다고, 그리고 혹시 또 장애인을 낳게 되면 어떻게 하느냐고 하지만 나의 생각은 다름을 역설한다.

우리 아이들은 물론, 누구나 자신보다는 더 나은 사람과 만나 결혼하기를 희망하지만 자신과 비슷한 환경과 처지에 있는 사람과 결혼한다면 자기들끼리는 더할 나위 없이 행복하게 살 수 있다. 민희뿐만 아니라 혜경이도 일반인과 결혼하면서 시댁의 인식 부족으로 이혼 위기에 놓였다. 그러나 은진이는 장애인과 결혼하면서 매우 행복하게 살지 않는가. 은진이가 행복하게 사는 모습을 보았기에 더욱 이렇게 말하고 싶다.

"부모님, 우리 아이들의 결혼을 다시 한 번 깊게 생각해 주세요. 가능한 꼭 결혼해야 하고, 우리 아이들끼리 만나서 살면 어머니의 힘을 더 무겁게도 하지만 덜어 드리기도 합니다. 그리고 결혼은 우주의 질서이기도 하고요……."

비뚤어진 사랑

"엄마, 물 줘."

"그래, 엄마가 떠다 줄게. 가만히 있어라. 여기 있다. 물 다 마셨니? 컵은 엄마가 가져다 놓을게."

"엄마, 물 줘."

"네가 떠다 마셔라."

'물을 마시려면 컵에다 마셔야 하는데 컵이 어디 있지? 컵은 찾았는데, 정수기 물은 어떻게 해야 마실 수 있지? 아하, 냉수라고 써진 것을 누르니 물이 나오네. 컵을 갖다 대야 하는데 못해서 물이 바닥에 쏟아졌네. 바르게 대야지. …… 물을 마셨으니

컵을 씻어야 하는데 어떻게 씻지? 주방에서 물을 틀어 수세미로 씻어 봐야지. 컵을 제자리에 잘 놓아야지.'

앞의 두 상황을 비교해 보면 어떤 상항이 과잉보호인지 바로 알 수 있다. 과잉보호를 하면 부모나 가족이 문제 해결을 즉시 해 주기 때문에 아이들은 생리적인 단계에서 사고가 멈추게 된다. 이에 사고가 발전할 수 없다. 예를 들어, 스스로 물을 마시기 위하여 해결해야 하는 과정이 앞의 상황처럼 자세하다면, 아이는 그 과정을 거치면서 문제를 해결하기 위하여 사고가 발전할 수밖에 없다. 즉, 사고는 처음 단계보다 그다음 단계에서 보다 고차적으로 발전할 수 있다.

과잉보호를 할 경우, 부모가 해결해 주는 습관을 들여 아이는 스스로 해결할 능력을 잃고 점차 자신감을 잃어 간다. 어떻게 해야 하는지 모르기 때문이다. 또한 자신이 하지 않아도 부모가 해결해 주기 때문에 하려고도 하지 않는다. 매우 소극적인 성격을 낳을 수 있다. 자신감을 잃는다. 도전 정신과 개척 정신을 상실한다. 나아가 무엇을 요구해야 하는지도 잊을 수 있다. 부모는 돈을 모아 아이를 기관이나 시설에 맡기고 자신의 사후의 길을 선택할 수도 있다고 생각할지 모르나, 그 결과 아이들은 끝내 장애인으로 남겨짐을 아는 것이 중요하다.

성수는 중증의 자폐성장애로 하나뿐인 소중한 외아들이다.

성수 어머니는 성수에 대한 미안한 마음으로 더 이상 자녀를 두지 않았다. 성수가 하교하여 집에 돌아가면 성수를 맞이하는 것은 왕자님이 앉는 큼직하고 푹신한 안락의자다. 성수는 자신만을 위한 의자에 앉아서 엄마에게 요구한다. 요구를 하면 다행이다. 요구하기 이전에 어머니께서는 성수의 모든 요구를 아시고 바로 가져다준다. 간식에, 물에, 휴지에 등등을…….

성수는 스스로 필요한 것이 무엇인지도 모르고, 그저 엄마가 해 주시는 대로 먹고 쉬고 잠을 잔다. 심지어 대변의 뒤처리도 왕자님이 하면 안 되는 것이고 지저분한 것은 엄마가 해 주어야 하는 것이다. 그래서 성수는 뒤처리하는 방법을 모르고 학교에서 화장실을 이용할 때는 당연히 교사가 해 주어야 한다고 생각한다. 물론 교사는 지도한다. 그러나 부모와 함께 지도가 이루어져야 하는데 부모가 희망하지 않고, 절대 성수에게 맡기려 하지 않는다.

성수의 담임을 맡았던 때에 나는 성수 어머니와 대화하면서 성수의 자립에 대해 말씀드렸다. 그러나 습관은 쉽게 고쳐지지 않았고, 성수가 스스로 할 수 있는 것이라고는 밥 수저를 들고 먹는 것, 옷 입는 것 등 몇 가지밖에 없었다. 간혹 바지를 제대로 입지 못하고 러닝셔츠를 바지 안에 넣지 못할 때도 있으며, 허리띠 바지는 입지 못하여 늘 고무줄 바지를 입곤 했다.

"어머니, 어머니께서 돌아가실 때 성수와 함께 죽을 각오를 하실 수 있나요? 지금의 교육 방법으로 성수를 키우시려면 돌아가실 때 성수와 함께 가셔야겠어요. 어머니의 교육 방법은 누구도 용납할 수 없고, 성수가 아무것도 모른다고 하지만 성수도 용납이 되지 않을 것입니다. 어머니께서 돌아가신 후 성수의 대변 뒤처리를 누가 매일 해 줄 수 있겠어요?"

어머니는 눈물을 흘리셨고, 해 보려고 노력하겠다고 나와 어머니 자신에게 다짐했다.

"어머니, 다음에는 설거지를 시켜 보세요. 그릇을 깼다고 야단하거나 마음 아파하지 마시고, 깨도 좋은 그릇으로 교체해 보세요. 설거지는 우리 아이들에게 좋은 교육 방법입니다. 식기용 세제를 사용할 시 어느 정도 손의 힘으로 그릇을 잡아야 그릇을 떨어뜨리지 않는지는 그릇을 깨어 보고 파악할 수 있고, 손의 힘을 조절하여 그릇을 잡는 방법을 파악하게 될 것이며, 닦을 때에도 손의 힘을 어느 정도 주어야 하는지 알게 됩니다. 또한 설거지를 한 후 그릇을 정리 정돈하면서 물품 분류 및 정리를 할 수 있는 능력을 기를 수 있으니 시켜 주셔야 합니다."

"선생님, 우리 성수에게 설거지를 시키면 힘들어할 텐데 걱정입니다. 그리고 깨끗하게 못하면 어떻게 하지요?"

"어머니, 성수가 밥 잘 먹고 생기는 에너지로 일을 하고 운동을 하면서 사용하고, 그 후에 만족감이나 성취감을 느끼고 인생의 보람을 느낄 텐데, 어머니께서는 그 보람을 모두 빼앗아 버리는 것입니다. 그리고 지저분하게 설거지하면 나중에 성수가 보지 않을 때 다시 한 번 하시면 되고, 점차 깨끗하게 할 터이니 성수를 지켜봐 주세요."

어머니는 나의 제안에 처음에는 못 이기는 척, 나중에는 한번 헛일 삼아 해 보기를 거듭하였으나 점차 나아지는 성수의 태도에 고개를 갸우뚱하였고, 점차 발견되는 성수의 재능과 소질, 능력에 어머니는 의아해하며 그렇게 생각하는 자신을 의심하였다.

"선생님, 어제는 제가 심한 몸살로 일어나지 못했더니, 성수가 밥을 차려 주고 설거지를 하였는데 얼마나 잘 해 놓았는지 성수를 얼싸안고 울었습니다. 그리고 사실 선생님의 말씀을 믿지 않고 부정적으로 보았으며, 그런 일을 시켜서 성수가 얼마나 나아질지 기대하지 않았습니다. 그런데 이렇게 선생님 말씀대로 아픈 저를 성수가 간호해 주는 줄은 꿈에도 몰랐습니다."

"어머니, 이제라도 성수의 능력을 보셨으니 다행입니다. 어떻게 생각하면 지금까지 성수를 무시한 것이지요. 성수는 못할 것이며, 할 수 없다고만 생각하신 것이 큰 착오였습니다."

성수는 자신을 인정해 주는 어머니의 기대 이상으로 능력을 발휘하여 학교를 졸업한 후 전공과를 지원했다. 전공과에서는 취업반과 일상생활반으로 구분하여 지도하는데, 성수는 취업반에서 공부할 수 있었다.

성수에 대한 과잉보호가 계속되었다면 아마도 전공과 일상생활반에서 일상생활 훈련을 계속했을 것이다. 이대로라면 성수는 특수학교 전공과를 졸업할 즈음 어느 곳에 취업시킬 희망이 있을 것이고, 복지관이나 직업훈련 학교에서의 전문적인 훈련을 통하여 적성에 맞는 사업체를 찾을 수 있을 것이다.

성수가 능력과 소질을 찾아 하나씩 해결해 나가는 것에 자신도 기쁨을 느낄 것이고, 나의 기쁨도 성수만큼이나 크다.

우리 아이는 그런 것 못해요

　석영이는 오른쪽의 팔과 다리에 편마비를 갖고, 지적장애를 중복장애로 수반하고 있다.

　아침에 등교하면 전공과 청소 당번의 반장을 맡아 아이들과 함께 학교 중앙 현관과 복도를 책임지고 청소한다. 청소가 끝나고 학교 버스가 아이들을 태우고 들어오면 가장 손이 많이 가는 초등학교 아이들의 손을 잡고 교실까지 데려다 준다. 그다음에는 출석 확인을 위하여 전교생의 명수가 표시된 일지를 들고 각 반을 돌면서 담임 선생님으로부터 결석생을 체크하여 적는다.

　점심시간이 지나면 식당 당번으로 활동하며 아이들과 함께 식당 청소와 정리 정돈을 돕는다. 수업 시간에는 선생님의 보조 교사로 제과제빵실, 목공실, 조립실, 재봉실에서 각각의 역할을 하여 수업을 원활하게 하며, 한 학생이라도 더 수업에 참여하여 배울 수 있도록 보조한다.

수업 후에는 전공과 교실과 직업훈련실의 문단속을 하며, 창문을 닫고, 전기 멀티탭의 스위치 꺼짐을 확인하며, 혹시 선풍기가 켜져 있는지 등을 보고, 교실 문 잠그는 것을 끝으로 하루 일과를 마친다.

집까지는 가까운 거리지만 걷기에는 다소 먼 거리로 한 번의 버스를 이용하여 통학한다. 편마비로 버스의 손잡이를 잡고 균형 잡기가 어렵겠지만 자신만의 방법을 터득하여 용케도 잘 다니고 있다.

전공과 2학년 2학기가 되어, 석영이를 어디에 취업시켜야 할지를 고심해야 했다. 성격은 소극적이지도 적극적이지도 않으며 교사의 요구나 지시를 수행할 수 있고, 친구들과의 관계도 원만하고 여러 선생님의 지지 아래 원만하게 학교생활을 하였다.

석영이에게 물으니 일을 하고 싶고 선생님이 해 주시는 대로가 보겠다고 했다. 오른쪽 편마비로 장애 정도에 비해 수행 정도는 높은 편이나, 과연 한 손으로 수행할 수 있는 사업체의 업무를 찾아낼 수 있을지 어려울 것이 예상되었다. 고민에 고민을 거듭하여 사업체 찾기를 나섰고, 여러 곳을 방문해 보았으나 거의 두 손을 이용하여 작업을 수행하는 일이라 만만치 않았다.

마침 그 당시에는 장애재활기관에서 지적장애인의 일자리 마련을 위한 노력으로, 장애인 자녀를 둔 부모님을 중심으로 일자리 찾기를 시작했다. 외국의 사례도 직접 가서 살펴보고 우리나라에서의 직무도 분석하고 연구해 온 지 수년이 지나면서 가장 적합한 직무를 외국 사례에서 발견하고 첫 삽을 뜨려 한다는 정보를 입수했다. 그렇지 않아도 연구소에서 나를 만나 보고자 했고, 나도 직무를 찾고 있던 터라 요구가 맞아떨어졌다.

연구소 측에서도 늦은 일정을 잡았고, 나 또한 바쁜 일정으로 늦은 시각에 약속을 했다. 식사를 하면서 추진 방안을 듣고 대처 방안을 모색하였다. 작업장은 광주시에 위치하며 그곳은 부모님의 사업장 일부를 제공하는 것이었다. 나는 사업장이 궁금했고 이미 밤 10시가 넘은 늦은 시각이었지만 나의 호기심과 기대를 잠재울 수 없었다. 우리 아이들이 일할 곳을 얼른 보고 싶었고 나의 눈으로 직접 확인해야 했다. 우리는 모두 작업장으로 이동했고, 비록 아직 꾸며지지 않았지만 조성하면 훌륭한 작업장이 되기에 적합했다. 교통편도 성남시와 근접하여 우리 학교 아이들이 갈 수 있는 유리한 조건이었다.

사업체는 유실물을 수거하여 분류한 다음 재활용할 수 있는 것을 판매하는 것이다. 우리 아이들이 하는 일은 유실물을 몇 개의 영역으로 분류하고 재활용할 수 있도록 마련되면 옷의 경우 옷걸이에 옷을 걸고, 옷을 개어 정리하는 등의 일, 문구류는 각 위치를 찾아 정리하는 일, 그 외 물건들을 진열하는 일, 숫자와 돈의 개념이 있으면 판매까지도 할 수 있는 직무로 구성되어 있다.

 연구소에서는 일을 수행할 적합한 직원을 찾는 것이 어려웠고, 나는 우리 아이들에게 적합한 사업체를 찾는 것이 문제였는데, 그 두 가지가 연결이 되어 해결할 수 있는 기회였다. 적게는 5명, 많게는 10명의 아이를 요구했다. 집으로 돌아오면서 누구를 추천해야 할까를 생각했고, 다음 날 아침 전공과 선생님들과 회의를 했다.

 적성에 맞아 즐겁게 일을 수행할 수 있는 재학생, 졸업생을 모두 체크하였다. 5명 정도를 찾았는데, 그중에 석영이도 포함되었다. 4명의 아이와 부모님께서 흔쾌히 허락을 하시며 기뻐하셨고, 석영이만 남았다. 석영이도 4명의 친구들과 같이 갈 수 있고 집에서도 멀지 않은 거리에서 할 수 있는 직무에 만족하며 어머니의 허락을 기다렸다. 어머니께서도 당연히 좋아하실 것을 기대하며 낮 시간 동안 일을 하시고 돌아오는 저녁 시간에 맞춰 통화를 하였다.

 그러나 어머니께서는 석영이의 취업을 꺼려하시고 반대하셨다. 석영이가 다리의 힘이 없어 버스를 타고 다니는 것도 무리인데다가, 넘어지기라도 하면 어떻게 할 것인가, 또한 석영이는 그만한 일을 할 능력이 안 된다는 것이었다. 석영이가 학교에서 하고 있는 일 등을 말씀드리며, 사업체의 직무도 한 손으로 할 수 있으며, 석영이에게 충분히 그러한 능력이 있다고 자세하게 설명해 드려도 어머니께서는 거절하셨고, 또 다른 이유를 대셨다.

"아이의 교통 지도를 내가 해야 하는데 저는 일을 하고 있으니 결근할 수 없고, 다른 부모들은 시간이 나는 대로 사업체에 가서 아이들이 일하는 것을 가르치고 도와준다고 하는데 저는 하기가 어렵겠습니다."

"어머니, 교통 지도는 제가 할 터이고, 사업체의 직무 지도도 제가 할 테니 걱정 마시고 실습부터 해 보도록 하지요."

그러나 어머니는 끝내 나의 제안을 거부하셨고 석영이는 학교를 졸업하고 복지관으로 진로를 정했다. 복지관을 방문했을 때 우연히 석영이를 만날 수 있었고, 석영이는 다른 친구들은 일하고 있는데 자신은 못하고 있다는 것을, 그리고 내가 자신을 위해 취업시키려고 했음에도 불구하고 취업하지 못했다는 것을 알고 나를 피하려 했다.

어깨가 축 늘어지고 얼굴에는 화색이 없이 초췌한 석영이를 보며, 나의 마음도 같이 축 늘어지며 힘을 잃었다. 그만한 눈치가 있는 석영이를 다독이며 복지관 훈련으로 더 나은 사업체가 개발될 수 있음을 알렸다.

복지관은 오래 다닐 수 없기에 2~3년을 다니면 가정으로 돌아가야 한다. 부모님들은 다른 복지관을 전전긍긍하며 찾아다니고 다행히 찾아 들어갈 수 있으면 다른 복지관을 다니도록 하지만 그것도 한정된 기한에 한숨을 쏟아낸다.

두 번째 옮긴 복지관 담당자와의 만남에서 다시 석영이를 볼 수 있었지만, 석영이는 멀리서 나를 보고 뒷걸음질을 치며 숨어

버렸다. 나를 보면 취업이 생각나고, 가지 못했던 원망과 가고 싶었던 그리움에, 그리고 자신을 위해 애써 줌에 미안함을 느끼고 나를 피했노라고 생각하며 고개를 떨구었다.

　자식의 능력을 과대평가하는 것도 안 될 일이지만, 과소평가하는 것도 아이들에게 자신감을 잃게 한다. 자녀가 할 수 있는 것을 직시하고, 할 수 있도록 격려해 주어 못하던 것도 할 수 있게 만들고, 할 수 있는 것은 더욱 발전되도록 하여 자녀를 믿고 이끌어 주는 것이 부모의 역할 중에 중요한 부분이다.

　부모가 자녀를 과소평가하는 것은 아마 부모 자신도 자녀의 장애로 인하여 자신감을 잃어버려 발생할 수 있으니, 부모가 자신감을 잃지 않도록 노력하는 것도 필요하다.

장애를 인정해야 한다

'빗자루를 잡고 바닥을 바르게 쓸 수 있다.'라는 항목에 아이는 할 수 없는 데에도 부모는 할 수 있다고 체크를 해 온다. 장애를 인정하는 것은 특수교육을 하기 위한 기본이고 첫걸음이다. 특히, 부모가 인정을 하지 않으면 사실을 직시할 수 없기 때문에 아이의 현재 수준을 파악하기 어렵고, 현재 수준이 잘못 파악되면 교육의 진행은 더디고, 착오가 생기는 등의 문제가 발생한다. 이에 아이는 자신이 수행하지 못함에 더욱 자신감을 잃어가고, 혼란스러워하며 효과를 기대하기 어려워진다.

'하교하면 수영장에 가야 하고, 수영장에서는 한 달 동안 일반 아이들이 하는 만큼 따라가야 한다. 그래서 수영으로 성공해서 텔레비전에 나와야 한다. 수영이 끝나면 수학 학원에 가서 두 자리 나눗셈을 공부하고, 토요일에는 한문 학습지를 하여 올해 안에 급수를 따야 한다.'

부모의 눈높이에 맞도록 끌어올리려고 노력하지만 아이들은 장애로 인하여 그 능력을 수행하는 데 많은 시간과 노력이 필요하다. 부단한 노력으로 아이들의 능력이 놀라울 정도로 향상되는 것을 보기도 하였으나, 다행히 그 경우는 아이의 적성에 맞는 것이었든지, 아이가 거부감 없이 따라 나섰을 경우다.

그러나 그것은 아주 소수의 경우이고, 대부분의 아이는 부모의 요구를 따라가지 못하고 좌절을 겪는다. 아이가 사춘기를 지나면서 그 좌절이 난폭한 행동으로 발전하는 예를 보았으며, 결국에는 가정에서 함께하지 못하고 시설에 맡겨지는 것을 보았다. 장애를 인정하지 못하여 아이와 부모, 가족이 모두 불행해지는 것이다.

장애를 인정하면 그 순간부터 아이보다도 부모가 행복해진다. 어쩌겠는가? 이미 장애를 갖고 태어났으니 인정하고, 마음을 비우고 나면 아이가 하는 행동에 칭찬이 가능해진다. 인정하지 않으면 거의 모든 것이 불만스럽고 칭찬할 거리를 찾지 못하지만, 인정을 하고 나면 아이의 눈높이에서 바라볼 수 있기 때문에 매사가 잘했다고 생각이 들며 자연스럽게 칭찬할 수 있다.

부모가 자신감이 생기면, 아이 또한 자신감이 생긴다. 부모의 얼굴이 밝고 명랑하면, 아이 또한 밝고 명랑해진다. 인정받지 못한 아이는 자신감을 잃어 눈이 아래로 향하고, 목소리는 기어 들어 가며, 행동에 자신이 없어 항상 우물쭈물한다. 반면, 인정 받은 아이는 틀려도 큰 소리로 대답한다. 도전해 보고 틀리면 반성할 줄 안다. 자신의 생각과 다를 때 반문하기도 하며, 자기 의사를 밝힌다.

장애로 스트레스를 받아 짜증을 낸다고 장애가 해결되지 않는다. 긍정적인 사고로 바라볼수록 장애는 극복이 가능해지고 해결점을 찾을 수 있다. 이것이 가장 중요한 점이다. 부정적인 사고는 발전할 수 없고 긍정적인 사고는 한계를 넘어 초인간적인 힘을 발휘한다.

아이들을 바라보면 가정에서 장애를 인정하는지, 인정하지 않는지 바로 보인다. 부모의 입장에서 장애를 가진 자녀를 두고 죽을 때까지 불행하게 살아야 하겠는가. 자신의 자녀가 장애를 갖게 된 것을 인정하고 남은 생을 행복하게 사는 것이 현명하고 지혜로운 일일 것이다. 마음을 내려놓고 인정을 한다는 것은 너무도 어려운 일이지만 손바닥을 뒤집듯 마음을 바꾸면 세상이 달라짐을 이미 인정하신 분들은 잘 아실 것이다. 장애 속에 갇혀서 괴로워하지 말고 나 혼자만이 겪는 일이라고 불행해하지 말며, 어두움을 깨트리고 탈피해야 한다.

이렇게 부모에게 당부하는 것은 결국 우리 아이들을 위한 일이기 때문이다. 부모에 따라서 달라지는 아이들을 행복하게 하고 싶다. 우리 아이들은 자신에게 장애가 있다는 것을 경중의 경우를 제외하고는 잘 모른다. 그래서 마냥 행복한 아이들이다. 그러나 그 행복보다는 진정한 행복을 알게 하고 싶고, 그 행복을 만들어 주는 역할을 하는 소중한 사람은 바로 부모와 가족임을 알아야 한다.

장애를 인정한 가족은 부모와 형제, 자매의 표정이 밝고 쾌활하다. 학교에 오는 발걸음이 가볍다. 선생님을 대하는 얼굴에는 두려움이 없고 받아들일 자세가 되어 있다. 그러한 가정에서 생활한 아이들은 칭찬을 받고 자라 타인도 칭찬할 수 있게 된다. 타인에 대한 불만보다는 사랑이 앞선다. 따라서 사회 속에서의 대인관계가 원만해진다. 직장생활에서 동료에게 칭찬을 받고 행복한 직장생활을 할 수 있다. 누구의 꾸지람도 달게 받을 수 있다. 꾸지람은 자신을 위한 것으로 생각한다. 긍정적인 사고로 반성을 하고 다음에 반복하지 않으려고 노력한다. 변화·발전할 수 있는 아이들이다.

행복을 택할 것인지, 불행을 택할 것인지!
아이들의 발전을 추구할 것인지, 문제점을 양산할 것인지!
화목한 가정을 만들 것인지, 파탄의 어려움을 만들 것인지!

나는 20년이 넘는 교직 경력으로 숱한 사례를 보면서 자신 있게 말할 수 있다. 장애를 인정하고 행복을 선택하고, 아이들의 발전을 추구하고, 화목한 가정을 만드는 것이 모두를 위한 일이라고……. 그리고 교육을 할 수 있겠다고 간곡하게 제안한다.

너도 똥 싸잖아

"엄마, 나 할머니 똥 치우기 싫어요. 더럽고 냄새가 지독해요."

어머니께서는 이렇게 말하는 연주에게 바로 답을 주셨다.

"연주야, 너도 똥 싸잖아! 네 똥은 더럽지 않고 냄새도 나지 않고, 할머니 똥만 더럽니? 너도 할머니가 될 것이고, 너도 똥을 싸듯이 할머니도 똥을 싸는 것이고, 너의 똥이 더럽지 않듯이 할머니 똥도 더럽지 않단다."

어머니는 할머니의 똥을 치워야 하는 요양보호사의 보조 역할을 연주도 당연히 해내야 한다는 교육을 시키면서도 마음 한 구석에는 연주에 대한 안쓰러움이 있었다.

연주는 졸업한 지 9년이 지나 거의 30세에 가까워지고 있다.

졸업 후 유기농 작물 재배지에서 3~4년 근무를 하고 사업체가 파산하면서 복지관을 찾았다. 집에서 놀 수는 없었다.

연주는 출생 후 교통사고로 장애를 갖게 되었으며, 왼손에 경중의 마비로 정교한 작업에는 어려움이 있어 두부를 썰었을 때 간격이 일정하지 않고 캔을 여는 데 시간이 걸린다. 사회성은 높아 학교생활에서 늘 중증의 학생들을 도와주는 것을 즐기더니 노인들을 도와주는 요양보호사 보조의 일을 택하였다.

복지관에 언제까지 다닐 수 없는 상황에 어머니는 연주가 오래도록 할 수 있는 일을 찾는 데 관심을 기울였다. 나와의 연락을 놓지 않았던 어머니는 나에게 의논을 요청하셨고, 나도 또한 아이들이 졸업을 했어도 제 갈 길을 갈 수 있도록 늘 마음 한구석에 두고 있었다.

학교생활에서 연주가 친구나 동생들을 돌보는 데 단순히 즐기는 것이 아니라 애정을 갖고 돌보는 것을 지켜보았기 때문에 어른들께도 잘할 수 있을 것이라고 생각하여 연주에게 의견을 물었다. 연주는 어른들을 돌보는 데에도 흥미를 갖고 요양보호사 자격증을 취득하는 데 동의했다. 어머니께서는 학원을 찾았고, 정해진 시간 동안 교육을 받고, 요양원에서의 현장실습을 통하여 자격증을 취득했다.

자격증을 취득할 때 보통 시험을 보기 때문에 우리 아이들이 도전하기가 거의 불가능하지만 요양보호사 자격증은 정해진 교육 시간과 실습의 이수를 통하여 취득할 수 있기 때문에 가능했다(2010년 4월부터는 요양보호사 자격증 취득에 대한 제도가 변경되어 시험을 보고 취득해야 하기 때문에 사실 우리 아이들에게는 어렵게 되었다. 나는 이 문제를 해결하기 위하여 도청 사회복지과와 보건복지부 장애인복지과에 제안서를 제출하여 지적장애인의 요양보호사 취득과 관련하여 방법을 찾아 줄 것을 제안하기도 하고, 방송 및 언론을 통하여 해결 방안을 찾고 있다).

아이들에게 자격증을 취득하도록 하면서 나는 노인요양원을 찾기 시작했다. 자격증을 취득하면서 바로 취업으로 연결할 수 있도록 하기 위해서다. 때마침 양평에 있는 노인요양원을 개발하였고, 원장님은 우리 아이들에 대한 어떤 연고가 없었지만 지적장애인에 대한 인식이 있었다. 요양원은 공기가 좋고 쾌적한 환경을 마련하기 위하여 양평 시내에서 떨어진 곳에 위치해서 교통이 불편하였고, 따라서 출퇴근도 어려웠다. 어쩔 수 없이 기숙을 해야 하는데 이런 어려움으로 일반 요양보호사는 오래 머물지 못하였다고 한다.

원장님은 이런 문제를 극복하기 위하여 장애인을 고려하였고, 지적장애인에 대하여 거부감 없이 나의 장애인 채용의 제안을 선뜻 허락하셨다.

처음 찾아간 노인요양원은 주변 환경이 매우 좋아서 말 그대로 요양을 하기에 최적의 장소였다. 이층 우리 아이들의 방에 올라가면 창밖으로 호수와 호수 주변에 푸르른 나무들이 보였고, 그 나무들이 호수에서 낚시를 즐기는 낚시꾼에게 그늘을 제공하는 안식처가 되어 주고 있었다. 요양원 바로 옆에는 상치와 아욱, 파 밭이 일구어져 반찬거리가 준비되었고, 그 옆의 길가에는 야생초가 햇빛을 받아 푸르게 잎을 키우고 있었다. 한 폭의 그림에 담고 싶을 정도의 풍경이었다. 이런 곳에서 일을 한다면 가족과는 떨어져 생활을 해야 하겠지만 몸과 마음의 요양이 될 것 같아 우리 아이들에게도 좋은 여건이라고 생각했다.

하지만 한 가지 마음에 걸리는 것이 있다면, 일반인이 거부한 장소에 우리 아이들을 보내면 우리 아이들도 역시 적응이 어려울 것이었다. 결혼한 경우에는 올 수 없고, 미혼이면서 집을 떠나 기숙이 가능해야 한다.

연주 어머니께서도 연주가 한 번도 부모의 곁을 떠나 지내지 않았기 때문에 걱정을 하셨고, 또 그동안 알고 있었던 것으로 1년에 한두 차례 밤에 이불에 실수를 하는 적이 있어 혹 집을 떠나면 더 심해지는 것이 아닐까 하는 걱정이 컸다. 그러나 그러한 걱정은 원장님과의 상담에서 미리 말씀드려 대처할 수 있도록 했다. 문제는 집을 떠나 기숙을 해야 한다는 것인데, 이런 일이 처음이기 때문에 걱정이 많았지만 연주가 결혼할 때 집에서 떠나보내야 하는 것에 대비해 미리 연습을 하자는 제안을 하였다. 연주와 어머니는 그 제안에 동의하면서 기숙을 잘 해내기로 다짐을 했다.

원장님과 의논하여 2주일간 일하고 4일을 휴무로 결정하였고, 업무는 침대 시트와 베개 커버 교체하기, 청소하기, 노인 돌보기, 주방에서의 식사 보조하기로 정해졌다. 그중 노인들 돌보기에서 기저귀 교체 및 배변 처리가 가장 걱정이 되었는데, 그 이유는 손의 마비로 정교와 속도에서 어려움이 있기 때문이다. 주방에서의 업무는 집에서 일하시는 어머니를 도와 가정 살림을 해 왔기 때문에 속도 이외에는 문제가 없었다.

처음 휴무일에 집에 와서 제일 먼저 어머니께 한 말이 있다.

"엄마, 나 할머니 똥 치우기 싫어요. 더럽고 냄새가 지독해요."

그러나 어머니께서는 연주를 일할 수 있는 자녀로 만들기 위하여 냉정하게 대처하셨다. 연주는 점차 배변 처리가 요양보호사로서 당연히 해야 할 일이라고 생각하고 즐겁게 출근을 했다. 연주가 성공적으로 일을 수행하면서 노인요양원에 장애인 고용이 늘었고, 후배들이 생기기 시작하여 8명까지 생겼다.

업무는 분업화되고, 연주는 자신이 제일 잘할 수 있는 주방 보조를 희망하여 업무를 맡게 되었다. 설거지를 하는 데 걸리는 시간은 점차 줄었고, 그릇을 깨던 횟수도 거의 없어졌다. 후배들이 생기면서 늘 챙기기를 잘하였고, 어떤 경우에는 지나치게 참견을 하다시피 하여 나의 지도를 받을 때도 있었다.

이렇게 연주가 일을 할 수 있게 된 가장 큰 힘은 어머니의 의지였다. 어머니의 그 의지는 연주가 똥을 더럽게 보지 않도록 가르치셨고, 그것은 세상을 자연 그대로 볼 수 있도록 한 크나큰 교육이었다. 그것은 연주가 세상 속에서 자연스럽게 살아가도록 한 어머니의 갈망이었다.

사업체 개발은 장애학생의 적성과 능력에 맞는 직무를 찾아 직무의 내용이나 성질을 분석하고, 이러한 직무를 수행하기 위하여 필요한 조건이 무엇인지를 파악한다. 그리하여 학생이 직무를 수행할 수 있는 능력과 자질을 갖추었는지를 알아보고 사업주에게 구인을 요구하기 위한 것이다.

★ 사업체를 찾는 방법은 인터넷, 장애인고용공단, 장애인복지관, 고용지원센터, 취업박람회 등을 이용한다.

★ 인터넷을 이용할 경우 홈페이지에서 주소를 알아 위치를 확인한다. 또한 전화번호를 확인하여 전화로 방문할 계획을 세운다.

★ 홈페이지에서 사업주의 사업 및 경영 철학을 확인한다.

★ 생산품과 여러 가지 요소를 확인한다.

★ 확인한 전화번호로 인사과나 총무과를 찾아 담당자와 통화한다.

★ 담당자에게 장애인 채용을 권한다. 본인의 근무처나 직위를 소개하고 장애인 채용의 의사를 타진한다. 장애인 채용의 장점과 강점, 어려운 점을 간략히 소개하고, 고용노동부 지원 제도를 설명한다.

★ 장애인 채용에 관심을 보일 경우 방문하여 설명할 것을 제안한다. 방문 날짜와 시간을 정한다.

★ 방문 하루 전날이나 몇 시간 전에 방문 약속을 다시 확인한다.

★ 정해진 날짜와 시간에 방문하여 학교 요람과 리플릿 등으로 학교를 소개하고 장애 특성, 취업 현황, 고용 후 고용노동부 지원 등을 설명한다. 처음 방문이기 때문에 간단한 선물로 예의를 갖추는 것이 좋다. 학생들이 직접 만든 생산품 등을 선물하면 학생들의 능력도 소개할 수 있어 더욱 좋다. 장애인 채용에서 장애인을 모르는 상황이면 교사를 통해 신뢰할 수 있도록 책임을 다한다.

★ 방문하여 장애학생을 소개하고 채용 시 장점과 어려운 점을 자세히 설명한다. 또한 고용노동부 장애인고용공단에서 지원하는 제도를 이해할 수 있도록 설명한다. 추후 취업에 도달했을 경우 공단이나 복지관과 연계하여 지원 제도에 대해 정확하고 자세하게 설명하도록 하여 사업체가 지원을 받을 수 있도록 한다.

★ 사업체 직무나 작업 환경 등을 둘러볼 수 있도록 허락받아 사업체의 작업장을 둘러본다.

★ 장애인을 파악할 수 있도록 현장실습을 권하며, 실습생 명수와 실습 날짜를 조정한다.

★ 채용 의사가 있을 때는 바로 지원고용을 추진할 수 있다.

★ 사업체를 방문하여 직무를 분석한다. 직무분석은 교사가 작업이 익숙해질 때까지 반복 작업해 본다. 학생의 입장에서 작업이 이루어질 수

있는지를 파악해야 하며, 세밀한 부분까지 확인하여 과정마다 문제점
과 발생할 수 있는 가능성을 찾도록 한다.

★ 직무분석에는 작업 내용, 작업 조건, 분위기, 신체적 기능, 환경적 조건
  등을 포함하며 학생의 장애 유형이나 특성을 고려하여 세밀하게 분석
  한다. 직무분석으로 학생들이 수행할 수 있는 작업인지 파악한다.

★ 직무조정은 작업 환경이나 작업 순서 및 내용을 조정함으로써 개인이
  직업을 획득 및 유지하도록 하는 일로 사업체 개발 과정에서 조정할
  수 있고, 사후지도 과정에서도 조정할 수 있다. 조정은 일회성이 아니
  며, 필요성이 발생할 때 이루어질 수 있다.

★ 직무조정은 사업체와 근로자 양쪽 모두 고용과 근무가 원만하게 이루
  어질 수 있도록 서로 조정할 수 있다.

★ 사업체 개발 시 사업체에 대한 정보를 파악하여 사업체 현황 조사표를
  작성한다.

★ 사업체 현황 조사표에는 사업체 주소, 연락처, 전화번호, 대표자, 담당
  자, 연혁, 장애인 근로자 수, 생산품, 생산 과정, 직무분석, 근로 조건
  및 급여 내용, 사업주 장애인 인식도, 취업 추천 명수, 방문자, 방문자
  의견 등을 기록하여 사업체를 알아볼 수 있으면 된다. 이러한 과정을
  통해 사업체에 대한 자료를 구축한다.

★ 사업체 일반 현황으로 사업자등록번호, 교통편, 편의시설을 기록하고,

구인 조건으로 상여금, 4대보험 가입 유무, 자격증, 수습 기간, 퇴직금, 기타 복리후생 등을 기록한다.

★ 기타 동료 구성원, 동료 관계, 식사 등을 파악하여 기록한다.

★ 학생의 직업적 능력, 적성과 사업체의 직무분석이 적합한가를 분석하는 과정으로 배치할 대상 학생이 있는지 파악한다.

★ 학교에서는 직무분석을 통하여 적합한 학생을 선정하는 과정에서 교내 특수교사의 의견을 수렴해야 하고, 특히 장애인 본인과 학부모의 요구를 존중해야 한다.

★ 학생과 학부모의 의사 존중 시 사업체를 방문하여 사업체의 환경, 직무, 교통 등을 확인하여 의사표현을 할 수 있도록 해도 좋다.

★ 비교 적합성 분석 시 직업평가의 보고서(소견서)를 참고하여 학생의 적성 직종을 파악한다.

★ 학교와 사업체가 서로 연계할 것에 대한 협약서를 체결한다.

★ 협약의 성격에는 교류 협약과 업무지원 협약이 있다.

★ 교류 협약, 업무지원 협약 모두 협약의 목적은 장애학생의 진로·직업교육을 내실화하기 위하여 전문 업무를 분담하고, 인력 확보, 정보 교류를 실시하기 위함이다.

★ 업무를 지원하기 위한 협약을 통해 현장실습 비용 등을 지원할 수 있는 근거를 마련한다.

★ 협약을 통해 유기적인 관계를 맺고 서로 협력하며, 상대 기관 간에 우선 배려하여 업무를 처리함으로써 신속할 수 있는 장점이 있다. 업무를 분담하여 처리함으로써 시간을 절약하고 전문적인 업무를 처리하여 전문성을 높일 수 있다.

★ 협약서를 체결함으로써 학생은 현장실습, 지원고용, 고용에 도달할 수 있는 기회를 마련하고 사업체에서는 인력난을 해결할 수 있는 이점이 있다. 협약 체결 시 양 기관의 대표자가 직접 참여하여 협약의 내용을 이해하고 협력·준수하는 데 이해가 될 수 있도록 한다.

★ 사업주와의 신뢰 구축은 매우 중요하기 때문에 약속을 지키는 것이 필요하다. 사업주는 학교 기관과 교사를 통하여 장애학생을 확인하기 때문에 교사가 약속을 지키는 것은 장애학생의 신뢰를 확인하는 것이 된다. 서류 송부, 공문 발송, 전화나 방문 약속시간 등을 정확하게 지키도록 한다. 사업주와 방문 약속을 했을 경우 하루 전날이나 몇 시간 전에 방문 약속을 확인해 주는 것도 사업주와의 신뢰 구축을 위해 필요하다.

★ 복지관이나 공단에서 사업체를 개발하고 배치 학생을 찾을 경우 일관성 있는 의사소통 체계를 위하여 개발한 기관을 통해 의사소통을 하는 것이 효과적이다. 즉, 개발한 기관이 주도적으로 진행하여 체계를 마련

하는 것이 좋다. 협력하는 기관은 개발한 기관의 방법을 존중하며, 개발한 기관을 앞지르거나 사업체와 직접 연락을 하는 등의 방법은 피해야 한다. 이것은 사업체가 여러 곳의 의사소통 체계로 인하여 혼란스럽고 방향을 잡지 못하는 어려움을 피해야 하기 때문에 절대적으로 지켜 주어야 하는 질서다.

현장실습

　작업 활동에 필요한 기본적인 작업 태도를 익히며, 기능을 습득하고 다양한 직업 경험을 통하여 현장 적응력을 높이고, 지역 사업체와의 유기적인 협력 체제를 유지함으로써 장애인에 대한 이해를 높이기 위함이다.

★ 교사는 연수와 현장 방문을 통하여 알아낸 정보를 바탕으로 배치할 학생을 선정한다. 선정 과정에서 동료 교사와의 협의를 하여 다양한 의견을 듣고 수렴한다.

★ 학생과 학부모의 요구를 조사한다. 직업상담을 통해 파악된 요구를 바탕으로 의견을 수렴하며, 학생과 학부모가 이해할 수 있도록 설명한다. 인식이 부족할 경우에는 자세한 설명과 인식 개선을 하도록 의견을 제시할 수 있다. 학생과 부모의 의사가 부정적일 경우에는 교사의 의지로 배치할 수 없다. 학생과 부모의 의사가 일치하지 않을 때는 교사가 중재 역할을 하여 의견을 통일시키도록 한다. 학생의 의사가 가장 존중되어야 하며, 부모의 기준이 높거나 낮아 학생과 불일치할 경우 부모의 기준에 따라가지 않도록 인식을 바꾸도록 노력한다.

★ 이해를 돕기 위하여 사업체 방문을 허락받아 방문하여 확인할 수 있다.

★ 직업평가 결과 보고서 등을 고려하여 적합한 학생을 배치한다.

★ 실습 대상 학생과 학부모에게 동의서를 받아 실습에 동의할 것을 확인

한다. 실습은 학교로 출석하는 것이 아니라 사업체 현장으로 출근해야 하기 때문에 학교가 아닌 상황으로 학생과 부모의 동의가 필요하다.

★ 동의서의 내용에는 학생명, 학년, 소속과명, 실습 사업체명, 실습 기간, 실습 동안 사업체의 규칙 준수와 실습을 동의한다는 내용, 학생 주소, 학생과 학부모 연락처, 서명, 학교장 귀하의 내용으로 구성된다. 사고에 대비하여 동의 내용을 지나치게 학생에게 불리하게 작성하지 않도록 한다.

★ 사업체와 학교의 교육과정을 고려하여 실습 날짜, 시간, 기간 등을 조정한다. 기간은 사업체가 허락하는 한 고등학교 1학년에서 학년이 높아질수록 길게 정할 수 있다.

★ 실습 기간이 길어질 때는 교사와 사업체의 조정으로 사업체에서 학생의 노동에 대한 대가를 지불할 수 있다. 교사는 학생의 노동에 적합한 실습비를 요청할 수 있다.

★ 학교의 담당자를 대상으로 양쪽 기관의 상황을 고려하여 직무지도 교사를 조정한다.

★ 여러 곳의 학교나 기관이 공동으로 직무지도 시 학생을 알지 못하는 다른 학교의 교사를 위하여 학생에 대한 정보를 공유하여 지도하며, 문제 발생 시에는 담당 교사에게 즉시 연락을 취한다.

★ 사업체에 학생 신상 카드를 제출하여 학생을 파악할 수 있도록 한다.

★ 학생 신상 카드의 내용으로는 학교명, 학생명, 인적사항으로 학생 성명, 성별, 주민등록번호, 연령, 주소, 전화번호, 보호자를 기록한다. 학력으로는 학력과 직업훈련 경력을 기록한다. 신체 특성으로 신장, 체중, 시력, 청력, 장애 유형, 기타 등을 기록한다. 행동 특성에 학습면, 사회성, 대인관계, 언어생활을 기입하고 작업 특성의 강점과 약점을 기입하여 직무지도 시 참고하도록 한다. 희망 작업 환경과 현장실습 및 직장 경력을 기록한다. 본인과 보호자, 담임 의견을 첨부하며, 기타 특기 사항으로 질병이나 약물 복용 등에 대한 사항을 기입하여 사업체에서 대처할 수 있는 방법을 준비하도록 한다.

★ 학생이 적응하여 작업할 수 있도록 하며, 사업체의 요구를 적극 고려하여 사업체에 어려움이 없도록 지도한다. 학생의 적응 정도에 따라 점차 지도를 줄일 수 있다.

★ 출퇴근 시 교통 지도는 가족이 참여할 수 있도록 사업체의 위치를 알려 주어 부모가 담당하도록 한다. 부모가 참여하도록 지원했을 때 부모는 자녀의 진로에 책임감을 갖고 참여함으로써 높은 효과를 기대할 수 있다.

★ 몸단장은 가정에서 부모가 담당하도록 하며, 교복이 아닌 사복이기 때문에 자주 갈아입고 청결하도록 당부한다. 몸은 자주 씻도록 하여 주변 동료들에게 거부감을 주지 않도록 한다.

★ 지각, 결근 시 연락은 담당교사에게 하도록 지도한다. 급한 상황을 제

외하고는 사업체로의 직접 연락은 될 수 있는 대로 피하고 교사에게 연락했을 때 교사는 학생이 지각, 결근한 상황을 알 수 있으며, 사업체에게 즉시 연락하여 상황에 대처한다.

★ 사업체에 출근부를 비치하여 출근을 출석으로 대체할 경우 근거로 하여야 한다. 사업체 담당자에게 출근부 작성을 부탁하고 실습이 끝났을 때 출근부를 필히 학교에 보관하여 증빙 서류로 비치한다.

★ 직무지도는 사업체 담당자의 요구에 따라 직무지도 교사를 배치할 수도 있고, 사업체가 담당하여 지도할 수도 있다. 단, 처음 시작에만 사업체에서 학생을 알 수 있도록 지도하며, 서서히 지원을 줄인다.

★ 출퇴근 시에나 작업 환경에 안전사고가 발생할 수 있는 요인이 있는가를 확인하고, 안전할 수 있도록 준비한다.

★ 하루의 실습이 끝났을 때는 담당교사와 연락하여 하루를 마무리하도록 한다. 담당 교사는 매일 사업체 담당자와 연락하여 실습 상태를 확인한다.

★ 현장실습 후 학생의 능력과 적성을 탐색하여 학생과 학부모를 대상으로 상담한다. 학생과 학부모의 요구도 수렴한다.

★ 현장실습 일지를 작성하여 학생의 실습 내용을 기록하고 평가한다.

★ 매일의 실습 내용을 기록함으로써 향상 정도를 확인할 수 있으며, 문

제점 등을 예방할 수 있다.

★ 실습일지의 내용으로는 실습 년, 월, 일, 실습 장소, 실습생 성명, 담당 교사, 출근 상황, 출퇴근 시간, 교통편, 출퇴근 방법, 인사 및 예절, 단정한 옷차림, 대인관계, 휴식시간 활용, 지시 따르기, 안전관리, 정리 정돈 등이 포함된다. 작업 수행 상황으로는 정확성, 신속성, 지속성, 생산성, 책임감을 기록하며, 작업 내용과 담당교사 의견, 기타 내용을 기입한다.

★ 실습을 마치고 배치, 기간, 내용, 지도 등을 평가하고 피드백한다.

★ 학부모의 참여 정도, 지역 교사들과의 직무지도 시 인력 활용 정도, 실습 시 발생한 안전사고 등을 확인하고 차기 실습에 참고한다.

★ 학생 배치 시 교사는 직무분석을 정확히 하여 직무를 알아야 하고, 학생을 객관적으로 파악하여 적합성 비교·분석 후 배치하여야 한다. 교사나 부모의 의견이 아닌 학생의 입장에서 배치되어야 한다.

★ 현장실습에서 중요한 사항은 안전사고에 대한 대책이다. 단순한 현장실습 시에는 보험 가입 등이 어렵기 때문에 현장실습을 기피할 수 있으나, 사업체 현장 작업장 내부나 주변에 안전사고에 위험이 노출되었는지 정도를 정확하게 확인하여 위험한 사항이 발견되었을 때에는 실습을 추진하면 안 된다.

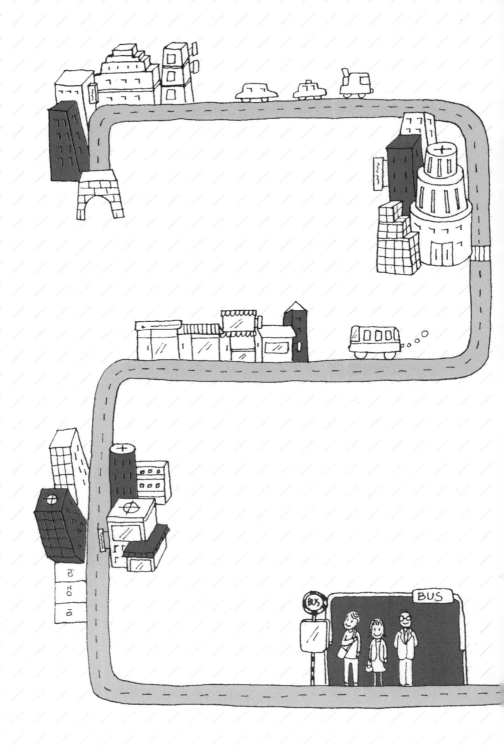

04

배려와
나눔

종수 이야기 _{하나}

저녁 6시 무렵이다. 전화벨이 울린다.

"네, 황윤의입니다."

"선생님, (주)뉴텍의 김 대리입니다."

굵은 남자 목소리에 기가 눌리는데, 사업체에서 온 전화다. 아직 취업한 지 며칠 되지 않았기 때문에 가슴이 덜컥 내려앉는다. 분명 일이 생긴 것이다. 바쁜 회사에서 좋은 일로는 거의 전화하지 않으니 일이 벌어졌을 것이다.

긴장된 목소리로 물었다.

"대리님, 어쩐 일이신가요? 무슨 일이 있는지요?"

"네, 선생님. 저⋯⋯."

"종수에게 무슨 일이 있나요?"

"네, 종수 씨에게 '종수 씨!'라고 불렀는데 종수 씨라고 부르지 말라고 해요."

"아니 그럼, 종수 씨라고 부르지 말라고 하면 무엇이라고 부르라고 하던가요? 아니, 왜 그랬지!"

"……. 선생님, 종수 씨라고 부르지 말고, '감사합니다.'라고 불러 달래요."

"어머나, 웬일이야. '감사합니다.'는 뭐지? 대리님, 종수가 그렇게 불러 달라고 하는 데에는 자기 나름대로 이유가 있을 것입니다."

잠시 지난 일을 되돌려 종수에게 있었던 일들을 생각해 보았다.

'아! 그 일이구나.'

종수의 집은 학교와 멀리 떨어져 버스를 한 번 갈아타야 하고 등교하는 데 걸리는 시간이 한 시간 반 정도다. 자폐성장애를 가진 종수는 이른 아침 거의 정해진 시각에 버스를 타고, 기계와도 같이 오차가 없을 정도로 매일 같은 시각에 학교에 등교한다. 가방을 내려놓기가 무섭게 청소함에서 빗자루와 쓰레받기 그리고 대걸레를 들고 가는 곳은 교장 선생님의 방이다.

매일같이 교장 선생님의 방을 찾아가 열심히 방 구석구석을 쓸고, 대걸레를 화장실에서 빨아 온다. 바닥을 쓱쓱 문질러 닦고는 다시 대걸레를 빨아 올 무렵에 교장 선생님께서는 오늘도 어김없이 청소를 하고 있는 종수에게 다가가 "감사합니다. 이렇게 깨끗하게 청소를 해 주었으니 상장과 상품을 줄게요."라고 하며 종수에게 허리와 머리를 숙여 정중하게 인사를 하셨다.

"알았어요, 대리님. 내일 제가 회사로 나가겠습니다."
"그럼, 내일 뵙겠습니다."

"교장 선생님, (주)뉴텍에 취업한 종수 아시지요? 종수 보고 싶으시지요? 내일 저와 함께 회사에 가시면 좋겠습니다. 종수도 교장 선생님이 보고 싶다고 했어요."

다음 날 교장 선생님과 함께 사업체를 방문했다.
"종수야! 회사 잘 다니고 있어? 종수 보고 싶어서 찾아왔어요."
전혀 생각지도 못했던 교장 선생님을 뵙고 눈이 똥그래지고, 웬만해선 표정이 바뀌지 않는 종수 얼굴인데 입이 귀에 붙었다 떨어졌다를 연방 해댄다. 너무 반가워 인사도 잊은 듯 좋아서 어쩔 줄을 모른다.
"대리님, 종수가 '감사합니다.'를 하게 된 장본인을 모시고 왔습니다. 교장 선생님의 방을 청소해 준 종수에게 교장 선생님께서 '감사합니다.'라고 인사를 해 주셨습니다. 종수는 취업하고 교장 선생님을 뵙지 못하자 교장 선생님이 보고 싶은 나머지 이름을 그렇게 불러 달라고 한 것입니다. 종수야, 이제 교장 선생님 뵈었으니 이름을 '감사합니다.'라고 불러 달라고 하면 안 되는 것 알지요?"

"네, 알아요."

"그리고 '백종수 씨'라고 부르시면 '네.' 라고 대답해야 해요. 이제 앞으로 종수가 '감사합니다.' 로 불러 달라고 하는 일은 없을 것입니다."

사업체 동료와 대리님은 종수가 왜 그렇게 했는지를 알게 되었고, '얼마나 교장 선생님이 보고 싶었으면 그랬을까?'라고 이해해 주었다. 그리고 그다음부터는 그런 일이 없었다.

이 일을 계기로 교장 선생님께서는 1년에 한 번 정기적으로 사후지도 시 나와 동참해 주신다. 교장 선생님께서는 사업체 관리자와 동료 직원에게 취업 학생이 일의 성과가 낮고 서툴더라도 잘 봐 달라는 간곡한 부탁을 하신다. 사업체는 바쁘신 교장 선생님께서 장애학생 한 명을 위해 부탁하시는 말씀에 더욱 장애인에 대한 인식을 달리하고 잘 대해 주려고 노력한다. 교장 선생님과의 사후지도는 효과 만점이다.

사후지도를 잘해 주면 아이들은 회사를 퇴사하거나, 퇴출당하는 일이 줄어든다. 취업이 끝이 아니라 시작이며 사후지도가 중요한 요소 중의 하나라고 하겠다. 교장 선생님께서는 즐겁게 일하는 종수를 보면서 졸업한 취업 학생들을 대상으로 몇 년이 되었든 사후지도를 해 줄 것을 허락해 주셨다.

1년에 한 번은 정기지도를 실시하고 그 사이에도 긴박하고 꼭 해결해 주어야 할 경우에는 졸업생이라고 해도 출장을 나갈 수 있게 해 주셨다. 또한 정기지도 시 취업 학생이 일을 잘해 주었을 때 사업주는 추가 추천을 의뢰해 온다. 추가 의뢰를 해 왔을 때의 기쁨은 두 배이고, 일을 성실하게 해 준 아이들이 무척 사랑스럽다.

처음 직업 배치를 성공할 수 있게 하는 것이 다음을 이어 줄 수 있는 요소가 되기 때문에 처음 직업 배치를 할 때 신중을 기해야 한다. 정기적인 사후지도는 아이들의 직업생활을 원만하게 해 주는 서비스를 제공하는 동시에 추가 취업이 가능할 수 있는 기회를 만들기도 한다. 두 가지 목적으로 졸업 후에도 정기적인 사후지도가 필요하다. 신규 사업체를 개발하는 것도 중요하지만 기존의 사업체를 유지하는 것이 매우 중요하다.

종수 이야기 _둘

　종수는 자폐성장애를 갖고 태어났다. 어머니는 생전 들어 보지도 못한 장애의 명칭을 듣고는 하늘이 무너지고 땅이 꺼지는 기분이었다. 일반 학생과 동일한 위치에서 공부하게 만드려고 특수학급을 거부하였고, 일반학급에서 공부하게 하였다.

　초등학교까지는 어려움을 겪으면서도 따라갈 수 있었고, 공부보다는 친구들이 있었다. 하지만 중학교에 가서는 친구가 한 둘 없어지기 시작했다. 나중에는 유일한 친구로 아버지와 엄마 단둘만이 남았고, 종수가 자립할 수 있도록 관심과 함께 손에서 놓기 시작했다.

　일상생활, 사회생활은 스스로 할 수 있게 되어 모르는 장소를 가게 되면 지도를 펼치고 버스 노선을 찾아보아 혼자 가기도 했다. 정교한 작업을 좋아하는 종수는 전자회사 취업이 가능했지만, 그래도 자폐성의 특성이 남아 있어 버스 안에서 예쁜 여자의 머리 냄새를 맡아 상대방 여자가 기절할 정도로 놀라게 하기도 하고, 눈맞춤이 어려우며, 자신에게 해당되는 일에만 관심을 갖고 얘기하는 등의 일이 여전히 있었다.

취업한 지 2년여가 지난 날이었다. 아직도 종수는 회사에 적응하는 데 마음을 놓을 수 없었다. 일반인도 아니, 나만해도 그렇다. 학교 근무 기간이 만료되면 다음 학교는 어디로 갈 것이며, 가게 되면 또 새로운 환경과 사람들 속에서 어떻게 적응해야 하는지 걱정이 태산이다. 한 고등학교의 특수학급으로 전근을 왔을 때에는 잘 알고 지내는 교사들과 만나면서 매우 수월하다고 생각했지만 그해 나는 잠잠했던 위병이 다시 도졌다.

그런데 우리 아이들은 말할 것도 없다. 학교에서 취업이라는 것에 대하여 준비는 했지만, 학교라는 편안하고 즐거운 안식처에서 생활하다가 이와는 전혀 다른 환경에서의 적응이 얼마나 어렵겠는가! 더군다나 자기만의 환경에 담을 쌓고 울타리를 치고 살아가며 대인관계에서 어려움을 겪는 자폐성장애인이 어떤 특성을 갖고 있는지 모르는 일반인들 속에서 자폐성장애 아이들은 새로운 환경이 어쩌면 생지옥 같을 수도 있을 것이다.

나름대로는 알맞은 행동이라고 생각하여 행하여도 그 행동은 일반화된 것이 아니고 자신만의 행동이기 때문에 일반인들의 이해를 이끌어 내기에 어려움이 매우 크다. 그래서 단순 지적장애에 비하여 자폐성장애 학생들의 사후지도 기간은 더 길다. 적응하느라 어렵겠지만 사회 속에 더불어 살아가야 하기 때문에 인생을 살아가는 과정이라고 생각하면서 겪어야 할 일이고, 넘어야 할 높은 산이라고 생각하며 이루어 내야만 한다.

"선생님, 정말 큰일 났어요."

나는 앞이 캄캄해지면서 말이 나오지 않는다.

"종수가 다쳤나요?"

"아니요, 종수랑 같이 일하는 아줌마가 울면서 내일부터 안 나온대요. 종수가 팔꿈치로 아줌마 가슴을 쳐서 무척 아픈가 봐요. 계속 우시네요."

"부장님, 종수가 그렇게 행동하는 것에는 이유가 있을 것입니다. 내일 제가 회사에 갈 터이니 아주머께 말씀드려서 제 말을 좀 들어달라고 부탁해 주셨으면 합니다. 그리고 내일 아침 바로 회사로 출근하겠습니다. 꼭 아주머께 그만두시면 안 되고 저와 얘기를 하게 해 주시면 고맙겠습니다."

다음 날, 나는 사태가 가볍지 않음을 감지하고, 아침 일찍 종수 어머니와 함께 회사에 갔다. 회사 부장님, 과장님, 아주머니, 종수, 어머니 그리고 나와 함께 어제의 일을 이야기했다. 우선 아주머께 일의 발단을 들었다.

때는 겨울이었고, 그 당시에는 겨울에 여름 과일을 보기 힘든 때였다. 회사의 거래처 담당자로부터 수박이 선물로 들어왔다. 아주머니는 평소에 말없이 일에만 열중하는, 그래서 늘 여러 사람에게 사랑을 받는 종수에게 수박을 먹음직스럽게 썰어서 얼른 내밀었다.

그런데 이게 웬일인가! 고맙다고 인사하기는커녕 종수의 팔꿈치로 가슴을 세차게 맞았다. 쟁반은 흔들렸고 바닥에 수박이 나뒹굴었다. 아픔에 당황하여 수박은 보이지 않았고, 잠시 후 눈물이 펑펑 쏟아졌다. 아주머니는 기특한 종수에게 무언가 해주고 싶은 것을 찾지 못했는데 쉽게 먹을 수 없는 수박이 생겼으니 절호의 찬스였을 것이다.

"아주머니, 종수에게 잘해 주셔서 감사드립니다. 종수는 자폐성장애로 주어진 시간에는 해야 할 일만 해야 되는 특성이 있습니다. 어떻게 보면 여유가 없지요. 잘 아시다시피 종수는 쉬는 시간이 허락되지 않아서 휴식 시간이 되어도 제일 늦게까지 일하고 점심시간에도 밥을 먹기가 무섭게 일하는 것은 잘 아실 것입니다. 아주머니께서 수박을 주신 시각은 일을 해야 하는 시각이기 때문에 종수의 특성상 당연히 일을 해야지 도저히 수박을 먹을 수는 없었습니다. 그것을 용납하지 못하는 장애 특성을 알지 못하셨기 때문에 이렇게 힘이 들었습니다. 또한 거절을 해야 하는데 거절하는 방법을 잘 알지 못해서, 또 말을 잘하지 못하기 때문에 어려워졌고, 성격이 급하여 말보다는 행동이 먼저 나갔습니다. 또 우리 아이들은 손의 힘 조절이 어렵습니다. 예쁜 사람에게는 살짝 때리고 미운 사람에게는 힘세게 때리는 것을 조절하지 못하고 팔이 가는 대로 갔습니다."

아주머니는 종수의 특성을 알게 되었고, 종수를 알지 못하여 발생한 일에 대하여 소란을 피웠다고 생각하시고, 종수에게 미안하다고 하시며 눈물을 흘리신다. 다 들으신 어머니는 종수가 아주머니에게 어려움을 준 것에 대한 미안함과 어려움을 겪는 종수의 생각으로 계속되는 눈물을 감출 수 없었다.

"아닙니다. 제 잘못이 가장 큽니다. 제가 미리 종수는 이런 행동 특성이 있다고 취업했을 때 바로 알려 드렸어야 했는데, 제가 놓쳤습니다. 죄송합니다. 선생님이 잘못하여 여러 사람을 힘들게 했습니다. 종수야, 다음부터는 거절을 해야 할 때 팔꿈치로 해서는 안 되고 말로 해야 하고, 손으로는 손을 흔들어 안 하겠다고 표시해야 한다. 알겠니?"

그 일이 있은 후 동료들은 종수에 대하여 자세히 알게 되었고, 부적응 행동을 이해하기도 했으며, 종수도 일반인들로부터 배우면서 부적응 행동이 아닌 일반화된 행동으로 발전되어 어려움이 점차 감소되었다.

욕하는 것이 싫어요

경진이는 자폐성장애로 내가 특수학교 전공과에 발령을 받기 몇 달 전에 취업을 한 아이다. 아직 졸업을 하지 않아서 계속 근무 상태를 확인하여야 했다. 취업한 사업체는 반지, 목걸이, 팔찌 등의 액세서리를 만드는 곳으로 지체장애인 250명에 유일하게 자폐성장애인 1명이 취업되었다.

경진이는 자폐성장애인의 특성 중에 하나인 정교한 작업에 높은 기능을 보여 취업이 가능했다. 별문제 없이 근무하기에 졸업 후에는 1년에 한 번 총무부장님과 공장장님을 찾아뵙고 근무 상태를 확인하곤 했다.

집이 학교 근처라서 간혹 퇴근하다가 만날 때가 있는데 경진이는 늘 변함없는 얼굴에 무던함이 엿보였다. 어려움 없이 직장 생활에 만족하며, 월급도 어머니께서 적금을 들고 잘 모아서 돈이 많이 쌓였다고 자랑하기도 했다. 처음에 경진이는 내가 가르친 제자가 아니라서 나와 눈 맞춤하는 것도 어색해했으나, 매년 회사를 방문하여 만나 보고, 길거리에서 만나기도 하면서 인사도 할 줄 알게 되었다.

경진이를 취업시킨 선생님은 다른 학교로 전근을 가셨고, 그 뒤를 이어 내가 사후지도를 해 주었다. 사후지도를 하면서 어머니와 통화를 하였고, 회사생활을 안전하게 잘하고 있음을 알려 드렸다. 또한 혹시 어려움이 생기면 나에게 연락해 줄 것을 부탁드렸다.

그렇게 시간은 가고 경진이는 훌륭하게 사회생활을 해냈다. 일반인과 지체장애인 속에서 어엿한 성인으로 성장하였고, 어머니께서는 장차 머지않아 결혼을 시키겠다는 생각도 하셨다.

그러던 어느 날, 경진이가 취업하여 5년 정도가 지난 날이다. 어머니께서 다급하게 달려와 나를 찾으셨다.

"선생님, 경진이가 갑자기 아침마다 울고불고 회사에 가기 싫다고 합니다. 지금까지 얼마나 회사를 즐겁게 잘 다녔는데 갑자기 회사에 가기 싫다고 하니 걱정이에요. 이런 날이 지금 3~4일 되었습니다. 울면서 말하기를 어떤 사원이 들어왔는데 욕을 한다고 하면서 욕이 싫다고 해요."

어머니의 말씀을 들으면서 지금까지 잘 다녔는데, 과연 욕을 들었다고 저렇게 울고 회사에 가기 싫어하는지 의문이 들었다. 회사를 방문해서 해결할 것인지 전화로도 가능할 것인지를 판단해야 한다. 문제의 경중에 따라 결정해야 하는데 될 수 있는 대로 그들의 일이 중단되지 않도록 전화를 드려야 하고, 방문도 중요하지만 늘 바쁘기 때문에 관리자들도 전화 방문을 선호했다.

전화를 드리기로 하고 총무부장님을 찾았다. 계시지 않았고, 공장장님을 찾았으나 출장으로 자리를 비웠다. 공장장님 다음으로 부장님께서 나를 기억하시고 무슨 일인가를 물으시기에 경진이의 일을 말씀드리면서도 부장님께서 이 일을 얼마나 중요하게 여겨 주실까를 걱정했다.

"네, 알겠습니다. 전화 주셔서 감사드리며 조치하겠습니다."

다음 날 공장장님께서 전화를 주셨다.

"죄송합니다, 선생님. 어제 출장을 다녀와 오늘 아침 부장의 보고를 받고 무슨 문제가 있는지 확인해 보았습니다. 경진이가 근무하는 부서에 신규 직원이 들어왔는데 욕을 잘하고, 특히 과장이나 대리가 없을 때 경진이뿐만 아니라 다른 직원에게도 욕을 잘하여 다른 직원들도 신규 직원에 대한 불만이 많았습니다. 이런 문제를 찾아 주셔서 감사드리며, 신규 직원은 욕을 안 하겠다고 다짐을 했으니 지켜봐 주시면 감사하겠습니다. 죄송합니다."

공장장님의 따스한 배려에 고마움이 뼛속까지 스며드는 듯했다. 바로 어머니께 전화를 드려 공장장님의 말씀을 전하였고, 안심하고, 경진이를 살펴봐 달라고 했다. 그리고 문제가 있으면 다시 연락을 달라고 당부드렸다.

며칠 후 어머니께서 밝은 표정으로 찾아오셨다. 그래도 나는 또 덜컥 했다.

"선생님, 경진이 이제 회사 잘 다니고 있어요. 언제 그랬냐 싶게 예전처럼 아침에 콧노래를 부르며 출근하네요. 저도 몰랐는데 경진이는 특히 욕 듣는 것이 싫었나 봅니다. 감사합니다." 하며 나에게 두툼한 봉투를 내미신다. 전공과 선생님들을 불러 모았다. 경진이의 어려움이 잘 해결되었음을 알리고 어머니께 봉투를 돌려드렸을 때 어머니께서 덜 미안해하시도록 하고 싶었다. 봉투는 꽤 두툼하여 많은 액수의 돈이 들어 있었다.

"선생님, 이 돈은 경진이가 월급을 탈 때마다 조금씩 떼어 놓은 것이에요. 고마우신 선생님께 무엇을 해 드리고 싶은 마음에서였습니다."

"어머니, 감사합니다. 잘 받겠습니다. 그러나 저도 어머니께 감사하다고 사례를 하고 싶습니다. 경진이를 잘 키워 주시고, 어려울 때 저를 찾아오셔서 해결하시려고 노력하신 점이 대단하시기 때문입니다."

주신 돈에서 3만원을 빼내어 동료 선생님께 드리며 부탁했다.

"이 돈은 경진이가 월급 받아서 후배들에게 힘을 내라고 맛있는 것을 사 주는 것이니, 과자를 사다가 아이들에게 나누어 주면 좋겠습니다." 하고 나머지 돈을 어머니께 다시 드렸다.

어머니께서는 나의 뜻을 아시고는 내가 드리는 격려금으로 생각하여 봉투를 받으셨다. 선생님들은 박수를 쳐 주었고, 어머니께서는 경진이에게 경진이 월급으로 아이들에게 과자를 사 주었다고 전해 주겠다고 하시며 집으로 돌아가셨다.

전화 한 통으로 경진이의 어려움을 말끔하게 해결해 주었으니, 그 전화 한 통의 가치가 얼마나 큰 것인지를 실감했다.

'사후지도의 중요성이 이처럼 큰 것일 줄이야.'

평소 사후지도를 하면서도 새삼 느꼈다.

우리 아이들은 스스로 회사를 퇴사하거나 이직하는 것을 못한다. 주어진 일에 만족하고 불평불만을 찾기 어렵다. 그렇게 되기까지 아이들의 적성에 맞는 사업체를 찾아야 하고, 아이에게 물어보고, 그것으로도 모자라다고 생각이 들면 사업체에 직접 방문하여 보여 주기도 한다. 이런 과정을 거쳐서 일자리를 찾게 되면 거의 아이들의 적성과 맞는 곳에서 즐겁게 일을 한다.

지금까지 전혀 잘못 알고 배치한 사례는 거의 없다. 직업 배치는 신중해야 한다. 한번 시작을 하면 되돌리기가 쉽지 않고, 그렇게 되면 표현이 쉽지 않은 아이들이 고통스럽기 때문이다. 배치 후 안정되고 원만하게 근무하도록 직무 조정을 하거나 지속적인 관찰과 대화 및 상담이 필요하다.

이러한 과정이 이루어진다면 아이들은 회사가 폐업하기 전까지 다닐 수 있고, 어떤 사업체에서는 인원 감축 시 우리 아이들만 데리고 있겠다는 곳도 생각보다 많다. 보통 사회에서는 인원 감축 대상에서 우리 아이들이 첫 번째라고 생각하지만 실제는 그것과 다를 때가 많다.

사업주가 우리 아이들을 데리고 있으려는 의도는 아이들이 이직을 하지 않으며, 주어진 일을 성실하고 묵묵히 해내기 때문이다. 물론 일반인에 비하여 할 수 있는 능력이 부족한 것은 사실이지만, 인력을 확실하게 보장할 수 있는 것은 우리 아이들의 강점이다.

사후지도가 문제의 상황에 따라 적절하게, 그리고 즉시 이루어진다면 아이들은 보다 안정적인 직장생활이 가능하다.

전화 한 통으로 경진이의 어려움을 해결하듯이 사후지도는 많은 시간을 할애하는 것도 아니고, 많은 인력을 필요로 하는 것도 아니다. 교사의 의지가 있으면 졸업생도 지도가 가능하도록 여건을 만들 수 있으며, 앞으로는 더욱 사후지도에 중점을 둘 것이다. 취업도 중요하지만 관리도 중요하기 때문이다.

스승이 되어 준 아이들

　나에게는 우리 아이들이 스승이기도 하다. 나의 성질은 급하고, 날카롭고, 결코 칭찬하기 어렵다. 성질이 급하기 짝이 없어 기다리지 못하기 때문에 결과를 놓고 보았을 때 실수가 많아 특히 가족에게 미안하다는 말을 자주 하고 지냈다.

　우리 아이들에게는 수행을 요구하고 수행을 할 때까지 기다려야 한다. 급한 성질로 손이 가려고 하지만 아이들이 할 때까지 기다려야 한다. 기다리지 못한다면 아이들은 교사로부터 좌절감을 느끼고 자신의 부족함을 탓하면서 자신감을 잃고 말 것이다. 되풀이하고 또 알려 주어도 쉽게 해결하지 못하고, 그래서 더욱 쉽게 설명하고 모델링해 주고 기다려야 한다.

한 달, 반년 그리고 일 년, 삼 년을 기다렸을 때 수행하는 아이를 보고 교사들은 모두 감탄을 하며 기다림의 아름다움을 맛보았다. 느긋하게 여유를 갖게 해 준 예쁜 우리 아이들이다.

실패를 허용해야 한다. 그것도 못한다고 답답해하거나 야단을 쳤다면 아이들은 나를 인정하지 않았을 것이다. 내 앞에 서려고 하지 않고, 나를 보면 슬금슬금 피하는 아이들이 되었을 것이다.

나도 처음부터 실내화를 깨끗하게 잘 빨지 못했고, 설거지하면서 그릇도 깨뜨렸고, 손빨래를 하면서 한곳에만 비누칠을 했었고, 세탁기를 처음 샀을 때 기계를 어떻게 사용하는지 몰라서 가까이하기를 꺼렸다. 이 나이가 되어서야 지혜롭게 알게 된 것도 있는데, 우리 아이들이야 말할 것도 없다.

아이들의 실패를 대하면서 인내의 힘을 길렀다. 그동안 참지 못하고 바로 폭발하기도 했고, 한 번쯤 생각해 보고 말해도 늦지 않을 텐데 바로 말해 버려 후회를 한 일이 셀 수 없기도 하다. 그러나 우리 아이들 교육에서는 참아야 하고, 왜 아이들이 그렇게 행동했는지 생각해 보고 모범 행동을 보여 주어야 한다. 아이들 앞에서 빈번하게 실수나 잘못을 보여 주었을 때 교사로서의 자격이 의심스러울 것이다.

일 년이 지나 상치 잎을 뜯을 수 있게 된 아이, 삼 년이 지나면서 카드의 앞과 뒤를 구분하고 봉투에 넣을 수 있었던 아이들이 있었기에 나의 인내심은 자리 잡을 수 있었다. 참아야만 아이들을 이해할 수 있고 아이들이 보이기 시작했다.

인내를 가르쳐 준 사랑스런 우리 아이들이다. 수많은 한계에 봉착했을 때 내려오지 않았다. 한계를 딛고 넘어설 수 있도록 만들어 준 것도 사랑스런 우리 아이들이다. 아이들과 교육하고 살아가면서 지금까지의 삶 전체를 보았을 때 대부분의 한계가 아이들의 교육에서 발생한 것들이다. 그 한계를 넘지 못한다면 나는 스스로 교사 자리에서 물러서야 하는 것이기 때문에 긍정적인 방향으로 딛고 일어서야 했다.

특히 직업교육에서의 한계는 숨도 쉬지 못할 정도로 긴박하고 중요한 경우도 있었기 때문에 아이들의 힘이 크다고 하겠다.

한계를 만들어 준 사랑스런 아이들, 나를 끝없이 시험한 아이들, 너무도 순박해서 순수한 사랑만을 아는 아이들, 거짓으로 대할 수 없고 거짓이 무엇인지 모르는 아이들이다.

아이들은 나의 사랑을 거짓 없이 순수하게 만들어 주었다. 수많은 한계를 통하여 극복할 수 있는 힘과 용기를 만들어 준 우리 예쁜 아이들이 있기에 나의 중년은 후회보다는 매사에 감사할 줄 아는 사람으로 변해 갔다.

기다려 주고, 실패를 허용하고, 한계를 극복하는 모습을 보여 주었을 때 아이들은 교사로부터 인정을 받는다고 생각하고 자신감을 갖게 된다. 교사에게 인정받은 아이들은 틀려도 자신 있게 대답을 하고 힘이 나서 행동한다.

인정을 받는다는 것은 아이들에게는 무한대의 용기를 낳는다. 플러스알파의 힘이 작용하여 장애의 강점을 살리고 장애의 차이를 최소한으로 극복할 수 있으며 초인간적인 힘을 발휘하기도 한다. 드디어 제대로 교육을 시작할 수 있게 된다. 그리고 아이들의 눈높이를 맞출 수 있고 눈으로 대화도 가능하다.

다소의 차이로 나에게 손을 내민 아이들의 손을 따뜻하게 잡을 것이고, 아이들을 만나 교육을 할 수 있게 되어 감사하다. 이러한 소중한 교훈을 주어 나를 보다 인간답게 만들어 주고, 나의 삶을 향기롭게 만들어 준 아이들에게 감사하며, 한없이 사랑스럽다.

일반사업체에 경쟁 고용이 어려운 발달장애 학생을 대상으로 일반
인과 통합된 작업장에서 계속적인 지원서비스를 제공하여 안정적인
고용이 유지되도록 지원하는 데 있다.

★ 학년 초에 학생과 학부모와 지속적으로 상담하여 학생과 학부모의 취
업 요구를 확인한다. 학생이 취업에 대한 동기가 부족할 경우 지원고
용을 추진했을 때 실패할 수 있기 때문에 취업에 대한 의지나 요구가
있을 경우에 추천한다. 또한 학부모의 요구가 있어야만 추진할 수 있
기 때문에 학부모의 자녀에 대한 취업 요구를 확인한다. 학생과 학부
모의 요구에 차이가 있거나 각각 다를 경우에는 교사가 조정하여 합일
점을 찾도록 지원한다.

★ 배치 시 학생의 능력과 적성을 알 수 있는 모든 자료 등을 이용한다.
객관적으로 파악할 수 있는 직업평가의 결과인 평가 보고서를 참고하
여 파악하는 데 활용한다. 평가 보고서의 학생 적성 직종을 참고한다.

★ 학생과 함께 사업체를 방문하여 사업체 분위기, 작업 내용, 접근성 등
을 파악하게 하여 학생이 지원고용 실시 여부를 결정할 수 있는 기회
를 제공할 수 있다. 학생이 두려워하거나 자신감이 부족할 경우 교사
는 동기를 부여하여 자신감을 갖고 임할 수 있도록 적극적인 지원이
필요하다.

★ 지원고용에 필요한 서류로 고용노동부에 제출해야 할 서류는 지원고용

동의서, 학생 본인 명의의 통장 사본, 복지카드 사본이 있고, 사업체에 대상 학생을 파악할 수 있도록 제출하는 서류는 이력서와 학생 신상 카드가 있으며, 학교에서 필요한 서류로는 지원고용을 실시하는 데 학부모와 학생이 동의하는 동의서, 출근부가 필요하다.

★ 고용노동부에 제출하는 서류는 작성하여 연계 기관에 제출하여 지원고용 절차를 추진하도록 한다. 모든 서류는 학교에서 보관하여 증빙 자료로 남긴다.

★ 고용노동부 제출용 지원고용 동의서 내용은 대상 학생의 인적사항, 지원고용의 규칙 준수와 중도 포기를 하지 않을 것에 대해 동의하며, 이상의 내용을 본인과 학부모가 서명하여 동의하는 것으로 구성되어 있다.

★ 통장 사본은 지원고용 대상 학생의 성명으로 되어 있는 것을 확인할 수 있도록 첫 장을 복사한다. 복지 카드는 앞면과 뒷면의 양면을 복사하여 제출한다.

★ 사업체에 제출하는 서류로는 학생을 파악할 수 있도록 하는 이력서와 학생 신상 카드가 있다. 이력서는 학생의 인적사항과 학력, 경력을 기록한다. 특히 직업기능경진대회 등의 수상, 자격증 획득, 현장실습 경력 등을 기록하여 사업체가 참고하도록 한다. 학생 신상 카드는 학생의 장애 유형, 건강, 체격, 작업 시 강점과 약점, 행동 특성 등을 기록하여 사업체에서 학생을 지도하는 데 참고가 되도록 한다.

★ 학교 보관용 서류인 동의서의 내용은 학생 성명, 학년, 지원고용 시 사업체의 규칙에 따라 실시할 것을 동의하고, 학생과 학부모의 서명, 실시 날짜, 학교장에게 제출하는 것으로 구성되어 있다. 동의서는 학생이 학교로 등교하지 않고 사업체로 등교하면서 발생하는 어려움에 대처하기 위하여 학생과 학부모의 동의가 절대적으로 필요하다.

★ 지원고용 실시 날짜는 지원 연계 기관에서 고용노동부에 서류를 제출하고 승인을 받은 후 실시할 수 있기 때문에 연계 기관에서 알려오는 날짜를 확인하며, 토요일이나 일요일이 끼어 있을 때 학교, 사업체와 조정한다.

★ 출퇴근 시간은 첫째 날이나 길게는 일주일 정도 시간을 조정할 수 있다. 일주일 정도는 출근 시간이 사업체의 출근 시간과 동일하더라도 퇴근 시간은 사업체 퇴근 시간보다 짧게 조정하여 학생들이 처음 사업체에서 근무하는 데 어려움을 덜어 주는 것이 좋다. 차츰 지원을 줄이고 사업체 직원과 동일한 시각에 출퇴근하도록 시간을 정한다. 이것은 학생이 학교의 상황에서 사업체로의 전환을 하는 데 적응이 용이하도록 하기 위함이다.

★ 기간은 사전 훈련의 경우 1~5일까지 하며, 현장 훈련은 3~7주까지 할 수 있다. 대부분 현장 훈련은 3주로 하며 부득이한 상황에 따라 연장할 수 있다.

★ 직무지도 교사 배치에 대하여 사업체와 의견을 조정한다. 사업체가 어

느 정도 지원을 요구하는지에 따르며, 사업체가 인식이 부족할 경우에는 설명하여 이해를 돕는다.

★ 사업체는 직무지도 교사를 요구하기도 하고, 사업체에서 자체적으로 지도하겠다고 하는 경우도 있다. 직무지도 교사를 요구할 경우에는 기간을 정하며, 기간은 학교와 사업체가 의논하여 정한다. 대부분 장애인에 대한 인식이 부족한 경우 일주일 정도 교사 배치를 희망하기도 한다. 사업체에서 지도를 하겠다고 할 경우에 직무지도 교사의 역할은 사업체가 장애학생에 대한 인식을 바르게 할 수 있도록 학생의 장애 정도, 작업 능력, 행동 특성에 대해 설명한다.

★ 직무지도는 학교의 담당교사, 기관의 담당자가 협의하여 일자를 달리하여 분담 조정한다. 특히 지원고용은 취업의 성패를 좌우하는 과정이기 때문에 학생을 잘 알고 지도할 수 있는 담임교사가 지도하는 것이 효과적이다. 다른 교사가 지도할 경우에는 학생의 특성을 인지할 수 있도록 자료를 공유하거나 자세하게 설명하여 지도가 용이하도록 한다.

★ 사전 훈련은 1~5일의 기간 동안 실시할 수 있으며, 주로 교통 지도를 하여 학교와 가정과의 교통편 외에 가정과 사업체의 교통 이용이 가능하도록 돕는다.

★ 사전 훈련에서 교통 지도는 부모나 가족이 담당하도록 한다. 부모가 참여함으로써 자녀의 직업재활에 관심을 가질 수 있으며, 교사와 협력하

여 힘을 덜 수 있다. 승용차는 피하고 대중교통을 이용하도록 한다.

★ 사업체의 출퇴근 차량이 있는 경우에는 차량을 이용할 수 있는 지점까
지 안내하고, 없을 경우에는 사업체까지 갈 수 있는 차량을 찾는다. 학
생이 자율적으로 출퇴근이 가능할 때까지 지원한다.

★ 현장 훈련은 장애학생을 잘 알고 지원할 수 있는 담임교사가 주로 지
도한다. 사업체 개발 시 알아 두었던 직무분석 내용을 기초로 지도한
다. 작업 기능, 작업 태도, 동료와의 관계 형성, 점심 식사 방법, 화장
실 위치 및 이용 방법, 동료나 상사의 호칭, 출퇴근, 몸단장, 인사 등의
예절 등이 포함된다.

★ 담당교사가 직무분석 했던 내용을 토대로 작업 시 유의해야 할 내용과
교사가 터득하여 수월하게 작업할 수 있는 방법을 지도한다.

★ 사업체 작업 환경이나 사업체 내의 주변 환경에서 위험한 요인을 찾아
내고 접근이나 조작, 불필요한 호기심 등을 피하도록 지도하며, 작업
상황에서 안전지도에 유념하도록 지도한다.

★ 훈련비는 고용노동부에서 사업주와 훈련 학생에게 지원한다. 훈련 학
생은 훈련비로 식대와 교통비를 받지만 식사는 사업주가 제공해 줄 것
을 제의할 수 있다.

★ 지원고용 일지는 현장실습 일지와 동일한 내용으로 구성하여 작성한
다. 매일의 작업 내용과 정도를 기록하여 비교 · 분석할 수 있어야 하

며, 문제점을 찾아내도록 한다.

★ 훈련이 종료되면 일지를 학교에 보관하며, 다음 훈련의 참고가 되도록 한다.

★ 훈련 시 제기되었던 장단점을 기초로 교육과정에 적용하여 지도한다.

★ 훈련이 종료되면 고용을 위한 의사를 결정한다. 사업주와 동료의 의사를 존중하며, 학생의 훈련 상황을 듣는다. 훈련 과정을 조정했던 내용들을 빠짐없이 검토한다. 고용 의사가 있을 때에는 학생의 의사와 조율한다. 양쪽이 동일하게 고용 의사가 있을 때에는 부모에게 알리는 등 다음을 진행한다. 그러나 고용 의사가 없을 때에는 원인을 듣고 대상학생이 학교로 복귀하여 지도받을 수 있도록 한다.

★ 훈련 결과 대상 학생의 의견을 수렴한다. 고용에 대한 의사가 있을 경우 사업체 고용 의견을 파악하고, 고용 의사가 없을 때는 학교로 복귀 조치를 한다. 학생은 훈련을 통해 자신의 직업 적성을 탐색할 수 있는 기회를 가짐으로써 적합성을 분석하고 고용 의사를 밝힐 수 있다.

★ 고용 여부에서 탈락한 경우에는 원인을 파악하여 학교와 가정에서 지도할 점을 찾는다. 다른 학생에게도 적용하도록 직업교육과정에 삽입하여 지도한다. 재훈련을 시켜야 할 경우 학생에 맞는 훈련 계획을 수립하고, 자신감을 잃지 않고 훈련하도록 격려한다.

★ 훈련이 종료되어 고용을 이루었을 경우 고용이 유효했던 점을 찾아 일

반화시킬 수 있도록 하고, 고용을 이루지 못했을 경우 원인을 찾기 위하여 평가한다.

★ 지원고용 훈련 방법, 내용, 직무지도 교사 배치, 결과 등에 대하여 평가하고 피드백한다.

★ 기관 간 연계 시 각 기관의 역할에 대하여 정확하게 업무를 분담하며, 분담된 업무를 진행하면서 발생하는 어려움은 의논과 타협을 통해 문제가 발생하지 않도록 한다. 신속하고 정확하게 협력하기 위하여 정해진 날짜 등 약속한 사항은 잘 지키도록 하여 상대 기관과 신뢰를 구축하도록 한다.

★ 지원고용 시 업무의 난이도나 분담 영역이 많기 때문에 기관 간 의사소통의 일원화, 부모와의 협력, 사업주와의 원활한 소통 등이 필요하다.

★ 학생 신상 카드의 내용에는 학생의 강점과 약점을 기록하며, 특히 직장생활을 하는 데 사업주나 동료에게 어려움을 줄 수 있는 문제가 될 수 있는 사항은 감추지 말고 알리며 의논할 수 있는 것이 중요하다. 질병, 약물 복용, 가족의 지원 정도, 작업을 인지하는 데 걸리는 시간, 성실 정도, 출퇴근 시 대중교통 이용 정도, 특이한 행동 특성 등을 알린다. 또한 강점도 알려서 활용할 수 있는 방법을 찾을 수 있도록 한다.

★ 직무지도 교사 배치 시 학교, 기관의 협의로 결정하며, 서로 기관의 입장을 존중하고 타협하도록 한다. 사업체의 의견도 존중하여 지도 교사 배치 기간을 조정한다. 사업주가 장애인 채용이 처음일 경우에는 지원

의 정도나 강도를 높이고, 또한 요구하는 대로 맞추어 줄 필요가 있으며, 자체적으로 지도하겠다고 하면 지원을 줄여 탄력성 있게 운영하는 것이 효과적이다.

★ 지원고용은 장애학생에게 매우 중요한 과정으로 학생을 잘 알고 지원할 수 있는 부모와 담임교사의 역할이 강조된다. 부모와 담임교사, 연계 기관의 담당자는 협력자, 조력자로 활동하여 문제점이 발생했을 때 즉시 해결 방안을 찾아 지원하는 등 고용에 성공할 수 있도록 노력해야 한다.

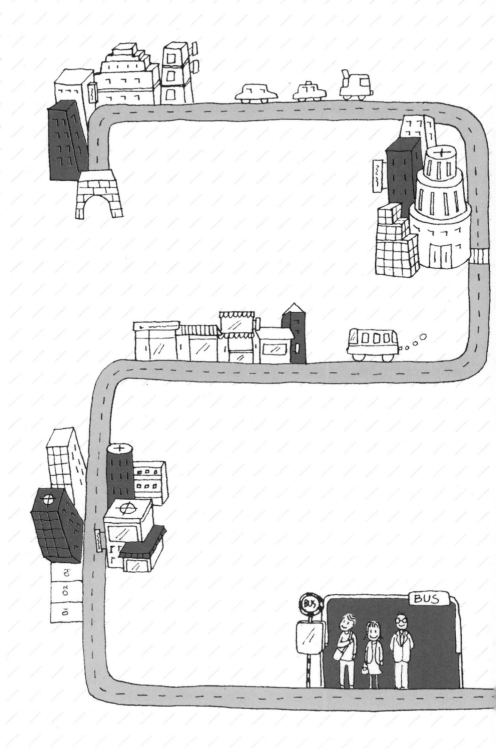

05

희망이
춤추는 사회

자랑하고 싶은
사장님 이야기 _{하나}

황헌 사장님을 처음 만나 뵌 것은 4년 전 어느 날이다. 아이들과 열심히 활동하고 있는데 지인으로부터 전화가 걸려 왔다.

"우리 사업체 근처에 있는 곳의 사장님이 장애인을 채용하고 싶어 해요. 만나 보시면 좋겠습니다."

지인은 초등학교 특수교사로 같이 근무도 했거니와 장애학생의 직업교육에서는 대선배님이시고 늘 선생님으로부터 배우고 있으며, 나와는 막역한 동료이자 스승님이시다. 이런 전화를 받을 때의 기분은 야구선수가 안타를 쳤을 때 야구 방망이에 공이 맞는 순간의 느낌이라고나 할까. 안타를 쳐 보지 않고 상상을 한다는 것은 모호하지만, 아마도 그때처럼 상쾌하고 기대되는 기분이다. 희망이 있다는 것이다.

　사업체를 개발하면서 제일 먼저 찾은 방법은 지인을 통하는 것이었다. 내가 알지 못하는 사업체를 방문하여 개발할 수 있지만 관리자나 동료를 잘 알지 못하기 때문에 아이들을 맡기는 것이 두려워서 지인을 대상으로 한 사업체 개발을 시작했다. 남편의 친구들이나 누구든 만나면 그 사람의 직업을 생각했고, 그가 근무하는 사업체의 직무를 분석했다. 그래서 처음의 취업 사례도 우리 학교를 방문한 사업체 과장님에게 학교와 아이들을 보여 주고 우리 아이들의 능력을 자랑했으며, 과장님은 직접 현실을 보았기에 기대를 갖고 취업에 도달할 수 있었다. 이렇게 지인을 통한 사업체 개발은 급속도로 이루어졌고, 가장 믿었기에 추진할 수 있었다.

　사장님과 약속 날짜와 시간을 정하고 사업체를 방문하여 만나 뵈었다. 사업체는 새싹을 재배하여 포장 판매하는 회사로 대중매체를 통하여 널리 알려져 있었고 시민들의 인식도 높아진 상황이었다. 사장님은 나를 처음 만나면서 그동안 사회에 알려진 방송 내용이 담긴 카탈로그 및 팸플릿을 보여 주셨다. 사진 속에는 새싹이 싱그럽게 놓여져 음식 맛을 내는 감초처럼 자리하고, 빛을 발하고 있기도 하고, 각자의 모습이 포장되어 모양과 색을 드러내기도 했다. 사진을 보면 누구라도 바로 먹어 보고 싶다는 생각이 간절하게 들 정도로 잘 꾸며졌다.

　사장님께서는 새싹 생산 과정에서의 업무를 설명해 주시면서 장애인 채용의 필요성을 역설하셨다. 직무가 단순하여 우리 아이들이 할 수 있을 것이라고 말씀하시며, 작업장으로 나를 안내했다. 작업장에 들어가니 촉촉한 습도로 숨 쉬기가 좋았고, 간혹 물방울 떨어지는 소리가 경쾌하게 들렸다. 작업장은 그리 넓지 않았으나 나의 생각보다는 넓은 면적에 새싹이 자라고 있었다. 새싹은 노란색, 연두색, 초록색, 보라색을 띠며, 얼굴도 들지 못할 정도로 무거운 머리에 이제 간신히 고개를 들고, 가는 실눈을 살짝 뜨고 나를 쳐다보는 듯했다.

"선생님, 저희 회사는 몇 가지 종류의 새싹을 생산하는데 이 새싹의 색깔을 보시지요. 이 맑고 깨끗한 노란색, 연두색, 초록색, 보라색의 새싹을 보면서 작업을 하면 장애학생에게 치료가 되지 않을까요?"

사장님께서는 사업주로서 고용을 한다기보다는 아이들의 입장을 먼저 생각하시고 원예치료를 말씀하시고 있었다. 나는 너무 놀라서 어떻게 이런 사장님이 계실까 하며 다시 얼굴을 뵈었다. 사장님은 잔잔히 미소를 띠며, 그동안 살아온 삶을 잠깐 들려주셨다.

"선생님, 처음 뵙지만 제 얘기를 들려드리고 싶습니다. 저는 임산물, 농산물 관련 전공을 하였고, 제 전공이 좋아서 이 일을 시작했습니다. 이왕에 하는 일인데, 누군가를 위해서 하는 일이면 더욱 좋겠다는 생각에 국민이 섭취하여 건강에 좋을 수 있는 새싹을 재배하기로 착안했습니다. 새싹은 친환경적인 산물로 이미 연구를 통해 함유된 영양소 등이 밝혀졌고 그 내용은 방송, 신문 등에 실렸습니다. 사업을 하는 중에 회사가 몽땅 불에 타 버려 지금 이 장소로 옮겼고, 미친 사람처럼 집안일도 모른 채 오로지 연구에 몰두하여 집안 식구들에게 미안함을 이루 말할 수 없었습니다. 사업이 몇 번 흥하고 망하고의 위기를 넘기면서 이제는 안정을 찾았고, 그러면서 제 자신을 돌아보게 되었습니다. 내가 이렇게 어렵게 번 돈을 어떻게 쓰면 잘 썼다고 할까를 고민하고 있을 때 문득 우리 사회에서 소외되고 어려움을 겪는 사람들을 위해 쓰고 싶다는 생각을 했습니다. 그래서 장애인을 생각하게 되었고, 선생님께서 도와주시면 대단히 감사하겠습니다.”

'난 어떻게 이렇게 훌륭한 사장님을 만날 수 있었을까?'를 되뇌이며 내가 하고 싶은 말을 사장님께서 먼저 해 주셨음에 감사드렸다. 내가 우리 아이들을 부탁드려야 하는데, 오히려 사장님께서 나에게 아이들을 보내 달라고 부탁하셨다.

직무분석을 해 보니 새싹 세척하기, 무순을 잘라 용기에 담기, 자동 포장기에 용기 넣기, 용기에 스티커 붙이기, 포장된 상자 운반하기 등이 있었다. 그중 가장 쉬운 작업은 용기에 스티커 붙이기였고, 무순을 잘라 용기에 담는 것과 새싹 세척하기는 우리 아이들에게 난이도가 있었다.

열 명이 넘는 아이들을 나 혼자 추천하기 어려워 여러 학교와 기관에 협력을 의뢰했다. 이런 업종에 적성을 갖고 있는 대상자를 찾아야 했고, 사업체가 요구하는 학생을 찾아 최적의 배치를 해야 했다. 다행히도 무순을 잘라 용기에 담기, 새싹 세척하기, 용기에 스티커 붙이기의 단순 업무에 두 곳의 학교와 한 곳의 직업재활기관에서 12명의 학생이 배치되었다. 이후 2명은 이사를 하면서 중간에 퇴사하고 나머지 아이들은 근속하고 있다.

사장님은 두 번째 그리고 세 번째 사업을 창업하셨고 두 번째 사업체는 창업 후 어려움을 겪으면서 사장님께서 직접 출퇴근 차량도 운전하는 모습을 뵐 수 있었다. 사장이라고 권위를 내세우지 않고 직원들이 힘들어하는 일을 손수 하시어 직원들의 불평을 최소로 하려고 하시고, 장애인에 대한 인식을 달리하시는 사장님. 또한 우리 아이들의 입장에서 생각하고 배려하며, 이익을 사회의 어려운 이들에게 환원하려 하시고, 국민의 건강을 위하여 친환경 제품을 생산하시는 사업 철학에 존경을 표한다.

"감사합니다. 사장님! 건강하시어 우리 아이들을 오래도록 지켜 주세요. 그리고 부자 되세요. 그래서 우리 아이들을 더 많이 고용해 주세요."

자랑하고 싶은
사장님 이야기 ^둘

"우리 회사에 취업하고 싶으면 저의 제안을 받아 주셔야 합니다. 아이들 월급으로 적금을 들어 줄 것이고 통장은 집에서 갖고 계시면 좋겠습니다."

'그렇게 하지 않으면 부모가 자녀의 월급을 남김없이 쓰고 말거야. 아이들이 얼마나 고생하면서 번 돈인데 부모가 함부로 쓰고 나면 아이에게는 무엇이 남겠어.'

사장님은 제일 먼저 고용한 아이의 월급이, 물론 부모가 다급하기도 했겠지만 다 쓰고 빈털터리의 통장만 남아 있는 것을 매우 속상해하시며, 다음 고용에서부터는 부모에게 다짐을 받고 허락할 경우에 고용을 받아 주셨다.

"아이들도 월급을 받아 용돈도 써 보고, 옷도 사 입고, 친구들과 돈도 써 봐야지. 매일 죽어라고 일만 하면 무슨 재미로 일을 하겠어요. 그리고 돈 모아서 집 장만도 하고 더 나이가 들면 결혼도 해야지. 장애인이라고 결혼 못하라는 법이 어디 있어요. 자기들끼리 만나서 다독거리며 오순도순 살아야 일할 맛도 나지 않겠어요? 아이들 통장에 돈이 모아져야 합니다."

사장님께서는 아이들을 마치 자신의 자식인양 챙기신다. 김 사장님께서는 고등학교를 졸업하고 음식점에서 일을 하면서 돈을 모으기 시작했고, 돈이 모이자 땅을 사서 넓혀 가기 시작했다. 악착같이 돈을 모아 사업을 시작하였고, 돈은 점점 쌓여 사업을 확장하였다. 사장님 회사의 사훈은 '서로 믿고 배려하자.'이며 사장님은 사훈처럼 직원을 믿고 일을 맡기며, 자신은 봉사활동에 여념이 없으시다. 어렵게 번 돈은 누구도 모르게 어려운 사람들을 위해 쓰셨고, 보호감찰소에서 소년들에게 상담 등의 봉사를 하시며 그들의 어려운 사정을 해결해 주는 것을 자신의 사업 이상으로 하셨다.

아이들이 4명까지 취업하였다. 부모님들은 사장님의 말씀대로 통장만 가지고 있고 사장님께서 들어 주시는 적금을 확인하는 정도로만 갖고 있었다.

점심시간에 사업체를 들렀는데, 아이들의 밥은 식당에서 정기적으로 배달이 되어 오는 것으로 반찬이 진수성찬이었다. 나는 의도적으로 사업체에 가서 점심을 먹곤 한다. 아이들이 어떤 식사를 하고 있는지 살피기 위해서다.

"아니 무슨 반찬이 이렇게 많아요. 충분히 먹고도 남겠어요."

"사장님께서 아이들의 밥만큼은 가장 맛있는 메뉴를 주문해 주라고 당부하셨습니다."

사무원의 말이었다.

"사장님께서는 우리에게는 낭비를 철저하게 금하라고 강조에 또 강조를 하시는데, 장애인들에게는 돈을 아끼지 않으십니다. 간식은 물론이고, 야근을 하게 되면 야식도 허술함 없이 챙겨 주세요. 그리고 확인하시고요."

어느 날은 사장님께 전화를 드렸는데 치과에 계신다고 한다. 아이들의 치아를 검사했는데 썩어서 치료받느라고 치과에 왔다고 하신다. 나중에 들으니 아이들의 치아를 낱낱이 검사받게 하여 썩은 이도 치료하고 치료 비용도 사장님께서 전액 내 주셨다고 한다.

"아이들의 부모가 맞벌이하느라 아이들 이를 살펴볼 시간도 없고, 언제 치료를 받겠어. 아이들이 양치하는 방법을 제대로 알지 못하고 제때에 양치를 안 하니 이가 썩는데 영구치가 썩으면 어떻게 하느냐고."

점심을 먹고 난 후 쉬는 시간이나 휴식 시간에는 아이들이 운동을 할 수 있도록 운동 기구를 장만해 주시고, 때로는 회사의 넓은 마당에서 아이들과 즐겁게 축구를 하기도 하고 배드민턴을 치기도 하신다. 아이들에게는 사장님이라기보다는 아버지가 되어 주시기도 하고 마음씨 좋은 아저씨가 되어 주시기도 한다.

사장님께서 전화를 하셨다.

"명수, 장가를 보내려고 해요."

나는 농담을 하시나 했다. 며칠 후 명수가 전화를 걸어 왔다.

"선생님, 저 결혼해요. 사장님께서 베트남 아가씨를 소개해 주셨어요. 그래서 내일 베트남에 가서 결혼식 하고 올 거예요."

'어머나, 농담이 아니셨네. 그런데 베트남 아가씨 말고 우리나라 아가씨를 소개해 주셨으면 더 좋으련만…….'

욕심이 끝이 없고 하늘을 찌른다. 물에 빠진 사람 구해 주었더니 보따리 내놓으라고 하는 식이다. 아이들의 이를 치료해 주시고, 운동도 하도록 해 주시고, 건강을 챙겨 주시더니 결혼까지 시켜 주셨다. 말로만 아이들을 챙기는 것이 아니라 정말 필요한 것들을 보살펴 주신다.

나는 스승의 날이면 사장님들께 카네이션 축전을 보내 드린다.

"황 선생님, 나는 선생도 아닌데 왜 스승의 날에 카네이션을 보내 주어요?"

"사장님은 선생님 이상이세요. 우리 아이들에게 일을 가르쳐 주시고 여러모로 자상하게 보살피시니 선생님이시지요. 우리 아이들에게 스승이시면 저에게도 스승님이십니다."

"황 선생님, 축전 3천 원짜리 맞지요?"

"아닙니다. 더 비싼 것이에요."

"내가 3천 원 이상의 것으로 갚아 드릴게요." 하시고는 알고 지내는 사장님들을 소개시켜 주셨다. 내가 사업체 개발을 하느라 애쓰는 것을 잘 아시는 사장님께서는 내가 절절하게 원하는 것을 해결해 주시느라 최대의 지원을 해 주셨다.

'고마우신 사장님!'

처음 사업체를 개발할 때에는 어려움이 있지만 사장님께 최대의 믿음을 주었을 때 신뢰를 해 주셨고, 그에 대한 답례는 다음 사업체를 대신 개발해 주시는 데 노력을 아끼지 않는 것으로 보답하셨다. 사업체를 찾으려고 노력하지 않아도 절로 사업체가 생기게 되고 그것은 마치 피라미드의 모습을 띤 양, 한 사람이 두 사람으로 늘어나고 그 두 사람은 네 사람으로 늘어나게 되어 처음이 무척 중요함을 일깨워 주었다.

사업주는 장애인에 대하여 아는 바가 있는 경우도 있지만, 모르는 경우가 허다하다. 장애인을 모르기 때문에 나는 그들에게 믿음을 주어야 하고 그 믿음을 통해서 우리 아이들을 믿게 된다. 그리고 나에게 말씀하신다.

"우리 오래도록 알고 지내면 좋겠네요. 죽을 때까지면 더 좋고요. 사장과 교사로서가 아니라 어려운 사람들을 위하는 동료로 지내면 좋겠습니다."

"감사합니다. 사장님! 저를 믿어 주셔서 그리고 우리 아이들을 믿어 주셔서 감사합니다."

자랑하고 싶은
사장님 이야기 ^셋

컨테이너를 제작하시는 멋쟁이 사장님이 계신다. 장애인 채용을 권해 드리지 않았지만, 로타리클럽 활동을 하시며 자연스럽게 장애인들을 접하셨다. 중증의 지체장애인 학교에서 봉사활동을 하면서 장애인을 만났고 그들을 위해 조그마한 힘을 보태기를 희망하셨다.

사장님은 지인을 통해 막연히 먼발치에서 알고 지냈는데 지인에게 연락이 왔다. 권 사장님께서 장애인을 채용하고 싶다는 의사를 전해 왔다고 한다. 말로만 듣던 사장님을 만나 뵐 수 있게 되었다.

대개 적극적으로 장애인 채용을 권하기도 하지만, 어떤 경우에는 자발적으로 필요를 느끼고 채용하기를 기다리는 경우도 있다. 권 사장님은 후자의 경우였다. 드디어 기다린 보람이 있어 채용 의사를 밝히셨다. 전화를 드리면서 나를 소개하였다. 지인과 잘 아는 사이이고, 사장님의 활동을 들어 왔노라고. 그랬더니 사장님께서도 지인으로부터 나의 활동을 들었고, 필요한 상황이 생기면 장애인을 채용하려 했다고 한다. 계속 필요한 상황을 만들려고 자신의 직무를 자세히 분석하면서 과연 어떤 일을 줄 수 있을까를 찾아보기도 하셨다고 했다. 장애인을 잘 모르니 한 명을 채용할 텐데, 우선 면접을 보자고 제안하셨다.

사업체와 가장 근거리에 있는 학생으로 적성에 맞는 아이를 찾았다. 작업 내용은 한 가지 일을 꾸준히 반복하는 것이 아니라 짧은 시간에 일이 종료되고, 하루에 3~4가지 정도의 일을 수행해야 한다. 이것은 상황이 바뀌는 일이기 때문에 상황 파악을 할 수 있어야 하고, 한 번 배운 일을 다른 장소나 상황에서 전이를 할 수 있어야 하고, 재치가 있어야 하는 업무였다. 컨테이너 기술자의 보조를 하기에 활동적인 행동을 좋아해야 하고, 또 정확하게 수행하는 능력이 있어야 할 직무였다.

몇 곳의 특수학교와 특수학급에서 대상자를 찾아 면접을 보러 갔다. 종훈이는 특수학교 학생으로 사업체와는 자전거를 타고 다닐 정도로 인접해 있고, 익숙하게 찾을 수 있는 곳에 살고 있다. 아버지와 재활기관의 교사, 교육지원청 담당교사 그리고 내가 참석하여 이루어진 면접에서 사장님은 종훈이를 어디서

본 듯하다고 하셨다. 같은 동네이니 서로 마주치기도 했을 것이었다. 자신의 사업체를 소개하시면서 장애인에 대한 인식을 말씀하신다.

"사람이 차이가 있으면 얼마나 있겠어요. 저는 ○○○ 대통령하고 똑같다고 생각해요."

나는 그 말씀에 즉시 반문했다.

"그럼, 우리 아이들도 ○○○ 대통령과 같다고 생각하시나요?"

"그렇지요. 아이들이 무엇이 다르겠어요. 모두 같다고 생각합니다."

감동적인 말씀을 들려주셨다.

엄마가 안 계신 종훈이는 아버지와 장애를 가진 여동생과 살고 있었고, 면접을 보러 온 복장부터 엄마의 손길이 닿지 않은 것이 바로 티가 날 정도로 깔끔하지 못한 복장이 몸에 맞지 않고 어색하기 짝이 없다. 얼굴은 씻지 않아 여드름이 여기저기 돋았고, 머리는 더벅머리다. 머리를 단정하게 이발해도 멋져 보이지 않고 외모만 보아도 장애인임을 알 수 있는 몸단장을 하고 있었다.

그런 종훈이를 사장님께서는 ○○○ 대통령과 같다고 하셨고 ○○○ 대통령이 종훈이와 같다고 하신 것은, 결국 사장님은 종훈이와 같다고 하신 것이다. 인간 평등의 논리를 자연스럽게 펼치시는데, 놀라움에 하던 행동을 멈추었다.

사장님은 종훈이와 친구처럼 지냈고, 종훈이는 그렇게 사랑을 주시는 사장님과 장난치기를 즐겨했고, 사장님이 외부 사업체에 가실 때를 빼놓고는 늘 따라다니며 사장님 보조를 자청했다. 얼마나 장난이 심한지 아침 회의 시간에 종훈이가 없어서 아직 출근을 안 한 줄 알고 걱정하였는데, 회의 내내 사장님 책상 밑에 기어들어가 사장님이 아는 척을 해 줄 때까지 숨어 있는 장난을 하기도 하였다.

장난꾸러기 종훈이를 자신과 같다고 생각하시는 멋쟁이 사장님!

나는 사장님을 만나면서 나의 임무에 한 가지를 보탰다. 사회에는 이렇게 우리 아이들에 대한 인식이 바른 분들이 많은데, 이를 겉으로 드러내지 않고 묵묵히 실천하신다. 나는 이런 사장님을 찾아 드러내 보이고 싶다. 그리고 이 사회는 너무도 아름다운 사회임을 널리 알리고 싶다. 보물을 캐듯 구석구석 찾을 것이다. 그래서 장애인과 일반인이 하나 되는 아름다운 세상을 일굴 것이다.

사업체는 학교가 아니다

　장애인은 무조건 사회에서 베풀고 배려해야 하는 대상이 아니다. 모든 것을 해 달라고만 하면 안 된다. 사회가 문을 열지 않으면 열어 달라고 하고, 문을 열면 장애가 된 것이 불쌍하니 데리고 있겠다고 하며 내보내지 않고…….

　장애인도 일반인과 다를 바 없다. 차별이 아니라 다소 어려움을 갖고 있는 차이가 있을 뿐이다. 그 차이는 극복하려고 노력을 해야 하며, 국가나 사회는 주도적으로 차이를 최소화하기 위한 정책과 방안의 실시로, 그 노력을 뒷받침해 주어야 한다. 국가나 사회가 뒷받침하려고 해도 인식이 부족하면 받아들이기 어렵고, 모든 것을 해 달라고 주문함으로써 가장 어려워지는 것은 우리 아이들이다. 심지어 학교를 졸업하고 취업을 해도 학교와 사업체를 구별하지 못하고 무조건 요구한다. 이러한 인식 부족으로 결국 우리 아이들이 가정으로 되돌아가는 사례를 보면서 우리 아이들도 어려움을 갖고 있지만 주변의 인식이 시급한 것을 깨닫는다.

"과장님, 오늘 날씨가 추운 것 같아 옷을 보냈으니 옷 좀 입혀 주세요."

옷을 보낸 것은 좋은데 아이가 입어야지, 왜 과장님이 아이 옷을 입혀 주어야 하는지……. 학교에서 선생님께 요구하듯이 회사의 관리자에게도 요구한다.

"반장님, 오늘 아이가 기침을 하던데 병원을 데려가 주세요. 저는 아시다시피 직장에 출근하여 가기 어렵네요."

조퇴를 시켜 달라는 것도 아니고 병원을 데리고 가 달라는 것은 장애인의 주변인은 누구든지 요구하면 들어 달라는 것이다. 학교에서 아이가 아프면 보건실에 데리고 가서 보건 선생님의 처방에 따라 약을 먹을 수도 있지만 사업체는 학교가 아니라 사회의 일부분이다.

"약을 싸 보냈으니, 가방에서 찾아서 약 좀 먹여 주세요."

이것도 아이가 스스로 할 수 있도록 교육하는 것이 중요함을 모르고 교사에게 부탁하듯 사업체에도 요구한다.

"거리가 멀리 떨어져 있으니 집 근처까지 대리님께서 데리러 와 주세요."

학교 버스가 아이들을 데리러 갈 때에도 어떤 부모님들은 골목까지 들어와 달라고 요구한다. 학교 버스를 타더니 사업체도 학교인 양 데리러 오라고 한다.

"과장님, 왜 우리 아이만 야단을 치시고 미워하세요?"

피해 의식이 심한 소수의 부모님께서는 아이의 말만 듣고 사업체에 항의한다. 그러나 아이는 정확한 전달이 어렵다는 것을 아는 것이 더 먼저다.

배려나 베풂을 받는 것보다는 주는 것이 좋은 것은 알지만, 일반인과의 차이를 베풂의 대상으로 받아들이지 않았으면 좋겠다. 차이를 극복하여 베풂을 줄 수 있기를 기대한다. 생산적 복지는 우리 아이들이 사회와 국가에 베풂을 주는 좋은 예다. 일을 해서 세금을 내고 그 세금으로 국가는 장애인을 위한 복지정책을 펼 수 있기 때문이다.

요구하기 이전에 내가 해야 할 일을 먼저 생각하면 좋겠다. 내가 할 수 있음에도 주는 것을 거부할 수 있으면 한다. 그것이 쌓이면 자립하는 것은 자연스러운 일이 될 것이다. 아이들이 해야 하는 일을 구별하지 못하고 의존하면 아이들의 자립은 멀어질 수밖에 없다. 학교와 사업체는 엄연하게 구별된다. 공부를 하는 곳과 일을 하는 기관, 비영리단체와 영리단체, 보호를 받는 곳과 받지 못하는 곳으로 학교에서는 자립시키기 위하여 노력하는 곳이고, 사업체는 자립을 하도록 도움을 주며 자립이 되어 있을 때 인정이 되는 곳이다.

이 두 곳의 차이는 확실한 데에도 불구하고 구별하지 못하여 끝내 아이들을 장애인으로 만들 수 있다. 사업체도 장애를 인정하고 자립을 도와주려고는 한다. 그러나 모든 것을 해결해 주는 것은 용납되지 않는다. 학교를 졸업하면서 현실적인 사회에 아이들을 적응시키는 데에는 교사를 비롯하여 가장 중요한 부모의 의지와 인식이 필요하다.

사회가 배려하지 않는다고 불평을 하기보다는 먼저 장애를 인정하고 차이를 극복하려는 의지가 있어야 하고, 아이와 사업체 사이에서 객관적으로 판단하고 누구의 입장에 치우치지 않고 바라볼 수 있는 사료가 절대적으로 필요하다.

사업체보다는 아이 입장에서의 생각이 먼저 들겠지만, 우리는 객관적인 판단을 하려고 노력해야 한다. 그렇지 않으면 쌓이는 것은 불만이고 아이는 변화·발전하지 못한다.

희망이 춤추는 사회

2010년 장애인 일자리 사업을 추진하며 또 한 번의 감동을 느꼈다.

1987년 초임 시절부터 나는 서울의 직업재활을 둘러보기 시작했다. 잘하고 있다고 알려진 장애인복지관을 찾아가 직업재활의 실제를 살펴보았고, 서울의 그룹 홈을 찾아 무엇이 잘 되었는지를 알아보았다.

서울을 거의 둘러보았다고 생각하고 다른 시·도를 둘러보기 시작했다. 어느 시에서 장애인 기관에 위탁하여 운영하고 있는 장애인복지관을 방문하여 근로 사업장에서 일하는 장애인들을 볼 수 있었다.

작업장 내부는 작업으로 인하여 발생하는 먼지를 환기할 수 있는 창문이 높은 천장에 작은 크기로 매달려 열기도 힘들었다. 또한 복지관 내에 중증의 아이들을 대상으로 그룹 홈을 만들어 놓고, 부모가 바빠서 자녀를 돌보기가 힘든 경우의 아이를 우선으로 하는 상황을 보면서 관장님을 만나 뵈었다.

관장님은 위탁을 받아서 하는 것이기 때문에 시설 등에 대하여는 언급을 회피하였다. 나는 시청을 찾아가 장애인 담당자를 만났으나 담당자 역시 3년에 한 번씩 자리를 이동하기 때문에 수정이나 발전적인 생각보다는 자리를 유지하는 것이 중요하다는 입장이었다. 아이들이 이런 대접을 받는 것에 대하여 분노와 실망을 느껴 크게 낙담하고는 복지관이 지리적으로 가까움에도 불구하고 10년이 넘도록 그 복지관과 시청을 찾지 않았고 고개도 돌리려고 하지 않았다.

그로부터 20년이 지난 지금 나는 모 시청의 장애인복지 담당자를 만나게 되었고, 그때의 마음 아팠던 상처를 말끔하게 씻을 수 있었다.

2010년 12월 통합형 직업교육 거점학교를 1년 운영하고 성과 발표회를 준비하느라 두 달을 야근하면서 발표를 끝내고는 한숨을 쉬려니 했던 내가 잘못이었다. 발표회가 끝나기 무섭게 바로 이어서 장애인 일자리 사업이 추진되었다. 장애인 일자리 사업은 행정도우미와 복지일자리 사업으로 복지일자리 사업의 실습을 통하여 행정도우미로 발전할 수 있는 사업이며, 나아가 행정도우미는 일반 사업체 취업으로 발전하기를 목적으로 추진되었다. 전화로 사업을 의논하면서 만나 뵙게 되었고, 담당자는 나와 함께 조심스럽게 그리고 거침없이 일을 진행시켰다.

"선생님, 행정도우미로 내년에 2개의 자리가 있는데 이것은 시청 내 직무로 선생님이 추천을 해 주시면 좋겠습니다. 그리고 될 수 있는 대로 중증의 장애인을 추천해 주세요. 경증의 장애인은 사업체든지 어디든 갈 수 있겠지만 중증의 장애인은 어디에서든 받아 주지 않고 갈 곳이 없는 이들이기 때문에 제가 데리고 일을 하려고 합니다. 이 일을 담당하면서 많은 생각을 하게 되었고, 고등학교를 다니면서 우리 학급에 있었던 중증의 아이들도 떠올랐습니다. 지금까지 멀리서 듣던 것과는 다르게 중증의 장애인을 생각하게 된 중요한 계기인 것 같습니다."

나는 너무도 놀라서 담당자를 빤히 쳐다보았다. 행정도우미의 자리를 확보하기 위하여 무던히 애를 써도 힘이 드는데, 담당자는 나에게 두 자리를 내어 주면서 아이들을 추천해 달라고 한다. 그것도 중증의 아이들로 추천을 요구했고, 경증과 중증의 아이들을 분명하게 이해하고 있었다.

자신이 데리고 일을 시키려면 경증을 요구할 텐데, 경증이 아니라 중증이다. 물론, 이 일자리는 중증의 장애인을 대상으로 하는 것이라고는 하지만 데리고 일을 하려면 아무래도 중증이라 해도 조금이라도 일을 할 수 있는 가벼운 상태의 아이를 찾는 것이 일반적이다. 그런데도 모 시청의 담당자는 많은 생각을 거쳐 중증을 결정했다는 것에 나의 감동은 시작되었다.

추천 대상자를 찾아 이름을 알리니 이미 알고 있는 대상이라고 한다. 시청에서 담당하고 있는 장애인 대부분의 이름을 알고 있는 듯하다. 이 또한 관심이 있기 때문이라고 생각하며 두 번째 감동을 받았다.

세 번째 감동은 면접을 보면서 시작되었다. 한 명은 졸업한 지 9년이 되었고 뇌성마비로 왼쪽에 편마비를 갖고 언어장애를 수반하였으며, 편마비와 언어장애로 취업은 상상도 하지 못하고 집에만 있었다. 한 명은 2011년 2월에 졸업하는 여학생으로 내가 그동안 두 곳의 사업체에 취업을 시키려고 노력했으나 다소 어려움이 있어 취업에 도달하지 못했던 아이다.

담당자는 두 장애인과 면접을 보고 출근 일자를 알려 주면서 부모님과 나에게 말을 건넸다. 두 장애인과 잘 지내고 가르쳐 주어 아이들이 자신감을 갖고 일하도록, 나아가 사업체로 취업을 유도할 수 있도록 만들어 보겠다고 했다. 아이들의 미래도 걱정하면서 잘해 보겠다는 의지와 신념을 보여 주었다.

사회에서 구제하지 못했던 아이들에게 계약직이지만 취업의 문을 열어 일을 할 수 있게 만들어 준 시청 담당자를 보면서 20여 년 전의 일을 돌이켜 보았다.

세월이 흐름과 함께 장애인에 대한 인식의 변화를 느낄 수 있었지만, 다른 기관에서는 여전히 장애인 실습과 고용에 두려움과 불안을 갖고 대처하는 곳이 있음을 알았기에 모 시청의 담당자에게 감동받고 희망이 춤추는 것을 볼 수 있었다.

업무를 넘어서 인간을 인간답게 대하려고 노력하면서 사회의 어려움과 어두움을 깨뜨리고자 하는 분들이 있기에 이 사회는 희망이 춤출 수 있다. 아마도 담당자는 자신의 노력에 따라 사회가 어떻게 변화될 것이라는 기대는 하지 않을 것이다. 한 사람의 노력이 사회를 얼마나 바꿀 수 있겠는가 하겠지만 객관적으로 지켜보았을 때 사회의 변화는 한 사람이 모여 사회 전체가 이룩되기 때문에 한 사람의 힘은 매우 소중하고 중요하다고 하겠다.

모 시청의 장애인복지과 담당자의 노력은 점차 상하좌우로 알려져 다른 사람들도 그렇게 해 보려고 할 것이다. 나는 그것에 기대를 하며 머지않아 우리 아이들에게 더 나은 기회가 제공될 것을 기대한다. 또한 머지않아 희망이 춤추는 사회가 만들어질 것이다. 한 사람의 노력이 사회를 바꿀 수 있는 큰 힘으로 발전할 수 있게 될 것이다.

취업한 장애인이 직장생활의 적응 과정에서 겪게 되는 여러 가지 어려운 문제로 인하여 직장생활에서 소외되거나 위축되지 않도록 직무 환경을 개선·조정함으로써 장애인이 만족스런 직장생활을 할 수 있도록 지원하는 데 있다.

★ 고용 후 학생, 부모를 대상으로 직업생활을 원만하게 할 수 있도록 지도한다. 문제점이 발생했을 때는 즉시 해결 방안을 모색하여 지도하고, 학교 담임 교사와 의논하는 과정을 거치는 것이 필요하다.

★ 학생은 직장생활에서의 어려움이나 문제점을 부모나 교사에게 말할 수 있도록 분위기를 조성하고, 부모는 사업체에 연락을 자제하고 학교의 담당 교사에게 연락할 수 있어야 한다. 직접적인 연락을 피하는 이유는 감정적인 문제로 발전할 수 있기 때문이지만, 다급한 상황에서는 사업체와 바로 연락해야 한다.

★ 연락을 받은 담당 교사는 사항의 경중에 따라 전화 방문이나 현장 방문의 방법을 택하여 문제를 해결한다. 해결 방법에는 직무조정이나 대인관계 조정 등이 있다.

★ 장애학생 본인의 문제일 경우에는 상담을 통해 문제를 해결하며 학생의 입장과 생각 등을 고려하여 상담한다. 성실성에 어려움이 있을 경우에는 사업체에 피해를 줄 수 있기 때문에 단호한 조치를 할 수 있어야 한다.

★ 부모를 대상으로 하는 지도는 부모가 자녀의 입장에서만 이해하기 쉬운 상황이기 때문에 학생과 사업체의 중간에서 객관적인 판단을 할 수 있는 담당 교사가 학생과 사업체의 입장에서 판단하여 지도한다. 부모가 이해를 할 수 있도록 설명하고 자녀가 직업생활에 성공할 수 있도록 의지를 갖고 지도해 줄 것을 당부한다. 꾸지람보다는 칭찬으로 격려하여 희망을 갖는 것이 중요하고, 직업생활을 통해 얻는 재원으로 목표를 정하여 목표에 도달하려는 의지를 심어 주는 것이 필요하다.

★ 학생에게는 사후지도를 통해 교사가 관심이 있다는 것을 보여 주고 어려움을 해결해 주어 자신과 희망을 갖고 직업생활을 할 수 있도록 지원한다.

★ 취업 초기에는 1주일에 1회 정도의 짧은 간격으로 사업체 담당자와의 전화 방문이나 현장 방문을 통해 지도하나 적응 정도에 따라 점차 지원을 줄인다. 단, 사업체의 요구에 따라 지도 방법을 정할 수 있다. 사업체가 연락을 줄 때까지 기다릴 수도 있고, 업무상 현장 방문의 자제를 부탁할 경우에는 현장 방문을 하지 않고 다른 방법을 택한다.

★ 학교에서는 졸업생을 대상으로 장기간 사후지도가 어렵기 때문에 재활기관과 협력하여 추진한다.

★ 사업체가 부도나 경영 부진으로 폐사할 경우 이직에 대한 두려움을 없애고 다른 사업체를 안내하도록 한다.

★ 직종이 적성에 맞지 않아 전직을 할 의사가 있을 경우에는 신중하게

상황을 파악하여 대처한다. 한곳에 오래도록 머물지 못하는 성격 탓이라면 상담을 통해 직장을 근속하도록 지원하지만, 적성에 맞지 않는다면 다른 사업체를 찾아 지원할 수 있다.

★ 무단 결근이나 잦은 지각 등 문제가 수정되지 않고 좋지 않은 방향으로 발전되어 사업체에 피해를 줄 경우에는 고용계약서의 내용을 기준으로 해고 및 자진 퇴사의 사유가 될 수 있다. 이때 부모에게 문제가 발생할 때마다 자세하게 알려 주어 부모가 알고 준비할 수 있어야 한다. 갑작스럽게 퇴사 조치를 하게 되면 부모가 감당하기 어려워 감정적인 문제가 발생할 수 있기 때문이다.

★ 사업체 관리자, 동료 직원을 대상으로 장애 특성 등을 지도하여 인식을 개선하고 서로 원만하게 적응할 수 있도록 한다. 특히 바로 가까이에서 협동 작업을 하는 동료들은 장애인의 특성을 잘 모르고 작업함으로써 발생하는 어려움이 클 수 있기 때문에 취업 초 직원을 대상으로 교육이 필요하다.

★ 지도 시 장애인의 특성 중 강점을 부각시켜 향상시킬 수 있도록 하고, 각각에 따라 다르지만 특히 잘할 수 있는 점을 알린다. 약점도 알려 주어 약점을 이해하고 수정하여 발전할 수 있도록 한다.

★ 문제 발생 시 가정으로 직접 연락하는 것은 피한다. 부모에게 직접 연락함으로써 신속한 전달은 가능하나, 문제 해결에서 감정적으로 발전할 소지가 다분하기 때문이다. 또한 사업주가 장애학생에 대한 인식이

부족하여 발생할 수 있는 경우가 많은데, 부모는 사업체의 입장보다는 자녀의 입장에서 대변하기 때문에 조정이 어려울 수 있다. 따라서 학생과 사업체를 알고 있는 학교의 담당 교사가 문제를 해결하는 것이 효과적이다.

★ 학생의 특성은 단기간에 수정이 불가피하기 때문에 차근차근 지속적인 지도가 필요함을 알리고, 문제 발생 즉시 연락할 것을 당부한다. 사업체에서의 해결도 중요하지만 몇 년간 지도했던 교사의 지도도 중요함을 인식하게 한다. 문제가 쌓여 풀 수 없는 어려운 상황까지 가지 않도록 담당 교사가 관심과 해결하려는 의지가 필요하다.

★ 학생의 가정 문제는 개인 인권에 관계되는 문제이지만 이해를 촉구할 필요가 있는 경우에는 담당 교사의 판단에 따라 관리자나 동료 직원과 의논하여 이해를 요구하고 어려움을 함께할 수도 있다.

★ 직장생활에서 잘하는 점을 찾아 칭찬해 준다. 칭찬을 받았을 때 자신감을 갖고 작업에 능률을 높일 수 있으며, 성취하려는 욕구가 생기고, 목표를 갖고 생활하여 긍정적인 태도로 발전할 수 있다.

★ 1년에 한 번 정기적으로 현장 방문을 실시하며, 방문 시 사업체 현장 평가서를 작성하여 근무 상태를 파악한다.

★ 지도 후 일지를 작성하여 사후지도 내용을 파악하도록 한다.

★ 일지는 한 명을 지속적으로 관리할 수 있도록 지도일지 양식을 구성한

다. 학생의 인적사항과 사업체 현황, 사업체 담당 직원, 지도 교사, 지도 날짜, 문제 내용, 지도 내용 등을 누가 기록하여 변화되는 사항을 파악할 수 있도록 한다.

★ 사후지도 일지는 직장생활을 원만하게 하여 지도를 끝낼 때까지 작성하며, 작성 후 일정 기간을 보관하여 다른 교사가 지도를 해야 할 경우에 참고가 되도록 한다.

★ 사후지도는 사후지도로 끝내는 것이 아니라 그 결과를 분석하여 교육과정에 적용하여 학교의 학생을 지도해야 한다. 사업체 현황 조사표에 나타난 사후지도 내용을 살펴보면 주로 학교와 가정에서 지도해야 할 사항들이기 때문에 지도 내용을 분석하여 재학생을 대상으로 학교와 가정에서 지도할 수 있도록 한다. 사후지도 결과 분석표를 작성한다.

★ 여러 학생을 대상으로 사후지도를 실시하기 때문에 각각의 문제점이 있고, 공통적으로 발생하는 문제점이 있다. 문제점은 왜 발생했는지를 분석하여 학교 교육에서 미흡했던 점을 찾아내고 지도해야 한다. 이때 공통적인 문제점은 학교에서 특히 중요하게 다루어져야 할 것으로 바로 교육과정을 재구성하여 지도하도록 한다.

★ 사후지도의 방법, 내용 등을 평가하고 피드백한다. 사후지도의 방법은 적절했는지, 지도 내용은 적합했는지, 사후지도를 통해 장애학생이 직업생활을 원만하게 할 수 있는지, 사후지도 담당 교사 모두가 협력했는지, 결과를 피드백하여 학교 교육과정에 구성하여 지도될 수 있도록

했는지의 여부 등을 평가하여 근로학생 본인의 발전과 재학생이 미래 직업생활에 대해 미리 알고 준비할 수 있도록 지원해야 한다.

★ 직업생활을 위한 적응 과정에서 문제점이 발견되지 않도록 예방할 수 있어야 한다. 직무조정 등을 통해 가능하며 담당 교사의 관심에 따라 예방이 가능하다.

★ 사후지도는 문제점이 발생되었을 때 즉시 해결 방안을 찾아 지도하는 것이 매우 중요하다. 즉시 해결하지 않으면, 문제는 더욱 커지고 쌓여 해결할 수 없는 상황까지 갈 수 있기 때문이다.

★ 문제 상황에 따라 전화나 현장 방문의 방법을 선택하는데, 방법을 적절하게 찾는 것도 담당 교사가 유의해야 할 점이다. 사업체의 업무나 요구에 따라 전화나 방문을 선호하는지를 파악해야 하며, 문제의 경중에 따라 구별해야 하는 상황도 있다. 무조건 현장을 방문하는 것이 최선의 방법이 아닐 수 있기 때문이다. 사업체의 상황에 따라 바쁜 시간을 피하는 것도 필요하다.

★ 주기적인 지도 방법을 사업체에 알리고, 도움과 협조를 하기 위함임을 알린다. 점차 횟수나 시간을 줄인다.

★ 사후지도 내용을 부모에게 알려 부모와 공유할 수 있도록 한다. 취업 후 부모의 역할이 커지기 때문에 부모가 알고 지도해야 한다. 또한 사업주와 부모가 바로 해결하려고 하지 말고 상황을 잘 알고 있는 학교를 통해 해결하도록 유도하고 강조한다.

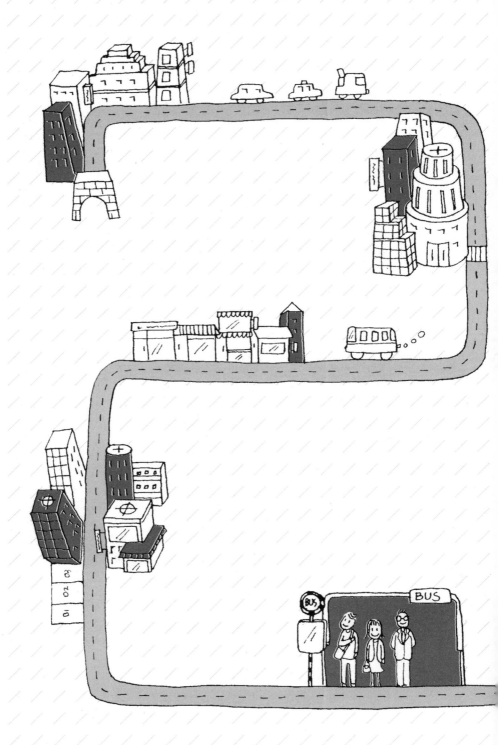

06

삶의 터전을
마련해 주고

삶의 터전을 마련해 주고

　훈희, 준석, 남영, 성윤, 지성이는 정신지체 특수학교 중학부 2학년 때 나와 첫 만남이 이루어졌다. 흰 눈과도 비교할 수 없는 우리 아이들의 순수함과 앳된 소년의 모습은 아직도 나의 기억에서 조용한 미소를 머금게 하곤 한다.

　2학년에서 3학년까지 2년 연속 담임을 맡으면서 적응이 어려운 특수교육대상학생들의 어려움을 덜어 줄 수 있었고, 담임인 나는 소신껏 교육의 날개를 펼칠 수 있는 좋은 여건이 되었다. 특수교육은 철저히 개별화교육이 이루어져야 한다. 개인차가 심하고 개인에서도 개인 내적 차가 심하기 때문에 교사는 학생마

▪ 제2회 '사랑과 믿음의 교육' 실천수기 대상 수상작

다 특성과 문제점을 정확히 파악하여 교육에 적용하여야 한다.

훈희는 경중의 뇌성마비로 언어장애를 중복장애로 수반하였으며, 지능은 경계선 급이다(IQ 75 정도). 예민한 성격인 훈희는 자신의 장애를 인식하여 동생과 좋아하는 야구경기를 하다가도 동네 아이들이 놀리거나 하면 고개를 떨구고 집으로 들어와 엄마와 함께 가슴앓이를 하였다. 성윤이가 비싼 금액으로 개인 수영 지도를 받는 것을 보고 놀란 나는 훈희와 함께 비장애학생과의 통합 수영 교육을 시도하였다.

뇌성마비의 경우, 수영은 사지 운동을 위한 대근육 동작에 좋은 운동이다. 여러 면에서 훈희가 장애를 극복할 수 있는 기회라고 생각했다. 훈희에게 나의 등을 만져 보게 하였으며, 훈희와 비슷한 처지에서 어려움을 겪고 특수교사가 된 이야기 등을 들려주었다. (잠깐 교사인 나를 소개하자면 나는 초등 1학년 때 척추 결핵을 앓고 수술을 하였으나 등이 약간 굽었으며, 장애로 인해 어려움을 겪고 성장했다.) 옷을 모두 벗고 내 모습을 보여 주는 목욕탕에도 당당히, 그리고 자연스럽게 갈 수 있는 마음 자세도 진지하게 나누며 자신감을 심어 주었다.

수영 선생님을 만나 두 아이를 부탁하였으며, 훈희는 난생 처음 사람들 앞에서 수영복을 입고, 자신의 휘어지고 뒤틀린 사지를 보여 주는 어려운 일을 해냈다. 지금 훈희는 자신의 장애를 긍정적으로 받아들이고 마비된 팔과 다리를 사랑하게 되었다.

준석이는 언어장애를 수반한 중복장애 학생으로 고집이 세고,

한번 심통이 나면 교사인 나 이외에는 부모조차도 심통을 풀기가 힘들었다. 게다가 자신이 좋아하는 것이면 무조건 훔쳐서라도 모으는 수집성 도벽이 심하여 카세트 테이프, 지우개, 고무줄, 색종이 등 내 책상 서랍에서나 친구들의 것을 보이는 대로 훔쳐 모았다.

우리 아이들에게 회초리를 든다는 것이 처음에는 이해할 수 없는 일이었으나 아이들은 이해가 쉽지 않고 사고가 어렵기 때문에 살이 아파서 깨닫게 하는 방법으로 회초리를 들어야만 했다. 안 하겠다고 약속을 하고, 약속을 어길 때 받을 벌을 스스로 정하고, 셀 수도 없이 약속과 벌을 반복하였다. 내가 좋아하는 것이지만 남의 물건의 소중함을 알게 되기까지 준석이의 종아리에는 회초리 자국이 지워질 날이 없었고, 내 마음속의 눈물과 준석이의 눈물이 합쳐 흐르며 준석이는 나의 진정한 사랑을 읽고 서서히 고쳐 나갔다.

또한 사춘기를 맞으며 이성에 눈을 뜨게 되면서 학교 통학 버스에서 초등부 여학생을 성희롱하거나 화장실에서 여학생을 끌어안는 등의 성 문제를 일으켰다. 우리 아이들에게 가장 어려운 일은 성교육이다. 이성의 힘이 약하여 성적 본능을 자제하지 못하고 그대로 발산하기 때문이다. 어머니께서는 창피한 일이라 이러한 문제를 적어 보내는 알림장을 없애고 새 알림장으로 바꾸곤 하셨다.

부모도 외면하는 일이었으나 나는 포기할 수 없었다. 왜냐하면 지금 바르게 이끌지 않으면 더욱 어렵게 발전하여 더 큰 짐을 만들기 때문이다. 양호 선생님과 성교육을 실시하며 더불어 그러한 장면이나 상황을 없애려고 잠시도 게을리하지 않았다. 사춘기를 지나면서 염려했던 여러 문제가 폭풍우가 지난 바다와도 같이 잔잔해지며 더욱 성숙한 준석이가 되어 있었다.

남영이는 경중의 자폐를 보이며 관심 있는 일에는 지나친 관심을 나타내며 문제를 일으켰다. 화장실 변기에 물 내려가는 것이 신기하다며 비누, 칫솔, 치약, 수건 등을 변기에 넣어 변기를 막히게 하기도 하였고, 나사 풀기가 재미있어 풀어서는 안 되는 나사를 풀어 고장을 내거나 스팀의 더운물이 새어 나와 학교 화장실 바닥이 온통 물바다가 된 일 등 순식간에 여기저기 어려움을 만들었다.

칠판의 글자를 한 글자씩 짚어 주었더니 보고 썼고, 몇 달이 지나 낱말 단위로 짚어 주니 보고 썼다. 1년이 지나면서 문장을 보고 쓸 줄 알았고, 또 한 학년이 지나니 스스로 보고 쓰기를 하였다. 2년간의 지도로 칠판의 글씨를 보고 쓸 수 있게 되었을 때 남영이의 성취감과 나의 기쁨은 그 무엇과도 바꿀 수 없는 소중한 것이었다.

컴퓨터와 병행하여 한글 교육을 할 때 엄지손가락을 굽히려 하지 않아 여러 키가 한꺼번에 눌러지거나, 키를 누르고 떼는 운동 감각이 부족하여 같은 낱자가 계속 찍히는 어려움을 겪었다. 그러다가 서서히 손가락의 마디를 굽혀 키의 위치를 익혔고, 한 학년을 지도했을 때 드디어 띄어쓰기를 하여 낱말을 칠 수 있었다.

성윤이는 경중의 뇌성마비와 언어장애로 지나치게 자신감이 부족하여 어려움을 겪는 일 외에는 큰 문제가 없었다. 그러나 부모에게는 자신감이 부족한 것이 큰 걱정이었다. 자신감이 부족하여 언어장애가 더욱 심해지고 학습 효과는 기대 이하였다. 자신감을 갖게 하기 위하여 성윤이에게 세심한 주의를 기울였다.

알림장을 통해 학교에서의 교육 내용이나 성윤이의 행동 등을 어머니와 의논하기 시작했다. 쉽게 지나치기 쉬운 일까지도 놓치지 않고 미흡한 일은 격려해 주고 잘하는 일은 칭찬해 주었다. 특히 자신감이 필요한 일을 해냈을 때에는 어머니에게 알려 부모와 함께 칭찬을 아끼지 않았으며 계속적인 행동이 될 수 있도록 피드백과 강화를 계속하였다.

비장애인과 함께 수영 지도받기, 혼자 슈퍼나 백화점에 가서 간단한 물건 사 오기, 혼자 지하철 이용하기, 학교에서 심부름하기, 일기 쓰기 등을 하면서 성윤이는 서서히 자신의 행동에 자신감을 갖게 되어 서울 시내 모든 노선의 전철을 혼자 타고 다니며 한번 다녀온 장소를 찾아갈 수 있게 되었다.

처음에는 자신이 없어 목소리가 나오지 않았으나 지금은 상대방이 성윤이의 말을 알아들을 때까지 자신의 의지를 밝혀 의사 표시를 할 수 있게 되었다. 성윤이 어머니와 나의 대화가 담긴 알림장은 성윤이를 위한 서로의 고뇌를 담고 있고, 때로는 연애 편지를 기다리는 마음으로 어머니는 나의 글을 기다렸다. 나 또한 어머니의 답장을 기다리기도 하며, 알림장은 몇 권으로 쌓여 어머니에게 소중한 보물로 남아 있다.

지성이는 다운증후군으로 중복장애로 인해 중증의 언어장애를 수반하고 있다. 고집이 세나 정이 많고 귀여운 행동을 하여 모든 선생님의 사랑을 받기도 하였다. 화목한 가정에서 사랑을 풍족하게 받고 성장하여 항상 즐겁고 노래와 춤추기를 잘하였다.

고등부 2학년 때 친구를 잘못 사귀어 담배를 피우기도 하고, 성에도 관심을 갖기 시작하여 잘못된 길로 가기도 하였고, 부모에게 허락을 받지 않고 지갑에서 돈을 꺼내어 물건을 사거나 택시를 타고 학교에 등교하기도 하였다. 그러나 고등부 3학년이 되어 다시 내가 담임이 되었을 때 그 친구와의 만남을 줄이고 문제 행동을 하지 않도록 하기 위하여 지성이 아버지와 자세한 계획을 세워 지성이를 지도하였다. 간혹 자신의 생각과 다른 상황에서 심한 폭력을 행사하기도 하나 지성이가 이해할 수 있도록 상황을 설명해 주고 이해시켜 주면 자신의 잘못을 인정하고 용서를 빌기도 하였다. 나와 부모의 계속적인 사랑과 관심 속에 지성이는 본래의 순수했던 모습으로 되돌아갔다.

중학부 2~3학년까지 2년 동안의 담임을 끝내고 아쉽게 반이 달라졌으나 마음은 항상 같이 하였다. 2년을 헤어져 있다가 고등부 3학년이 되었을 때 다시 담임을 할 수 있었으며, 그때는 졸업반으로 진로지도가 중요하였다. 학교생활의 마지막이 될지 모르는 상황이라 한 가지라도 더 가르치려고 최선을 다하여 지도하였다.

전공과를 지원하든 복지관을 가든 앞으로 한글 교육은 어려울 것 같아 방학 기간을 이용하여 한글 지도를 하였다. 우연히 한글 미해득자를 위한 특허 상품을 알게 되어 3학년 겨울방학의 15일 동안 코피를 흘려 가며 시험삼아 지도하였다. 15일이 되던 날, 짧고 쉬운 글의 동화책을 사서 읽게 해 보았을 때 부모님들께서는 아이들이 글을 읽는 것을 보고 감격의 눈물을 흘리셨다.

특히 준석이는 사회적응력에 비해 지적능력이 낮아 받침이 없는 쉬운 낱말을 읽는 정도였으나, 한글 공부 이후 칠판에 씌어진 글의 90% 정도를 읽을 수 있게 되었다. 한글을 알게 되면서 준석이는 버스 노선도의 글자를 읽을 수 있게 되어 자신감을 갖고 버스를 타고 다녔고, 고등부를 졸업한 후 성남혜은학교 전공과를 다닐 수 있게 되었다. 또한 언어장애로 낱말을 이어 자신의 생각을 표현하였으나, 단문 정도의 언어 전달을 하기 시작하여 지금은 자신 있게 나에게 전화를 할 수 있게 되었다.

고등부를 졸업하면서 아이들은 성남혜은학교 전공과를 지원하였고, 나는 5년 근무 기간이 다 되어 다른 학교로 전근을 가야만 했다. 5년 근속한 학교는 아이들이 없는 학교였기에 전근 가는 것이 서운하지 않았다.

2000년 3월 1일자로 발령을 받고 보니 성남혜은학교였다. 아이들과 다시 만날 수 있었던 것은 아이들과 나의 바람이 하늘에 닿은 것 같았다. 나는 교장 선생님께 부탁을 드려 아이들의 담임을 맡을 수 있었고, 특수교육을 전공하면서 가장 관심 있었던 분야인 우리 아이들의 취업을 담당하는 직업재활 분야에서 일을 하게 되었다. 처음 맡는 두려움도 있었지만 그동안 준비해 두었던 지식을 발휘할 수 있는 기회가 되어 기쁨에 벅찬 나날이었다.

전공과에서의 교육과정은 사회로의 전환을 위한 전환교육이어야 한다. 나는 전공과의 운영을 맡은 진로상담 부장으로 책임이 무거웠고, 아이들의 미래를 최종적으로 결정해야 하고 이끌어야만 했다. 전공과 운영 목표를 사회 적응과 취업에 두고 제과제빵, 재봉, 목공목각의 3개 직업훈련 과정과 사회생활, 여가생활, 가정생활, 건강생활, 직업생활의 5개 교양교과 과목으로 편성된 교육과정을 충실히 운영하며 취업을 위한 준비를 해 나갔다.

사회적응훈련으로 제일 시급한 것은 학교의 통학을 스스로 하는 훈련이었다. 훈희는 걱정이 없었으나 나머지 아이들 모두가 걱정이었다. 그러나 해내야 하고 한두 달 훈련을 하면 잘 해내리라고 믿었다.

준석이는 한글을 어느 정도 해득하면서 버스에 씌인 글자를 자신 있게 읽고 몇 차례 어머니와 동행하며 스스로 할 수 있었다. 다만 걱정되는 것이 중간에 졸거나 자칫 내리는 곳을 놓쳐 버스에서 내리지 못했을 때 등, 돌발적인 사태가 발생했을 때의 대처 능력이 부족한 것이었다. 집과 학교의 연락처를 큰 글씨로 적어 주고, 공중전화 이용 방법 등을 익혔으나 현재 위치도 알지 못하고 언어장애로 표현하지 못하기 때문에 늘 걱정이 따랐다. 그러나 준석이는 한 번의 실수도 없이, 오히려 버스 기사님들에게 남들은 하지 않는 인사를 꼬박꼬박하는 덕분에 친하게 지내며 즐겁게 통학할 수 있었다. 이렇게 인사를 잘할 수 있는 것도 우리 아이들만이 할 수 있는 것이다. 비록 비장애인보다 지능에서 뒤질지라도 인간성은 순수하기에 인간성을 강조한 특수교육의 결과이며 보람인 것이다.

문제는 남영이와 지성이었다. 남영이는 어머니가 항상 동행하며 지도하였는데, 혼자 할 수 있을 것 같아 첫 시도를 하였지만, 그만 버스에서 조는 바람에 내리는 곳을 놓치고 말았다. 버스 노선을 따라 찾아 보고 종점에도 가 보고 버스 회사에 가서 기사님들에게 물어도 보았으나 찾을 수 없었다. 겉으로 보기에는 장애를 구별할 수 없기에 스스로 집을 찾아 달라고 말하지 않는 이상 그 누구도 남영이를 발견하여 알려 주지 않았다. 여러 사람의 마음을 졸이고 하룻밤을 넘겨서야 남영이를 찾았고, 다음에는 그런 실수가 없으리라 했지만 그 후에도 여러 차례 이런 일이 발생하였다. 하지만 이런 일을 경험하면서 남영이는 성장하고 있었다. 마지막으로 잃어버린 날에는 스스로 집을 찾아 들어왔다. 모든 사람의 고통은 컸으나 고통의 크기만큼 남영이는 얻기 힘든 일을 해낸 것이다.

지성이도 역시 그러했으나 다행히 지성이는 누구에게든지 전화번호를 내밀며 전화해 달라고 부탁하여 찾을 수 있었다. 우리 아이들은 이렇게 값비싼 어려움을 겪으며 점차 사회적응력을 키워 나갔다.

직업훈련으로는 3개의 훈련 직종도 중요했지만 실제로 직장에 취업해서 할 수 있는 일은 2차 산업인 제조업체에서 부분적으로 하고 있는 조립의 일이 주종을 이루었다. 조립 물량을 구하기 위해 사방으로 알아보아 어렵게 색연필 조립하는 일을 구할 수 있었다. 그 일은 색연필 생산업체의 배려로 색연필 심의 뒤쪽 끝부분에 스프링을 끼우기 위해 플라스틱을 끼우는 일이다. 이 작업은 우리 아이들에게 눈과 손의 협응 동작에 효과적인 치료이며 교육인 것이다. 처음 며칠간 도저히 할 수 없을 것 같아 나 자신과의 인내를 시험해야만 했다. 종일 진땀을 흘리며 열심히 끼웠어도 색연필을 다 부러뜨리고 한 개만을 끼운 훈희, 아예 처음부터 못하겠다고 하려고 하지도 않는 남영이와 지성이, 그래도 할 수 있었던 준석이는 나에게 실낱같은 희망을 주었다.

이렇게 조립 방법을 익히면서 날로 자신감이 생기던 중 한 가지 희망적인 일이 나에게 다가왔다. 그것은 농장의 현장실습을 할 수 있는 기회였다. 작년 초 특수교육을 담당하신 여러 교수님과 특수교육 관계자들과의 세미나에 참석한 적이 있었다. 그때 내가 알고 있던 것은 우리 중증 장애아들을 위해 국가가 하고 있는 일과 더불어, 우리 아이들이 할 수 있는 일로 가장 적합한 것이 1차 산업의 유기농 작물 재배, 화훼 재배, 특용 작물 재배 등이 부각되고 있음을 알았다. 그러나 이러한 것들을 현실로 옮기기 위해서는 많은 사람의 노력이 필요하고, 시간이 걸리는 일이라 나에게는 안타깝고 추상적인 일에 불과했다.

그런데 그 일의 전 단계인 농장실습을 할 수 있게 된 것이다. 150평의 땅을 무상으로 빌려 주고 농사를 지을 수 있도록 지도도 해 주었다. 그러한 배려를 해 준 사람은 초등학교 특수학급에 근무하는 김 선생님으로, 우리 아이들을 위한 직업으로 농사가 가장 좋다는 것을 일찍 깨우치고 농사법을 연구하기 위해 땅을 빌려 연구했으며, 이제는 우리 아이들에게 적용해도 되겠다는 자신을 갖고 우리에게 처음 시험을 한 것이다. 나는 이 절호의 기회를 살리기 위해 전공과 교사 7명과 의논을 거쳐 교장 선생님의 허락을 받았다. 허락을 받는 과정에서 여러 어려움이 있었으나 교장 선생님의 입장도 이해를 한다. 학교 버스를 이용해야만 하고 아이들이 밖으로 나가는 일은 위험을 안고 있으며, 그 외에 여러 가지 문제가 있다. 그러나 지능이 낮은 아이들이기에 직접 체험의 중요성은 특수교육에서 가장 강조할 사항이며, 취업을 위한 길이 될 수 있기에 나의 뜻을 굽히지 않았다.

4월 초, 씨 뿌리기를 하기 위해 돌 고르기를 하였다. 처음에는 자연과 가깝지 않았던 아이들이라 돌을 만지거나 흙 밟는 것을 어색해하거나 싫어하기도 하였고, 지독한 퇴비 냄새에 코를 막기도 하였다. 돌을 골라내고 흙을 고른 다음 퇴비와 흙을 섞었다. 삽을 잡아 보지 않아 힘들어했으나 점차 요령 있게 삽질을 했으며, 리어카를 앞에서 끌고 뒤에서 밀면서 서로를 사랑하는 마음을 길렀고 협동심을 배웠다. 그다음은 잡초가 자라는 것을 방지하기 위하여 알맞게 섞인 흙 위에 검고 얇은 비닐을 덮었다. 양쪽에서 비닐을 균형 있게 잡는 일, 비닐 두루마리를 푸는 일, 삽으로 비닐 가장자리를 흙으로 덮어 고정시키는 일 등을 배웠다. 모종을 심기 위해 비닐에 일정한 간격으로 구멍을 뚫어 물을 주었다. 모종의 종류는 우리 아이들의 교육에 가장 효과적인 것으로 골랐다. 재배 기간이 짧고, 열매가 색으로 구별할 수 있는 것, 우리 식탁에 자주 오르는 것으로 상추, 파, 고추, 가지, 방울토마토를 심었다. 처음에는 모종 심는 방법을 몰라 어려워했으나 점차 뿌리를 제대로 심고 줄기가 바로 서도록 심었다. 열매가 실하게 자라도록 곁순 가지를 쳐 주고 가지가 바로 서도록 기둥을 세워 가지를 묶어 주었다.

곤충에 관심이 많아 미술시간이면 늘 나비 그리는 것을 즐겨하는 남영이는 열심히 일하면서도 어느샌가 모르게 나비를 쫓아다니며 잡아 관찰하느라 바쁘고, 조그맣고 빨간 무당벌레를 신기해하며 손바닥 위에 올려놓고 같이 놀았다. 1~2주만에 농장에 갔는데 갈 때마다 쑥쑥 자라나는 농작물을 보고 아이들은 매우 신기해하였고 흥미는 날로 더해 갔다. 상추는 심은 지 몇 주 지나지 않아 잎을 뜯을 수 있었는데, 처음에는 잎을 뚝뚝 잘라 놓고 작은 잎까지 뜯어 놓기를 거듭하더니, 수차례의 시범을 보이며 손을 잡아 주어 뜯어 보게 한 끝에 밑으로 내려 뜯기를 할 수 있었다. 상추와 파, 고추 등을 재배하여 처음 식탁에 올려 먹어 보았을 때 아이들은 그동안 흘린 땀의 의미를 알기나 하는 듯 맛있게 먹었다.

가지의 보랏빛, 고추의 초록빛, 방울토마토의 빨간빛의 실물을 보며 구별하고 실물로 숫자 세기를 해 봄으로써 교육의 극대화를 높였다. 역시 우리 아이들에게는 구체물이 가장 좋은 교재였다.

농작물 재배가 무르익을 무렵, 나와 우리 아이들에게 정말 큰 희소식이 들려왔다. 김 선생님의 노력을 성남 시장님께서 아시고 분당 율동공원에 시유지 1,100평의 넓은 땅을 아이들을 위해 사용하도록 허락해 주셨다.

나는 김 선생님을 도와 우리 아이들을 이곳에 취업시키려고 최선을 다해서 일했다. 거기에다 더욱 힘이 나도록 도와준 것은 국가의 제도적인 뒷받침이었다. 1999년 말에 장애인 고용촉진 및 직업재활법이 개정되고 2000년 7월부터 적용되었다. 중증장애인들이 업체에 취업하여 6개월이 지나면 고용보조금이 3년간 지급되며, 1년이 지나면 취업해 있는 동안 영구적으로 고용장려금이 나온다. 또한 아이들 5명당 1명의 직무지도원이 배치될 수 있고, 직무지도원의 월급도 3년 동안 퍼센트를 달리하여 지급된다. 2001년부터는 고용보조금과 장려금이 통폐합되어 고용장려금으로 단일화되었으며, 이는 중증 장애인에게 국가가 사회복지 면에서 마련한 최초의 획기적인 제도다. 이 법을 마련해 준 국가에 감사하며 이 제도가 마련되기까지 애쓰신 모든 분께 진심으로 감사드린다. 물론 이러한 법적인 제도의 혜택을 받으려면 여러 조건을 완벽하게 갖추어야 한다. 우선 법으로 정해진 최저 임금을 지불해야 하고, 그 이외에 여러 양식의 서류를 구비해야 한다.

나는 7월부터 우리 아이들을 취업할 수 있게 해 달라는 김 선생님의 추천 의뢰를 받고 뛸 듯이 기뻤으며, 우리 아이들이 취업에 성공할 수 있는 길을 다각도로 모색했다. 아이들의 적성, 건강, 작업 능력 등을 고려하여야 하는데, 이미 현장실습을 통해 여러 면을 체크해 보았으며 특별히 적성에 맞지 않는 아이는 없었다. 건강 면에서 훈희가 항상 머리가 아프다고 하거나 체하고 어깨와 등이 매우 아프다고 하여 걱정이 되었으나 다른 아이들은 문제가 없었으며, 작업 능력은 좀 더 신중하게 고려되어야 했다. 왜냐하면 전환교육센터에 갈 수 있는 아이들은 일반 업체에 취업하기 힘든 아이들이여서 구제되어야 하지만, 처음 시작하는 곳이기 때문에 우선 성공해야 하므로 작업 능력이 우수한 아이들을 추천해야만 했다. 아이들도 중요했지만 이 일은 김 선생님이나 나는 이끌어 주기만 할 뿐, 결국 어머니들이 대표가 되어 운영하는 것이기 때문에 부모의 자녀에 대한 관심이나 적극적인 참여성을 고려해야 했다. 여러 차례 부모 회의를 통하고 사업 설명회를 거쳐 훈희, 준석, 성윤, 지성, 남영이를 포함한 12명의 아이를 추천했다. 아이들의 장애는 어려운 일이 아니었으나 직업에 대한 부모들의 올바른 사고를 갖게 하기까지 많은 시간과 노력이 필요했다.

작업장의 명칭은 '성남 발달장애 전환교육센터'로 이름 짓고, 사업주는 어머니들 중의 대표가 맡아 하며, 15명 정도의 소규모 공동작업장으로 유기농 작물을 재배하여 그 이익금으로 운영한다. 나는 이렇게 어렵고 힘든, 진정한 특수교육을 하는 사람이라면 알고는 있으나 실천하기 힘든 일을 하는 김 선생님을 도와야 했고 우리 아이들이 평생 떳떳한 사회인으로 생활할 수 있도록 하기 위해서 성남 발달장애 전환교육센터의 운영위원으로 일했다.

비닐하우스를 짓고, 하우스 안에 2개의 교육장을 지었으며 교육장 안에 재배와 교육을 위한 여러 시설과 공구 등을 마련하였다. 또한 경영을 해야 하기 때문에 장애인고용촉진공단과 세무서, 유사한 다른 업체 등을 뛰어다니며 내가 할 수 있는 일 이상을 했다. 여느 여름처럼 작열하는 태양 아래 무더위가 넘실되었으나 그 무더위에도 아랑곳하지 않고 즐겁고 보람찬 여름 방학을 보냈다.

전공과 2학년의 4명은 작년 7월 1일부터 근무를 시작하고 1학년인 아이들은 8월 1일부터 근무를 시작했다. 방학이 끝나고 학교에는 현장실습으로 표시하고 전환교육센터에 출근을 해야 하기에 교장, 교감 선생님께 인사를 드리고 학교생활을 마무리하여 정리하던 날, 나는 아이들에게 한 가지 약속을 했다. 우리는 헤어지는 것이 아니고 선생님과 오래도록 같이 살 것이라고 말이다. 전환교육센터는 부모와의 사별 후에도 우리 아이들이 모여서 직업을 갖고 살아갈 수 있도록 체제를 마련할 것이다. 그룹홈이라고 하는 공동생활을 하는 것을 최종 목적으로 하고 있다.

훈희는 나에게 10층짜리 아파트를 사자고 했다. 그래서 다리가 아프신 선생님은 1층에 살고 저희는 그 위층에서 살며 서로 마음에 드는 사람을 정해 결혼도 하겠다고 앞날을 멋있게 그리며 즐거워했다. 부모에게 효도하고, 형제자매와 우애 있게 지내며, 친구들과 싸우지 말고, 작업장에서 성실하게 열심히 일하고, 직무지도 선생님의 말씀을 잘 들을 것 등을 당부하며 마지막 날을 보냈다.

1년이 지난 지금 전환교육센터는 비닐하우스 2개 동을 더 지어 작업장을 확장했으며 유기농 작물 재배지로서의 위치를 굳건히 하였다. 항상 아파서 나를 걱정하게 했던 훈희의 병이 말끔하게 나아 결근을 하지 않는다. 며칠 전에는 작업 팀장이 되었다고 신고하며 팀장의 역할을 나름대로 말한다. 코가 흘러도

닦을 줄 모르던 지성이도 건강생활로 수요일과 토요일 작업 시간에 고용개발원의 수영장을 다니며 스스로 코를 닦을 줄 알게 되었다. 피부가 하얗기만 하여 여성스러웠던 성윤이는 재배를 하며 피부가 적당하게 그을려 건강한 모습이다. 불만이 있을 때마다 손가락의 살을 뜯어내어 손가락을 아프게 했던 남영이도 나비와 벌레들과 놀며 손가락을 뜯지 않아 이제는 예쁜 손가락이 되었다. 준석이는 약간 허약한 체질이었으나 농사꾼이 되면서 자연의 흙냄새를 맡으며 건강해졌다.

나는 아이들과 적어도 2주에 한 번은 만난다. 우리 학교 전 직원이 아이들이 재배한 상추와 고추, 토마토 등을 사 먹기 때문이다. 어제도 나에게 "엄마!" 하며 상추 상자를 들고 넘어질 듯이 뛰어오며 찾아왔다. 어느 때인가부터 아이들은 나에게 '엄마'라고 부른다. 학교 엄마와 집 엄마 둘이 있다고 좋아하며 말이다. 그래, 나는 아이들의 학교 엄마다. 이제는 직장 엄마도 되겠고, 훈희와 약속한 대로 아이들 결혼도 시키고 아파트도 장만하여 나는 1층에 살며 아이들이 즐겁게 소곤대는 소리를 들으며 살 것이다. 그것을 준비하기 위하여 올 여름 방학에는 우리나라에서 가장 잘 운영하고 있는 그룹 홈을 방문하여 보고 배울 것이며, 공동작업장을 돌아보며 우리 아이들이 좀 더 나은 작업 환경과 소득을 위한 일을 배우려 한다. 아이들에게 정말 엄마와 같은 선생님이 되려고 노력할 것이다.

나와 우리 아이들은 해냈다! 또한 내일도 해낼 것이다!

우리의 마음속에 서로를 믿고 사랑하는 마음이 있는 한 우리의 내일은 밝은 햇살로 가득 찰 것이다. 직업재활을 통한 사회통합을 이루어 우리 모두가 추구하는 진정한 행복을 이루기 위하여 나는 오늘도 사랑하는 나의 아이들을 위한 일을 재촉한다.

이 세상에 한 줄기 빛이 되어

　종수와 종호는 형제처럼 전자회사에 근무하고 있다. 그들은 겉으로 보기에는 비장애인처럼 보이나 정신지체 3급의 중증 장애인이다. 종수는 3년 전에, 종호는 올해 정신지체 특수학교의 전공과를 졸업하였고 현재 직장생활을 하고 있다.

　종수 어머니는 종수를 낳고 아들을 낳았다는 기쁨도 잠시, 원인을 알 수 없는 자폐증을 가진 종수를 껴안고 한없는 눈물을 흘렸다. 그러나 그 고통의 침묵은 길지 않았고 올바른 아이로 성장시켜야만 한다는 일념으로 아이를 사회에 내보이기 시작했다. 어려서 종수는 매우 산만하였다. 시장에 데려가 여러 물건

■ 노동부 장애인식 개선 입상작

의 명칭과 모양을 익히느라 분주하였는데, 종수는 가지런히 정렬된 물건을 헤쳐 놓기가 일쑤였다. 물건들은 길바닥에 나뒹굴었고 어머니는 주인에게 미안함을 금치 못하며 물건을 털어 주워 올렸다. 종수 어머니의 뒤통수에 날아오는 빈정거리는 소리는 어머니의 가슴을 저미며 파고들었다.

"저것도 자식이라고 열 달 동안 배불러 낳고 미역국 쳐 먹었겠지?"

특수학급에 입급하지 않고 일반 초등학교에 다니며 일반 아이들과 공부해야 한다는 생각에 학교를 다녔으나 하교 후 가방 속의 노트는 매일 빈 노트였다. 많은 아이 중에 종수만을 가르칠 수 없음을 알지만 어머니의 가슴은 미어졌다. 초등 4학년이 되어서야 이대로 두어서는 안 된다며 공부를 지도해 주신 선생님 덕분에 한글 공부를 시작했고 숫자를 터득하기 시작했다. 가을이 되어 운동회가 열리면 아이들과 어울리지 못하는 종수와 종수 어머니는 운동장 한 귀퉁이에 덩그러니 앉아 우렁찬 응원 소리를 뒤로 한 채 쓸쓸한 하루를 보냈다. 친구들이 놀리는 날이 많아지면서 종수는 집에 와서 짜증이 늘어 갔고, 다행히 눈치가 있었기에 아이들이 연필을 뺏으려 하면 뺏기지 않으려고 주머니가 깊은 바지를 골라 입고 주머니에 숨기고 다니기도 했다.

고등학교 졸업 후 남들이 가는 대학교에는 못 가지만 집에만 있을 수 없기에 다닐 곳을 알아보았으나 갈 곳이 없었고, 갈 수 있었던 곳은 특수학교의 전공 과정이었다. 특수학교에 보내지 않으려고 지금껏 일반교육을 시켰는데 어쩔 수 없는 결정을 하며 어머니는 또 한 번 하늘이 무너져 내렸다. 끝내는 장애인이라는 낙인이 찍힘을, 장애인이면서도 인정하기 어려운 결심을 하며 전공과를 지원했다. 그때 나는 정신지체 특수학교 전공과 담당부장교사로 종수와 만났다.

특수학교 전공과는 「초·중등교육법」과 「특수교육진흥법」에 전문기술교육을 가르치는 과정으로 명시되어 있다. 노동부의 「장애인고용촉진 및 직업재활법」에는 전공과를 직업재활실시기관으로 명시하고 있다. 정신지체 학생들은 인지능력이 낮기 때문에 전문기술을 훈련시키기는 어렵고 일반적인 작업 기능을 가르친다. 전공과에서는 본격적인 직업교육을 실시하여 장애학생을 학교에서 사회로 내보내기 위한 전환교육을 시키며 학교와 사회의 가교 역할을 한다. 나는 대학시절부터 하고 싶었던 정신지체 학생들의 직업교육을 교직경력 15년이 지나면서 전공과를 자청하여 운영을 담당하였다.

우리 학교 전공과의 교육과정은 교양교과와 기술교과로 나뉘는데 교양교과로는 가정생활, 여가생활, 건강생활, 직업생활, 직업준비의 교과로 장애학생들이 직장생활을 하는 데 어려움 없이 적응할 수 있도록 하며, 원만한 사회생활을 할 수 있도록 기초적인 생활 기능을 가르친다. 기술교과로는 여러 종목이 있는데 제과제빵, 목공, 재봉, 조립의 4종목이다. 이 중에서 우리 학교가 가장 주력하는 부분은 조립 분야다.

조립을 주력하는 이유는 장애학생들에게 가장 부족하기 쉬운 일반화 기능을 향상시키기 위함이고, 조립 훈련을 통해 작업 태도, 작업 기능, 손가락의 기민성, 눈과 손의 협응력, 손의 힘 조절력, 공간지각력 등을 키워 직업생활을 가능하게 하기 위함이다. 조립 훈련의 중요성을 알기 때문에 조립 훈련 물량을 확보해야 하는데, 그것은 이미 완성 제작되어 판매하는 부품이 아닌 지역사회 사업체에서 직접 제작되고 있는 부품을 확보해야만 한다. 그 이유는 장애학생들이 시중에서 판매하여 구입하는 부품은 한정되어 있기 때문에 흥미가 없고 사업체의 물량은 계속 확보가 되기 때문에 매우 흥미 있어 한다. 내가 해야 할 일은 이러한 물량을 확보하여야 하고, 또한 다양한 것을 준비하여 훈련을 시켜야 하는 것인데, 다행히 인맥을 통해 지역사회 사업체 대표들의 지원으로 다양한 물량을 확보하여 훈련을 할 수 있었다.

종수도 이러한 전공과 교육과정에 따라 열심히 훈련했다. 성격이 워낙 급하고 완벽하여 작업 상태는 불량이 없었고 미세한 작업에 매우 정교하게 작업했다. 수 개념에서 만 단위 이상을 알고 있어 포장과 운반까지 완벽하게 해낼 수 있었다. 어려서 산만했던 행동들은 중·고등부로 성장하면서 점차 교정되었고 조립 작업을 하며 집중력을 길러 갔다. 색연필 케이스의 슬라이더 끼우기, 볼펜의 6단계 조립하기, 전자레인지 용기 뚜껑의 손잡이와 실리콘 끼우기, 상표 붙이기를 빠른 속도로 작업하여 생산성은 날로 향상되었다. 제과제빵과 목공에서는 일상생활의 기능을 익히며 종수의 적성과 잠재력을 찾아내고 있을 때, 어머니와의 상담을 통해 종수가 집에서 전자제품이면 모두 한 번쯤 해체했다가 다시 조립하며 신기해하고 흥미 있어 한다는 것을 알았다. 종수의 적성에 맞는 사업체를 개발하기 위해 여러 사업체를 찾아다녔다. 전자 회사 중 종수에게 맞는 난이도의 사업체를 찾아 장애인 채용을 권했다.

그 회사는 (주)뉴텍으로 최신의 전자제품인 화상 전화기, 비디오, 주방용 텔레비전, 지문으로 인지하는 열쇠를 생산한다. 사회는 장애인에 대해 어둡지만은 않았다. 사업주의 장애인에 대한 인식은 매우 양호하였고 장애인 채용에 대해 두려움이 있었으나 해 보겠다는 의지가 있었다. 직업평가를 통해 전자 계통에 적성이 있음을 확인하였고, 어머니와의 상담을 통해서 그리고 교사가 직업훈련 시간을 통해서 종수의 적성과 능력을 확인한 후 전자회사에 처음 직업배치를 하는 나는 흥분과 떨림이 교차했다. 더구나 자폐가 가볍지만은 않았던 터라 성공의 기대가 크지 않았지만 나는 해 보겠다고 결심하면 꼭 해내고야 마는 의지가 남다르기에 주먹을 불끈 쥐었다.

지원고용을 하기 위해 사전 훈련으로 대중교통 이용하기를 했으나 워낙 어려서부터 사회적응훈련을 호되게 훈련시킨 어머니의 노력 덕분에 걱정을 덜고 잘할 수 있었다. 현장 훈련으로 직장 내에서 상사에게 대한 호칭, 동료 직원과의 관계, 화장실의 위치, 휴식 시간 이용하기, 차 마시기, 점심 식사하기와 중요한 작업 기능 익히기 등을 지도하고 스스로 출근하도록 하였다. 작업 능력은 어느 정도 학교에서의 훈련 상태를 알기에 걱정이 덜하나 사회성에서 어려움이 있는 종수이기에 대인관계를 어떻게 해낼지 걱정이 앞을 가렸다.

근무한 지 며칠이 지난 저녁 시간에 대리님으로부터 전화가 걸려 왔다. 사업체로부터 전화가 오면 나는 가슴이 철렁 내려앉는다. 왜냐하면 좋은 이야기는 없고 문제가 있기에 전화를 하는 것이기 때문이다. 대리님께서 종수에게 '백 종수 씨'라고 이름을 불렀을 때 종수가 이름을 부르지 말아 달라고 했다고 한다. 그래서 "이름을 부르지 말고, 무엇이라고 불러 달라고 한대요?"라고 물으니 '감사합니다.'라고 불러 달라고 하는 황당한 주문을 했으니 대리님이 나에게 전화를 하는 것이 당연하다. 이유를 생각해 본즉, 종수는 아침 일찍 등교하여 교장 선생님의 방 청소를 해 드렸는데 그럴 때마다 교장 선생님께서는 종수에게 "감사합니다."라고 인사를 하셨다. 종수는 그렇게 대해 주신 교장 선생님을 매우 좋아하고 생각하다가 그렇게 해 달라고 한 것이다. 다음 날 나는 교장 선생님과 함께 사후지도를 나갔고 나간 자리에서 이러한 상황을 설명했다. 동료와 관리자들은 이해를 하셨고, 종수도 그렇게 이름을 불러 달라고 하면 안 된다는 것을 알고 이해했다.

문제는 계속되었다. 다급한 부장님의 목소리로 일의 심각성을 알 수 있었는데, 종수가 동료 아줌마의 가슴을 팔꿈치로 쳐서 아줌마가 직장을 그만두겠다고 한다는 것이었다. 그 소식에 나는 "종수는 이유 없이 그런 문제를 일으키지 않습니다. 제가 회사에 나가 보겠습니다." 하며 다음 날 바로 회사로 나갔다. 이유를 들어 본즉, 그때는 겨울이었고 근무 시간에 선물로 수박이 들어와 우리 아이들을 아껴 주시던 아줌마는 수박을 썰어서 다른 사람들보다 먼저 종수에게 수박을 내밀었다. 그런데 종수는 팔꿈치로 아줌마의 가슴을 민 것이 힘의 조절을 못하기 때문에 찬 것이 되었고, 아줌마는 가슴이 아프기도 하고 생각해 준다고 한 것이 아픔으로 돌아오는 고통에 회사를 그만두겠다고 하였다. 종수가 수박을 먹지 않고 아줌마의 가슴을 찬 것은 근무 시간에 작업을 해야지 작업하지 않고 수박을 먹으면 안 되는 자폐의 특성 때문이었다. 자폐는 정해진 시간에는 정해진 일을 해야만 하고, 그 이외의 행동은 용납이 되지 않는 특성이 있다. 이러한 특성을 들은 아줌마는 종수의 어려움을 이해하지 못한 죄책감에 눈물을 흘리셨고, 나와 함께 회사로 달려온 종수 어머니는 미안함에 아줌마의 손을 마주 잡고 눈물을 흘리셨다.

　자폐의 특성으로 어려움은 계속되었다. 신규 사원으로 아가씨가 입사했는데 종수는 예쁜 사람을 보면 머리 냄새를 맡는 행동을 한다. 아가씨는 키가 큰 남자 장애인이 보여 준 행동을 이해하지 못하고 회사를 다닌 지 며칠 만에 직장을 그만두었다. 또한 전체 직원의 사물함에 무엇이 있는지 궁금한 나머지 모든 사물함의 문을 열어 보는 일, 성격이 급한 나머지 엘리베이터를 기다리지 못하고 주차장의 차가 내려가는 길로 가는 일, 옆 사무실에 계신 아저씨가 마음에 드는지 옆 사무실로 출근했다가 제대로 출근을 하는 등의 사회성에서 문제점을 드러내었으나 종수는 하루가 다르게 회사생활에 적응해 갔다.

전공과 2학년 가을, 졸업 여행 일정이 있다. 종수는 직장생활을 하지만 학교생활의 마지막 여행이기에 회사에 연락하여 보내 줄 것을 허락받을 때 나는 기쁨과 환희에 벅찼다. 종수가 없으면 라인 작업을 하는 과정에 작업할 수 없다는 부장님의 말씀이었다. 매우 빠른 속도로 불량 없이 작업하며 책임을 다한다는 칭찬과 격려를 하셨다. 종수가 건강 검진을 받으러 병원을 갔다 오느라고 출근을 늦게 했을 때, 부장님은 하시던 일을 종수에게 넘겨주며 종수가 자리를 비워서 매우 고생을 했다고 말씀하셨다고 한다. 종수가 다른 직원에 비해 일을 열심히 잘한다고 칭찬하시는 것을 들으며 종수의 부모님은 감격의 눈물을 흘리셨다. 내 아들이 장애인으로 성장해서 직장에서 없어서는 안 될 위치에서 일을 훌륭히 하고 있다니, 부모로서는 그동안의 고생스러웠던 일들이 주마등처럼 지나가며 감격스러워했다.

종호는 정신지체인이며 중복장애로 언어장애를 수반하고 있다. 아버지는 지체장애인이고 어머니는 남편의 장애를 비관하여 가출을 하였다. 두 여동생도 종호처럼 정신지체인이며, 온 가족이 그렇게 장애의 어려움을 안고 결손 가정으로 하루하루를 연명하며 지냈다. 종호가 엄마를 찾아 가출을 밥 먹듯이 하고 동생들은 학교에 가지 못하고 집에서 지낼 때 큰엄마께서 찾아오셨다. 집안은 손볼 곳이 한두 군데가 아니었고 밥 먹는 것부터 엄마의 빈자리가 느껴지는, 간데없는 살림에 큰엄마는 중대한 결심을 하셨다. 종호를 큰집 아들로 데리고 가고 아들이 없는 큰집에 양자로 삼아야겠다고 하며 종호를 입양하셨다. 종호는 큰집에서 잘 먹고 살 수 있었으나 두 여동생은 아버지와 함께 어려운 농사일과 집안일을 두루 맡아 하며 학교는 다니지 못하고 엄마와 오빠를 그리워하며 지냈다. 큰엄마께서는 비록 장애를 가졌지만 학교는 보내야 한다는 생각에 종호의 두 여동생도 데리고 와 종호와 함께 특수학교에 입학시켰다. 두 여동생은 말없이 교사들의 가르침을 따라 열심히 공부하며 건강이 좋지 않으신 큰엄마를 도와 집안 살림을 도맡아 하였다. 하지만 오빠인 종호는 여전히 친엄마를 찾으러 가출을 빈번하게 하며 큰엄마의 마음을 편치 못하게 하였다.

사춘기를 지나면서 종호는 건장한 체격이 되었고 힘이 무척 세졌으며 성격이 포악하게 변해 갔다. 한 번 가출을 하고 갈 곳이 없어 다시 집에 돌아와서는 집안의 가구들을 닥치는 대로 때려 부서 버렸다. 아무도 말릴 사람이 없었으며 큰엄마와 동생들은 겁에 질려 떨었다. 학교에서도 마찬가지로 교출을 일삼으며 힘이 다하는 대로 책상과 걸상을 던져 부서 버리는 등 어느 교사들도 쉽게 종호의 폭력에 교육적으로 대처하기 어려웠다. 엄마를 찾아다니느라 학교와 가정생활에는 취미를 붙이지 못했고 떠돌아다니는 방랑의 생활을 했다. 담배를 피고 술을 마시며 심지어는 두 여동생을 심하게 때려 여동생들의 몸에는 항상 푸른 멍과 상처가 나 있었다. 두 여동생은 겁에 질려 오빠에게 대항하지 못하고 담임 교사에게 눈물로 하소연하였다. 또한 인간으로서 해서는 안 될 일이 벌어졌다. 큰엄마가 종호의 생각대로 안 해 준다고 큰엄마를 때리기 시작했다. 처음에 큰엄마는 창피하여 말씀하시기를 꺼려하였는데, 나의 설득에 모든 것을 말씀하시며 "왜 내가 저 녀석을 데려다 이 고생을 하는지 모르겠어요."라고 하시며 한숨 섞인 눈물을 흘리셨다. 큰엄마는 그때 심장에 이상이 있어서 수술을 하셔야 하는 상황이었고, 그로 인해 건강은 악화 일로에 있었다.

나는 그 당시에는 학생부장 교사로 종호의 문제 행동을 교정하기 위해서 만났는데 담임 교사와 나는 두 여동생에게 더 이상의 폭행을 하지 않도록 제지하는 일의 방안을 강구하고 대처하였다. 교사의 계획적인 교육에 종호는 여동생에 대한 폭행은 자제하였으나, 큰엄마를 폭행하는 일은 여전하였고 가출과 교출을 일삼으며 시간을 보내고 고등부 2학년을 지냈다. 이러한 모습을 보며 고등부 3학년의 담임 교사는 마지막으로 종호를 취업시켜 볼 것을 나에게 권했고, 그때 종호의 나이는 스물두 살이었다. 취업을 시킬 수 있는 나이는 되었으나 여러 가지로 어려움이 많았다.

종호가 취업을 원한다고 해도 그냥 쉽게 취업을 시킬 수는 없다. 종호의 적성과 능력을 알아야 하고, 안다고 해도 훈련이 필요하기 때문이다. 직업적인 태도도 걱정이었고, 기능은 정교한 작업을 할 수 있는지 아니면 활동적인 기능을 할 수 있는지 등 모든 것이 황무지였다. 마지막 방법으로 종호는 고등부 3학년임에도 불구하고 교장, 교감 선생님의 허락을 얻어 전공과에서의 훈련을 시작하였다. 역시 종호의 결심도 필요하였고 해 보겠다고 하였다.

전공과에서의 훈련은 종호가 좋아하는 선생님의 반에 배치하였고 한 가지씩 차근차근 훈련시켰다. 우선 고등부와는 다른 전공과 생활에 익숙하고 충실하도록 하였고 전공과 학생들과의 사이좋은 관계 등을 유지하도록 했다. 술과 담배를 끊고 정상적인 생활을 할 수 있도록 세심한 사랑과 배려의 교육을 하였다. 큰엄마께서 주시는 용돈을 잘 관리할 수 있도록 교육했고, 거짓말을 하는 습관을 고치게 하였다. 하고 싶은 일은 하긴 하는데, 하다가 꾀를 부리는 나쁜 습관이 있었다. 직장생활에서 나쁜 꾀를 부리는 것은 가장 큰 독이 된다. 작업 기능을 익히기까지는 열심히 하는데 일단 익히면 꾀를 부리고, 교사가 없는 틈을 타서 다른 학생들에게 작업을 시키는 등의 그릇된 행동을 했다.

직업생활에서 가장 기본은 성실성이다. 작업 기능이 다소 떨어진다고 해도 성실하면 해낼 수 있고 어려움을 극복하기 때문에 성실성이 가장 중요한데, 종호는 나쁜 꾀를 부리고 게으른

면이 있다. 이러한 나쁜 습관을 고치기 위하여 담임 교사와 나는 치밀한 계획을 세우고 프로그램에 따라 종호에게 눈을 떼지 않고 맹훈련을 시켰다. 하루에 작업량을 주고 정확하게 작업을 하도록 훈련하였으며, 절대 불량이란 것은 허용하지 않았고 다른 학생에게 시킬 수 없게 하여 스스로 책임량을 달성하도록 했다. 그렇게 훈련한 시간이 석 달이 지나면서 작업 기능이 향상되었고, 이제는 종호에게 숨어 있는 진정한 양심에 문을 두드렸다. 억지로가 아닌 스스로 깨닫고 할 수 있는 그러한 자세를 키우기 위해 마음을 열고 대화했으며 칭찬과 격려를 아끼지 않았고, 사회생활을 위해 필요한 소양을 길러 주었다. 지금까지 키워 주신 큰엄마에게 감사하는 마음을 가져야 하고, 장애로 고생하시며 힘든 농사일을 하시는 아버지를 안타깝게 생각해야 하고, 두 여동생을 사랑할 수 있는 종호가 되도록 호소하였다.

이러한 양심에 대한 호소가 효과가 있을 즈음에 (주)뉴텍 부장님께 준비된 학생이 있으니 채용해 줄 것을 권했다. 부장님께서는 시간을 달라고 고심한 후 결정을 내리셨으며, 한 명을 채용하겠다고 의사를 밝히셨다. 이때 나의 기쁨은 하늘을 나는 것과 같았다. 밤에 잠을 자지 않아도 기뻤다. 어떻게 해서든 성공시켜야 하기 때문에 계획을 세우느라 밤잠을 설쳤다. 지원고용으로 사전 훈련과 현장 훈련을 시켰으며, 첫날 출근을 같이했다. 다행히 직장은 집에서 버스로는 7분 거리이며 걸어서는 20분의 거리로 매우 좋은 조건이었다. 면접에서 나는 부장님께 종호의 문제 행동 등의 어려움을 모두 말씀드리며 부장님과 내가 같이 한 장애인을 인간답게 만들어 보자고 제의하였는데, 부장님은 어려워하시면서도 승낙을 하셨고 그로써 실습은 시작되었다. 취업을 결정하는 날 부장님도 그동안 종호를 겪으시며 가장 큰 문제점으로 나쁜 꾀부림을 지적하셨다. 그러나 열심히 할 것을 약속하며 어려움 없이 통과하여 취업에 합격하였다.

한 달이 지난 어느 날 부장님께서 연락을 주셨다. 종호가 이틀 동안 결근을 하고 그날도 출근을 안 했다고 하신다. 마음이 덜컹 내려앉았다. 집으로 연락을 했더니 큰엄마께서 한숨을 들이쉬고 내쉬셨다. 종호가 한 달 동안 일하고 월급을 받아 오더니 회사 근처로 자취방을 얻어 달라고 졸랐다고 한다. 집에서 회사에 다니는 거리가 먼 것도 아니고 혼자 독립하도록 할 수 있는 나이도 아니다. 또한 방을 얻어 줄 만큼 형편이 되는 것도 아니고 하여 반대를 했더니 집안 가구들을 모두 때려 부수고 회사를 안 간 것이다. 나는 양쪽을 설득시켰다. 부장님께는 이미 문제점을 말씀드리고 시작했기 때문에 이해시키기가 어렵지 않았고, 종호는 우선 방 얻을 돈이 없으니 돈을 모으자고 했다. 그리고 가족의 소중함도 이해시켰다. 지금은 혼자 살면 다 잘할 것 같아도 종호가 아팠을 때, 밥과 반찬을 해야 할 때, 즐거움을 같이할 가족의 필요성을 이해시켰다. 종호는 나의 생각대로 따라 주었고 다음 날 출근했다.

그다음에도 종호는 스트레스를 풀지 못하고 동생들을 때린다든지 등의 나쁜 행동들을 했으나 스트레스를 풀 방법으로 운동하기, 컴퓨터 게임하기 등을 제시했을 때 점차 문제 행동의 폭이 좁아졌고 발생 시간 간격은 벌어져 가며 소멸되어 갔다. 격주 토요일로 회사가 쉬는 날에 학교에 오는 종호를 보며 많은 교사는 사회생활을 하며 반듯하게 변한 종호의 모습에 감탄을 한다. 그렇게 교사들의 속을 상하게 하더니 어떻게 믿음직한 녀석으로 바뀔 수 있었는가를 의아해하며 기특하다고 쓰다듬고, 멋있다고 등을 다독여 주었다. 큰엄마께서는 이제야 밝은 표정으로 한껏 웃으신다. 졸업 여행을 다녀오며 큰엄마 선물은 잊지 않고 챙기고, 큰엄마 심장 수술 때 잠시도 병석을 비우지 않았던 효심을 보이는 종호를 바라보시며 그동안의 어려움을 떨쳐 버리신다.

종수는 근무한 지 4년 반이 지나 올 11월이면 5년이 되며, 종호는 3년이 되어 간다. 두 아이 모두 월급을 받아 전액 적금을 들어 저금을 하고 있으며 충실하게 직장생활을 하고 있다. 며칠 전 직업전환교육의 우수 사례로 동영상 자료를 제작하기 위해 회사를 방문했을 때 반갑게 맞아 주던 두 아이가 나는 한없이 자랑스럽고 보람을 느낀다.

그렇다! 장애인도 비장애인과 함께하는 사업체에 직장생활을 할 수 있다. 그들도 장애를 극복하고 사회구성원이 되어 삶의 질을 향상시키며 살 수 있다. 우리 아이들이 직업을 가져야 하는 이유는 세 가지가 있다.

첫 번째는 경제적인 재원을 마련하여 생계를 유지하기 위함이고, 두 번째는 장애인도 자기의 적성에 맞는 직업생활을 하며 자아를 실현하기 위함이고, 세 번째는 사회통합을 이루기 위함이다. 그런데 사회통합을 이루기 위함에는 중요한 의미가 포함되어 있으며, 그 의미는 우리 아이들이 사회생활을 통해 일반인에 가깝게 변화한다는 것이다. 그것은 아이들의 부모나 교사들이 가장 바라는 바이기 때문에 직업을 가져야 하는 그 어떤 이유보다도 중요하다. 직업생활을 함으로써 이전의 문제 행동들을 소멸시키고 사회인으로 어긋나지 않는 반듯한 사회구성원으로 장애를 극복할 수 있음은 직업생활을 해야 하는 가장 중요한 이유다.

우리 아이들이 직업생활을 할 수 있도록 커다란 희망과 지원이 있다. 국가적으로는 1991년 장애인 고용을 위한 의무고용제의 도입과 2000년 장애인고용촉진 및 직업재활법의 개정을 통해 장애학생의 직업생활을 위해 전폭적으로 지원하고 있다. 또 노동부의 한국장애인고용촉진공단에서 고용장려금, 고용보험, 창업자금융자, 지원고용지원, 장애인 표준 사업장의 지원, 출퇴근 차량지원, 운영자금지원, 보조공학센터의 운영 등으로 지원하고 있다. 사회적으로는 인력난에 어려움을 겪는 사업체에 우리 아이들이 다른 능력(the differently abled)을 발휘하여 사회인식을 바꾸며 인력난을 해결해 주고 있으니 희망이 있다. 국가가 장애학생의 직업생활을 위해 크나큰 지원을 아끼지 않고 있으며, 사회적으로 인식을 바꾸고 있고, 장애학생 자신이 성실하게 살아감으로써 우리 아이들의 앞날은 밝고 희망차다. 장애학생의 직업생활을 위해 부모와 교사와 지역 사회가 한마음이 되어 연계하여 교육하고, 훈련한다면 우리 아이들의 미래는 매우 밝고 활기차다고 할 수 있다. 장애인도 직업을 가지고 인생을 살아가면서 그들의 삶의 질을 향상시켜야 하고, 나아가 국가에 세금을 내고 시혜적인 복지가 아닌 생산적인 복지국가를 이룩하여야 한다.

특수교사들의 헌신적인 교육이 있고 끝없는 한계에 도전하며 포기하지 않는 한, 생산적인 복지국가를 이룩하는 그날은 꼭 올 것이고 지금도 서서히 오고 있음을 나는 자신 있게 말할 수 있다.

"종수야, 종호야! 나는 너희가 한없이 사랑스러우며 자랑스럽다. 사회의 일꾼이 되어 너희들의 몫을 충실히 해 주어 우리 장애인들에게 밝은 등불이 되어 주고 있으며, 이 세상에 한 줄기 빛이 되어 사회의 인식 개선에 선구자적인 역할을 하고 있단다. 힘내거라. 그리고 열심히 돈을 모아 장가도 가자. 따뜻한 사랑이 움트는 보금자리도 만들어 행복한 생활을 꿈꾸어 보자꾸나!"

나도 사회인이 될 수 있어요

직업교육에서의 고뇌는 죽음의 고통보다 훨씬 가벼웠다

대학에서부터 나의 관심은 장애학생의 직업교육이었다. 특수
교육의 궁극적인 목적은 우리 아이들이 직업을 가지고 이 사회
속에서 즐겁고 활기차게 살아가는 것이다. 초임 교사 시절부터
방학을 하면 혼자 서울의 직업재활기관을 돌아보았다. 직업재
활을 특히 잘하고 있다는 복지관을 두루 다니며 어떻게 직업훈
련을 시켜 직업생활을 할 수 있도록 하는지 직접 확인하였고,
직업훈련 후의 주거생활을 어떻게 이루고 있는지 그룹 홈(공동
생활)을 성공적으로 운영하고 있는 기관을 돌아보았다.

▪ 한국특수교육총연합회 수기 입상작

20년 전, 서울은 장애학생의 직업재활을 시작하여 이미 싹을 틔워 가느다란 줄기에 푸르른 잎이 자라기 시작하였으며, 그 줄기는 굵어졌고 잎은 진한 녹색으로 바뀌며 푸르름을 선보였다. 서울시의 주관하에 그룹 홈을 운영하며, 아파트 몇 채를 구입하여 성공적으로 생활하는 모습을 보면서 희망을 가졌고 나의 의지를 굳히고 있었다. 나의 관심은 방학마다 이어졌고, 서울을 다 돌아본 후 경기도를 돌아보기 시작했다. 처음으로 방문한 ○○시는 위탁받아 복지관과 그룹 홈을 운영하는 곳이었는데, 작업장은 어두웠고 먼지 나는 작업물량과 작업대에 아이들이 촘촘히 앉아 작업을 하고 있었다. 높은 천장에 작은 창문 하나만 덩그러니 붙어 있어 장애인이 작업하기에는 환경과 조건이 어려움 투성이었다. 장애인들 작업장은 깨끗하고 경쾌하고 활기차야 함에도 불구하고 밀폐된 환경에서 인간으로서의 존엄성을 인정받지 못하는 상황을 눈물겹게 보았다. 그룹 홈을 돌아보던 나는 참을 수 없는 분노에 급기야 ○○시청의 복지부를 찾았다. 시청에 건의를 했으나 받아들여지지 않았고 헛수고였다. 나는 두 주먹을 조용히 움켜쥐고 나의 작은 힘이지만 장애학생들의 직업재활을 위해 노력할 것을 결심했다.

그 일과 함께 내가 직업교육에 전념하게 된 중대한 동기가 나의 삶 속에서 진행되고 있었다. 건강이 좋지 못했던 나는 아이를 둘 낳아 기르면서 악화되기 시작했고 끝내는 병원 응급실을 찾아 전전긍긍했다. 죽음을 앞두며 사투를 벌이고 병명을 찾았으나 원인을 알 수 없었고, 이유가 없어 치료 방법을 찾지 못하여 병원에서 퇴원하여 요양을 하였다. 정말 죽음을 오가는 고통에서는 가족도 생각나지 않을 정도였고, 그때는 도저히 살아날 희망이 없었다. 그러나 생명은 끈질겼고 나는 아직 할 일이 있었는지 이 땅에 남을 수 있는 시간을 얻었다. 점차 회복이 되면서 다시 사는 생은 덤으로 살기에 더욱 값지게 살아야 한다고 생각하고, 이제야말로 내가 하고 싶은 장애학생의 직업교육에 전념해야 하겠다고 다짐했다. 그러나 지금은 그때 죽음의 고통을 고맙게 생각한다. 왜냐하면 그 어려움은 내가 직업교육을 할 수 있도록 나를 이끌었기 때문이고, 직업교육을 하며 아무리 힘들어도 기쁘게 일할 수 있었던 것은 직업교육에서의 고뇌는 죽음의 고통보다 훨씬 가벼웠기 때문이다.

전공과 운영은 사회인으로의 가교 역할을 해야 한다

그 후 나는 특수학교 전공과를 지원했고 전공과를 맡아 한 지 5년의 시간이 흐르면서 우리 아이들에 대한 나의 고뇌와 사랑은 작고 달콤한 열매를 맺을 수 있었다. 전공과를 졸업하는 학생들이 집으로 돌아가거나, 보호 작업장으로 가거나, 보호시설로 가지 않고 떳떳하게 사회인으로 살아갈 수 있는 삶의 터전을 마련해 주었다. 비록 모든 학생이 사회인으로 살아가기는 어려웠지만, 단 한 명의 학생이라도 사회 속에서 맡은 바 일을 할 수 있도록 하는 것이 내가 특수교육을 하는 목표이며, 소신이다.

1993년 전공과 시범 운영을 시작하여 10년이 지나도록 전공과 운영은 성과를 이루기는커녕 폐지시켜야 한다는 절대 위기의 소리가 높아만 갔다. 비장애인들은 평생교육으로 하고 싶은 만큼 공부할 수 있는데 우리 아이들은 고등학교를 졸업하고 갈 곳이 없으며, 전환교육을 실시하여 사회인으로의 가교 역할을 해야 하는 전공과 운영이 필요한 데에도 불구하고 폐지론은 날로 더해 갔다. 물론 전공과 운영이 성립에서부터 정체성이 모호하고 교육과정, 운영지침 등이 없었으며, 그로 인해 맡아 운영하려고 하는 교사도 부족하였고, 직업교육을 어떻게 해야 하는지 등 모든 것이 황무지였다.

　　나는 황무지를 좋아한다. 나는 도전하기를 좋아한다. 나는 한번 시작하면 포기하는 일은 절대 없다. 우리 아이들을 위한 교육에 물러서지 않을 것이다.

　　직업재활기관을 돌아다니며 안면을 익힌 직업재활사에게 도움을 요청했고, 그들은 선뜻 나의 손을 잡고 최대의 도움을 주었다. 나는 그런 힘을 얻어 앞을 향해 달렸고 발이 땅에 닿을 새 없이 혼신의 힘을 다했다. 전공과 운영계획서를 작성하여 전공과 운영 목표를 취업에 두고 직업생활을 위한 기능, 태도, 지식을 가르쳤다. 모든 교육과정은 전환교육과정으로 운영하여 교육과정을 개발하였으며, 취업을 위한 상담, 직업평가, 개별화전환교육계획, 직업훈련, 직업적응훈련, 교내외 현장실습, 사업체 개발, 지원고용, 사후지도 등을 직업재활과정에 입각하여 체계적이고 계획적으로 실시하였다. 그 결과 아이들은 한 명, 두 명 취업에 성공하여 40여 명의 학생을 취업시켰고, 아이들의 근속 연수는 4년을 넘었다. 적성에 맞는 사업체를 개발하여 취업시켰기에 이직하지 않았다. 전공과 운영에 책임을 갖고 내가 개발한 운영계획서 등을 전국 곳곳에서 열심히 교육시키는 선생님들에게 아낌없이 나누어 주었다. 몇 년이 지나면서 이제는 전공과 운영 폐지론이 없어졌고 해마다 두세 학교가 신설되었으며, 서로 어려운 점을 인식하여 도와가며 잘 운영했고, 이제는 전공과가 제 위치에 서게 되었다. 이 모든 것이 현장에서 정성과 열정을 다하는 선생님들이 계시기 때문이라고 자신 있게 말할 수 있다.

전공과 운영에서는 어느 것 하나도 쉬운 과정은 없었지만 그 중 가장 어려웠던 것은 지역 사회가 요구하는 직업훈련을 시키는 것, 훈련시킨 결과를 확인하고 평가할 수 있는 산업체 현장 실습 그리고 아이와 교사, 부모, 지역 사회가 하나 되어 목적을 향해 나갈 때 부모의 적극적인 협조를 이끌어 내는 것의 세 가지가 내가 해결해야 하는 가장 큰 난제였다.

직업훈련은 여러 훈련 종목이 있으나 사회에서 필요로 하는 것을 선택해야 한다. 인지 능력의 부족으로 기술을 익힐 수 없는 어려움과 사회의 요구를 고려하여 내가 택한 결정은 아이들의 기능을 향상시킬 수 있는 조립을 찾았다. 모든 생산품은 조립과정을 거치고 포장과 운반으로 유통된다. 그 과정에서 우리 아이들이 할 수 있는 작업은 단순 조립과 포장 그리고 운반이다. 훈련은 하되 기존에 만들어져 나온 재료로는 효과를 극대화할 수 없다. 사업체에서 생산하고 있는 물량을 확보하여 훈련해야 하는데, 처음 접한 재료는 색연필 심 끼우기였다. 색연필 심의 끝에 하얀 플라스틱 로켓을 끼우는데 경증의 뇌성마비 학생이 하루 종일 작업하여 한 개를 끼우고 모두 불량을 내었다. 이 작업을 계속 해야 하는지 그만두어야 하는지의 나의 갈등은 끝이 보이지 않았으나 한 가지 사랑스런 아이들의 웃는 얼굴이 눈에 그려졌을 때 한계를 극복하고 힘을 내었다.

그뿐이 아니었다. 조립 훈련은 일정량을 일정 시간에 해 주어야 하는 문제와 학교까지 배달해 주고 가져갈 수 있는 것을 찾느라 수십 가지를 바꾸어야 했다. 또한 잦은 출장을 염려하시는 교장 선생님을 이해시키는 것도 쉽지 않았다. 그러나 훈련은 아이들의 눈과 손의 협응력, 공간지각력, 손의 힘 조절력, 일반화 능력, 인내력, 주의집중력 등을 향상시키며 서서히 직업인이 되기 위한 기초를 쌓아갔다.

훈련이 기대만큼 이루어졌을 때 사회에 내보내기 위한 마지막 단계로 현장 평가를 위한 산업체 실습을 해야 하는데, 그 과정은 학교 문을 나가 회사에서 직원과 동일하게 작업을 해 보는 것으로 가장 위험이 큰 일이라 할 수 있다. 그러하니 교장 선생님의 허락이 쉬울 리 없고, 허락이 있다고 해도 어느 사업체의 사업주가 우리 아이들을 위한 장소를 제공해 줄 수 있을까도 문제였다. 전공과에 학부모 회장님이 계셨는데 그 학부모님을 앞장세웠다. 학부모님은 교장 선생님을 찾아뵙고 실습을 허락해 주십사 간청하였고, 그 결과 교장 선생님은 흔쾌히 승낙을 하셨다. 문제는 사업주였다. 한 곳도 아니고 아이들의 적성에 맞는 곳을 보내자니 5곳이 넘었는데 그분들을 설득시키기는 보통일이 아니었다.

나는 스승의 날이면 늘 모든 사업주에게 카네이션 축전을 보내 드린다. 사업주는 우리 아이들에게 교육을 시켜 주시는 분으로 아이들에게는 큰 스승이다. 그분들은 곧 나에게도 스승이 되기 때문에 축전을 보내 드리면 나의 속마음을 이해하며 나와의 돈독한 인간관계를 쌓아갔다. 사업주에게 어렵게 실습을 부탁드렸을 때 그분들은 아이들에 대한 나의 사랑을 읽고 거절하지 못하셨다. 그렇게 하여 실습을 마친 아이들은 직업생활에 대한 이해는 물론, 자신감과 성취감을 가지고 훈련에 임한다. 훈련의 효과는 날로 높아 갔다.

부모님들은 아이들이 사춘기를 지나면서 대부분 자녀 교육을 포기하신다. 사춘기 때 많은 문제점을 드러내면서 노력해도 헛일이라고 생각하시기 때문이다. 포기하신 부모님을 다시 추슬러 관심을 갖게 하기 위하여 3월에 상담과 부모교육, 산업체 현장 견학 등을 같이 했다. 부모님의 협조 없이는 교사가 혼자 절대로 목표에 도달하지 못한다. 부모님은 희미하게 비추는 앞날의 희망에 또 한 번 기대를 걸고 인내로 아이들을 격려하고 인생의 길을 열어 주는 데 나와 함께 동참했다. 마음속에는 깊은 한이 쌓였고 불신과 분노, 절망, 좌절로 얼룩진 부모님을 감싸고 어루만지며 풀어 주어야 했다. 단단히 얼어붙은 절망은 쉽게 녹지 않았으나 그것도 나의 할 일이기에 포기하지 않고 끝까지 따스함을 전했다.

취업이 되어 사후지도를 1~2년 하면서 아이들은 사회에 적응하여 빠르게 변화되었다. 나는 그때 우리 아이들이 직업생활을 해야 하는 중요한 점을 발견할 수 있었다. 직업을 가져야 하는 이유는 경제적인 재원을 마련하여 생계를 유지하는 것, 적성에 맞는 일을 하며 자아를 실현하는 것, 사회통합을 이루는 것인데 그중 사회통합을 이루는 것은 큰 의미를 갖는다. 1~2년 사회구성원으로 살다 보면 아이는 장애를 극복하여 차이를 최소로 변화시킨다. 이것은 실제 아이들을 취업시켜 보지 않는다면 이해하기 어려운 일일 것인데, 나는 대부분의 아이들이 변화되는 모습을 똑똑히 지켜보며 장애를 극복하는 모습에 감탄하고 하늘까지라도 높이뛰기를 할 수 있을 것 같은 희열에 눈물을 흘렸다.

우리 아이들이 직업인으로 살아야 하는 이유가 바로 그것이다! 장애를 극복하고 일반인에 가깝게 변화되기 때문이다! 장차 결혼도 하고 자녀도 낳고 그들의 삶의 질을 향상시키기 위함이다!

나는 직업교육의 효과를 알았고 미친 사람처럼 몰두하기 시작했다. 한 아이마다 각각 제 갈 길을 열어 주기 위해 최선을 다했고 돈을 벌며 결혼을 하겠다고 적금을 붓는 모습, 친구들과 한 달에 한 번 모임을 가지며 여가생활을 즐기는 등 밝게 생활하는 모습을 보며 어려움은 기쁨으로 가려질 수 있었고, 한계는 환희로 이겨낼 수 있었다.

여력이 남아 있을 때 고등부 직업교육을 정상으로 이끌어야 한다

공립 특수학교에서 6년이 넘어 전근을 가야 했다. 30세 중반에 첫 교사가 되었기에 늦게 시작한 교직생활로 남은 퇴임 기간을 염두에 두어야 하고 시간이 많지 않고 나의 건강도 돌봐야 했다. 나에게 여력이 남아 있을 때 고등부 직업교육을 정상으로 이끌어야겠다는 생각에 고등부 특수학급으로 전근을 희망했으며, 나의 뜻대로 성남공업고등학교 특수학급을 맡았다. 3학년 담임을 하게 되었고 그동안 몇 년간 담임을 못하여 안타까웠는데 모처럼 교사가 된 것 같아 한껏 부풀었다.

첫 시간 아이들과 얼굴을 마주하고 좋은 선생님과 엄마가 되어 주겠다고 약속했다. 아이들은 그 말을 이해하지 못했으나 나는 엄마처럼 사랑을 가지고 너희들의 앞날을 열어 주겠다는 뜻이었다. 9명의 아이들 중 4명은 부모와 함께하고, 5명은 결손가정으로 엄마와 또는 아빠와 어렵게 살아갔다. 경제적·정신적으로 힘들어 빈곤에 지치고 정에 굶주렸다. 그래도 바르게 살아가는 녀석들을 보며 나의 어깨는 무거웠고 해야 할 일은 많았다.

3월이 시작되어 가장 시급한 것은 아이들의 현재 수준을 알아내는 것이었다. 작년 담임 선생님과의 대화를 통한 것과 작년 개별화전환교육의 내용과 나의 관찰과 교육 등을 모두 적용했

다. 부모님과의 직업상담을 통하여 아이들의 직업적 요구, 잠재능력, 적성, 지식 정도를 알아냈다. 물론 아이들과의 상담도 이루어졌다. 경중의 아이들은 다소의 자기결정력이 있어 대화가 가능했다. 통합학급에서 친구들과의 어려움을 들었고 직업적 요구, 능력, 희망 진로 내용을 알아냈다. 상담과 관찰을 통해 아이들을 파악했으나 직업을 갖기 위한 것은 전문적인 과정이기에 보다 객관적인 직업평가가 필요하다. 평가도구는 맥케런 다이얼(McCarron-Dial) 작업 표본 시리즈나 발파(Valpar) 작업 표본 시리즈 중 17번, 직업흥미검사 등이 필요한데 가격이 고가의 도구로 준비하지 못했고 있다고 해도 실시 요령을 알고 평가하기는 어려웠다. 다행히 지역 사회 재활기관과 네트워크를 구축하였기에 어려움 없이 의뢰를 했다.

3월부터 바로 평가를 시작했고 그 결과를 참고하여 아이들의 현재 수준을 확인하였고, 장단기 목표를 계획하여 개별화전환교육계획을 수립하였다. 전환교육계획에는 여러 가지 중요한 목표가 있다. 고용을 위한 고용 목표, 훈련 목표, 일상생활 훈련 목표, 사회적응훈련 목표, 여가생활 훈련 목표가 있으며, 그 하위 목표들이 세부 목표로 세워진다. 다음은 세워진 계획에 맞추어 직업 훈련을 실시해야 하는데, 이곳에서도 조립 훈련을 시키기로 결정하고 작업 물량을 찾았다. 다행히 특수학교에서 했던 작업을 그대로 연결해서 할 수 있었으며 사업주는 나의 신용을 믿어 주어 확보하는 데 어려움이 없었다. 특수학급에서는 아이들의 기능과 직업 지식이 다소 양호한 데 비해 주의집중력 등 작업 태도가 매우 심각했다. 잠시도 집중하지 못하며 시끄럽게 떠들었다. 아이들에게 "너희 훈련을 하여 직업인이 되어야 한 다."라고 말로 하면 아이들이 이해하지 못하기 때문에 5월에 계획된 산업체 현장 견학을 3월에 서둘렀다.

제자들이 채용되어 있는 전자회사와 영화 〈말아톤〉에 나온 (주)진호의 두 곳을 견학했다. 물론 특수학급 전체 학생과 교사, 부모님이 갔다. 다행히 진호에서는 사장님께서 아이들이 처음부터 적응하여 작업하기까지의 과정을 자세히 설명해 주셨고 부모님들의 질문에 답해 주셨다. 부모님들과 아이들은 '우리도 할 수 있다.'는 자신감을 가지고 직장인으로의 태도나 기능들을 보았다. 그러나 견학만으로는 부족하였고, 고심 끝에 또 한 가지 방법을 찾아냈다.

아이들이 돈에 관심이 있기에 작업한 만큼 월급을 주기로 했다. 조립 훈련에서 번 돈으로 월급을 줄 수 있었다. 이 방법은 월급이 무엇인지, 훈련한 만큼 대가가 있다는 것, 직업인으로의 전 단계를 차근차근 지도할 수 있었다. 월급 명세로 기본급에 수당을 만들었다. 수당 내역은 준비성, 정확성, 신속성, 정숙성, 기타의 항목을 만들었고, 작업 준비를 스스로 잘했을 때, 정확하게 작업하여 불량이 없을 때, 신속하게 작업하여 생산성을 높였을 때, 집중하여 조용히 작업했을 때, 기타로 지각하지 않거나 정리 정돈을 잘했을 때 동그라미를 해 주었다. 동그라미 한 개당 500원의 수당이 올라가고 잘못했을 때 가위표를 하여 한 개당 500원의 수당이 감소하는 규칙을 아이들과 함께 만들었다. 아이들은 자신들이 만든 규칙에 따라 열심히 노력하는 모습을 보였으며, 적은 돈이지만 만 원이 넘는 첫 월급을 탔을 때 신기해하며 돈을 이리저리 쳐다보고 만져 보았다. 부모님께는 아이들이 용돈으로 쓸 수 있도록 부탁을 드렸으며, 적은 용돈으로 계획을 세워 쓰는 모습을 보며 훈련의 효과를 볼 수 있었다. 아이들은 3, 4, 5월의 세 달 월급을 받으며 빠르게 변화되었다. 아이들이 조립 훈련에 대해 어느 정도의 흥미를 갖고 있는지 궁금했는데 스승의 날 나에게 편지를 준 용문이의 글을 읽고 용기를 얻었다. 글의 내용은 나에게 안부를 묻고는 바로 다음에 조립이 매우 재미있다는 글을 써 왔다. 중중의 특수학교 아이들은 정말 재미있어 했는데 경증의 아이들에게도 재미있다니 나의 교육에 힘이 실렸고 절로 신이 났다.

6월이 되면서 아이들은 교사의 요구 없이도 스스로 작업 준비를 하고, 한 시간당 목표를 세워 차분하고 조용히 작업할 수 있게 되었고, 나는 안도의 한숨을 길게 내쉬며, 아이들에 맞는 사업체 개발에 주력했다. 사업체를 개발하여 산업체 현장실습을 해야 하고 길게는 현장실습을 마치며 취업으로 이어져야 한다. 그런 의미에서 사업체 개발은 중요했다. 의뢰는 전화나 방문을 통하였으며 힘없이 전화기를 내려놓는 나의 손은 조용히 떨렸다. 지독히 어려운 경제 사정으로 아이들이 갈 곳에 빨간 신호 등이 켜졌기 때문이며 막막함에 고개를 숙였다. 나에게 포기란 없는데 외부의 물리적인 조건으로 인한 어려움은 어떻게 할 것인가? 그에 대한 해답은 더욱 열심히, 폭넓게 사업체 개발을 해야 한다는 것이었다. 내가 아는 재활기관의 인맥을 총동원하였고 사업주들을 만났다. 간곡하고 절실하게 아이들 실습 장소와 채용을 권했다. 문전박대를 하는 곳도 있었으나 그러한 점들은 이미 염두에 두었으며 크게 문제되지 않았다. 나의 뜻을 헤아린 사장님 한 분은 채용 의사를 밝히셨고 더 기쁜 일은 다른 사업체도 설득하여 소개시켜 주셨다. 또한 그동안 특수학교의 제자들이 사회에 나가 열심히 살아가며 나의 위신을 높여 준 결과, 사업체 개발이 한두 곳 이루어졌으며, 여러 곳에 문을 두드려 본 결과, 연락이 오기 시작했다. 나는 이러한 결과를 보며 노력한 만큼의 대가는 꼭 있다는 확고한 믿음을 가지고 생활한다.

우리 아이들은 9명으로, 올해 나의 목표는 3명은 특수학교 전공과에 진학시키고 6명은 취업시키는 것이다. 3명의 아이는 낮은 사회적응력과 질병으로 건강을 회복시키는 것이 급선무이고, 그다음으로 긴 시간 훈련을 요하기 때문에 진학을 권하였고 졸업 후의 진로를 결정했다. 6명의 아이 중 두 명을 제외하고는 결손 가정에서 생활하여 심하게는 밥을 굶는 아이도 있고 집이 있으나 사랑이 없는 곳에서 가출을 하여 노숙생활을 하는 아이도 있었다. 또한 없는 살림에 깨끗하지 못한 용의와 부모님의 관심 부족으로 다양한 문제 행동은 아이들을 깊은 수렁으로 빠뜨리기에 적당하였으며, 울퉁불퉁한 바닥에서 방향을 알 수 없이 튀는 탱탱볼과도 같다. 몇 달 동안 교사로서보다는 엄마로서의 역할이 시급했다. 사랑으로 구석구석을 살펴보아야 했고 굳고 메말라 버린 감정에 새싹을 돋게 하기 위하여 조용히 아이들에게 다가갔다. 우리 아이들은 순수하기 때문에 자신들을 진정 사랑해 준다면 그 사랑을 읽을 줄 안다. 짧은 기간이지만 절망과 희망, 한계와 인내를 수없이 반복하였고, 어둠 속에서도 한 줄기 빛을 잡을 수 있었다. 경제가 어려움에도 불구하고 사업체 개발에 문이 열리기 시작했기 때문이다.

용문이는 왼쪽 팔과 다리에 편마비가 있어 한쪽 손과 다리로 작업을 하고 왼쪽은 조금의 도움을 줄 수 있을 정도이나 다행히 오른손은 다른 누구보다도 힘이 세었다. 직업평가의 결과로도 알았으나 아이들과 팔씨름을 하였는데 용문이가 우리 반에서 우승을 하여 알 수 있었다. 학기 초, 용문이에게 적당한 직업으로 세차장을 목표로 했고, 어머니와 용문이도 동의를 했다. 어떻게 찾을까 걱정을 했는데 장애인고용촉진공단으로부터 연락이 왔고 너무도 기쁘게 SK 주유소에서 세차 직원을 채용한다고 했다. 뛸 듯이 기뻐하며 일을 추진했다. 용문이의 집과 가까운 거리에 있는 주유소에 지원고용이 시작되었다. 어머니와 이력서를 들고 면접을 가는 동안 용문이 얼굴에는 사회에 첫발을 내딛는 불안감을 엿볼 수 있었다. 손을 꽉 잡아 주고 눈으로 미소를 보냈다.

'우리 힘내자. 할 수 있다.'

일주일간의 실습 기간을 정하고 다음 날부터 작업해야 하는 내용을 전달하셨다. 직무분석을 하였는데 우선 세차하여 나온 차량의 물기를 닦는 것과 주유를 하는 것이다. 물기를 닦는 것은 한 손으로 할 수 있어 걱정을 덜었지만, 문제는 주유 시 숫자를 볼 수 있어야 하고 주유 후 결재 과정에서 두 손을 사용해야 하는 것이었다. 용문이는 숫자도 만 단위 이상 알고 결재 시 가벼운 상품을 전달하고 결재하는 것 정도는 용문이가 할 수 있는 일이라 훈련이 되면 가능하기에 안심이 되었다. 실습 기간 지도는 사원들이 하고 어려움이 있을 때 나와 연락하기로 하였다. 사장님께 용문이의 장애를 말씀드렸고 잘할 수 있는 점과 어려운 점들을 알려 드렸다. 사장님 또한 처음 장애인을 채용하는 입장에서 불안과 두려움 등을 보이셨으나 장애인 채용의 이점을 강조해 드렸다.

용문이와는 아침저녁으로 전화를 통한 지도를 했고 씩씩하게 잘 해내는 모습에 안심했다. 실습 3일째 되던 날 주유소를 찾아갔다. 사장님께 용문이의 집 사정을 말씀드리고 싶었다. 부모님께서는 이혼을 하여 아버지와는 따로 살고 초등학교 2학년생의 동생과 엄마와 사는데, 엄마는 용문이와 동생을 걱정하여 낮에는 집에서 돌보시고 밤에 나가 식당에서 일을 하신다. 어려운 살림을 말씀드리며 채용해 주실 것을 권했다. 그다음 날도 나는 직원들이 부담스러워할 것 같아 들어가지 못하고 주유소 앞을 지나가며 합격하기를 기원했다. 엄마, 용문, 나 모두가 밤잠을 이루지 못하고 간절히 또 간절히 기원했다. 다음 날 오후를 기다려 전화를 드렸는데 사장님이 안 계셔 기다리는 수밖에 없었으며 마음 졸이며 안타까운 시간이 계속되었다. 시간이 흘러 다시 전화를 드렸을 때 사장님은 "용문이 내일부터 정식으로 나오라고 했습니다." 하시는 말씀에 고개를 숙여 "감사합니다."를 서너 번 했나 보다. 어머니에게 소식을 알리며 어머니와 나는 감격의 눈물이 흐름을 마다하지 않았다. 사장님은 다른 주유소와는 달리 차분한 분위기를 만드셨고 차가 없을 때는 의자에 앉아 있도록 배려하셨으며, 천천히 조심스럽게 일을 가르치시겠다고 하셨다. 올해 처음 만난 분이신데 장애인에 대한 배려와 인식이 다름에 이 사회가 결코 어둡지 않고 우리 아이들의 앞날에 희망이 있음을 재차 확인했다.

준연이는 3월에 전학을 왔다. 학교에 가는 것을 싫어하고 전학을 희망하였다고 한다. 준연이와 만나면서 학교에 나올 수 있도록 할 수 있는 것은 사랑밖에 없다고 생각하며 어려움이 있을 때마다 대화로 해결하였고 자상한 사랑을 주었다. 야단칠 일도 아니었는데 자신이 생각하기를 두렵다고 판단하고 학교를 안 나온 날이 있었다. 나는 이것이 이어지면 어쩌나 하고 염려했는데 다행히 다음 날 학교에 등교하였고 다음부터는 그런 일이 없었다. 정교한 작업을 신속한 속도로 작업할 수 있는 기능은 갖추었으나 소극적인 성격에 상황을 도피하기 위한 거짓말을 하는 것과 결석하는 일이 문제였다. 거짓말의 나쁜 파급 효과를 일깨워 주고 대화로 서서히 줄이기를 약속했다. 준연이도 거짓말이 나쁨을 이해하고, 또한 거짓말을 하지 않도록 상황을 만들지 않으려고 어머니와도 대화했다. 현재는 결석을 하지 않으나 나중에 회사에 나가면 학교보다는 어려운 일이 많은데 그때의 상황을 잘 이겨낼지 걱정이다.

정교한 작업을 잘 해내는 준연이는 컴퓨터 부품을 생산하는 ABC산업에 채용 의뢰를 했고 장애인 채용에 앞장서 표준사업장을 인정받은 ABC산업의 김 이사님은 나의 제의를 받아 주셨다. 준연이는 대학도 가고 싶고, 직업을 가지고도 싶은 두 가지의 길에서 어떤 길을 선택해야 할지 결정하지 못했다. 이사님께서는 실습을 잘하고 합격하여 야간 대학을 보내 줄 수 있으니 찾아보라 하시며 우선 실습을 시키셨다. 지원고용에서 회사까지의 교통을 안내하였고, 회사 내에서 윗분들의 호칭과 동료들과의 대인관계, 작업훈련 등을 간단히 지도하고 혼자 해 보도록 했다. 마음 졸이는 날이 하루 이틀 지나 사흘째에 이사님은 합격 소식을 알려와 주셨다. 그러나 고용계약은 당분간 시일을 두자고 하셨고 부모님과 나도 동의했다. 그 이유는 삼일간 직업 기능은 보았으나 그 외 태도 등을 지켜보고, 준연이 입장에서는 이 일이 적성에 맞는지도 알아보아야 하는 데는 시간이 더 필요했기 때문이다.

다음 날 퇴근 시간에 회사에 갔다. 이해하지 못할 상황이 있다면 설명을 해 주려고 갔는데 마침 문제가 기다리고 있었다. 준연이에게 심부름을 시켰는데 하지 못하고 구석에 숨어 있었다는 것이다. 준연이를 모르는 동료들은 심부름을 하기 싫어 꾀를 부린다고 생각했다. 대학을 가고 싶어 할 정도로 경중이라고 생각하여 회사 내에서 심부름을 시켰는데 수행하지 못함에 오해를 하고 있었다. 준연이는 다소 전달에 어려움이 있었고 학교에서도 두세 차례 그런 일을 겪어 보았다고 이해를 부탁드리며 심부름을 조심스럽게 요구해 달라고 했다. 다음 날 이사님의 전화가 나를 긴장시켰다. 준연이가 출근하지 않았다는 것이다. 드디어 올 것이 왔는데 전날 괜찮다고 격려하는 것을 놓쳤다. 전날 심부름을 제대로 못한 자신의 죄책감으로 회사에 출근하지 않았으며, 핸드폰을 받지 않아 계속 메시지를 보냈다. 다행히 10시에 회사에 갔고 잘했다고 이사님과 나는 칭찬을 아끼지 않았다. 앞으로도 이러한 일이 간혹 있을 수 있다고 미리 알려 주며 대비할 것과 서서히 고쳐 나갈 수 있는 것도 부탁했다. 오늘도 점심시간에 전화를 해 왔다. "선생님, 저 힘들어도 잘 참고 있어요. 저 착하지요?"

그러나 어려움은 계속되었다. 다급하신 이사님의 목소리로 긴박한 상황을 짐작하였는데 장애인들의 불량 작업으로 대기업에서의 물량 공급이 당분간 중지된다는 통보를 받고 준연이의 취업을 연기했으면 하는 연락이 왔다. 준연이가 이제 막 자신을 갖기 시작했는데 앞이 캄캄했다. 우선 회사가 일어나야 하기에 이사님을 이해하고 준연이를 설득시켰다. 회사가 상황이 호전되면 다시 입사시키겠다고 약속을 하고 다독였다. 일을 못해서 탈락하는 것이냐고 재차 묻는데, 얼굴을 쳐다볼 수 없고 안타까움을 이루 말할 수 없었다. 장애인들에 대해 호의를 갖고 어떻게든 이 사회에서 같이 살아 보려고 하다가 어려움을 겪게 된 회사에 미안한 마음을 금할 길이 없었다. 지금껏 우리 아이들을 고용하여 어려움이 있는 것은 적응하는 데 사회성의 부족으로 겪는 어려움과 불량을 내어 손해를 보는 일을 주로 보아 왔으나 이번처럼 장애인으로 인해 큰 타격을 받는 일은 처음이다. 나는 아이들을 더욱 잘 지도해야 한다는 질책을 하며 일이 잘 풀려 회사가 다시 정상으로 운영되기를 간절히 기도했다.

우리 아이들은 취직이 끝이 아니고 시작이다. 취업 후 적응지도가 꼭 필요하며 대부분 정신지체 학생들은 1년 정도, 정서장애학생은 1~2년의 기간이 필요하다. 그 정도만 지나면 혼자 자립하여 사회인이 되어 살아간다. 그때까지는 부모나 교사가 지속적인 관심을 갖고 지켜보아야 한다. 취업이 결정된 용문이는 걱정을 덜었으나 아직 성공하지 못한 아이들이 더 많다. 졸업까지는 시간이 있으니 그때까지 최선을 다하면 기대할 만한 결과는 꼭 있으리라 생각한다.

다행히 서윤이는 롯데백화점의 마트에서 카트를 이동하여 운반하는 작업에 면접을 보았다. 서윤이는 차량 보조 업무의 회사에 처음으로 면접을 시도하였으나 아버지께서 기술적인 일을 할 수 있는 곳에 보내고 싶다고 불참을 알려 왔고, 나는 서윤이가 기술을 배우는 데 어려움이 있음을 알려 드리고 설득하여 백화점의 작업에 면접을 보았다. 학교에서 직업준비 시간에 면접 보는 연습을 한 만큼 부장님의 질문에 긴장하며 대답하는 서윤이의 모습에서 사회인으로 서서히 성장하는 기특함을 엿볼 수 있었다. 서윤이는 활동적인 성격에 업무가 적성에 맞는 것 같아 추천을 하였고 앞으로 실습이 남았는데 잘해 주기를 바라며 서윤이가 합격하도록 지원고용을 열심히 할 것이다.

하연이 또한 서윤이와 활동적인 성격으로 차량 보조 업무의 회사에 면접까지 보고 합격하였으나 하연이가 안 가겠다고 하더니 며칠 후 또 가겠다고 하는 등 안타까움을 안겨 주어 더 이상 회사에 피해를 줄 수 없어 취소를 하였다. 장애를 유전으로 갖고 태어나 재혼한 엄마, 누나 등 가족은 모두 경증의 정신지체장애인들이다. 그러다 보니 누구도 지원하기 어려운 상황에다가 노숙자 생활을 즐기던 하연이에게 직업생활은 아직 무리였나 보다. 더 훈련을 시키기로 마음을 편안히 하고 2학기를 기다리기로 했다.

영민이는 준연이와 같이 실습을 했는데 집중력에서 부족하여 탈락을 하였다. 나중에 알고 보니 허리에 혹이 있어 자리에 앉는 것이 불편하였는데, 그러한 상황을 학교에서는 알아채지 못할 정도로 경증이라 알지 못하였고, 부모님께서도 알려 주지 않으심에 놓쳐 버린 일이 탈락에 큰 작용을 하였다. 학교와 달리

하루 두 차례 있는 쉬는 시간만으로는 허리의 통증을 달랠 수가 없었다. 미리 알았더라면 재활보조공학센터에 의뢰하여 맞는 의자를 주문할 수도 있었는데 안타까웠다. 비록 탈락은 했지만 회사에 출근해서 근무해 봄으로써 직업생활이 어떤 것인지를 조금은 알게 된 것만으로도 교육은 되었다고 생각한다. 영민이에게 맞는 일자리는 꼭 개발될 것을 믿고 노력할 것이다.

여름 방학을 지내며 나는 한 명의 우리 아이에게 삶의 터전을 마련해 주었다. 나의 의도대로 따라와 훈련하고 교육받은 결과, 합격도 하고 탈락도 하였으나 변화되고 있는 아이들이 기특하고 사랑스럽다. 이제 시작을 하였으니 어떤 변수가 생길지 모르나 묵묵히 잘 해내 줄 것을 믿는다. 아직 못 나간 아이들은 더 훈련과 교육을 하여 사회인으로 살아가는 데 어려움을 덜 수 있도록 지도할 것이다. 아이들이 졸업 전에 갈 길을 찾아 힘찬 내일을 향해 걸을 수 있도록 할 것이다.

나는 장애인의 직업교육을 하면서 국가나 사회에 감사한 마음을 잊지 않는다. 국가적으로는 노동부와 보건복지부를 통해 법으로 규정하여 지원한다. 장애인고용촉진 및 직업재활법과 장애인복지법이다. 고용장려금은 장애학생이 취업하여 있는 동안 다소 낮은 금액이나 지원을 하고 신규고용촉진 장려금을 두어 신규고용 시 1년간 지원한다. 또한 지원고용 시 사업주나 실습생에게 교통비, 식대를 지원하고 표준사업장 제도를 도입하여 장애인 채용을 확대시키며, 출퇴근 차량 지원, 창업자금 융자,

운영비 융자 등 많은 지원을 아끼지 않는다. 모두가 만족스럽지는 않지만 지원이 없을 때도 있었고 나날이 모순점을 발견하여 수정하고 있기 때문에 나는 감사하게 생각한다. 사회는 우리가 생각하는 만큼 어둡지 않고 사회 각 구석에서 보이지 않게 지원을 아끼지 않는다. 이렇게 할 수 있었던 것은 우리 아이들이 각자 맡은 일을 충실히 해내며 역할을 다하였기에 이루어 낸 일이고, 그 결과 장애인에 대한 인식은 날로 호전되고 있으며, 그것은 결국 아이들의 일자리가 늘어난다고 말할 수 있는 것이다.

'사랑하는 나의 아이들아, 너희의 힘은 가능성이 있으며 사회를 이끌어 가는 데 큰 도움이 된단다. 개인적으로는 장애인 삶의 질을 향상시키고 있으며, 사회적으로는 단순 작업을 즐겁게 해내어 인력난을 해결하고, 국가적으로는 시혜적인 복지가 아닌 생산적인 복지 국가를 만들고 있단다. 대단하구나! 자랑스럽다! 너희의 얼굴에 환한 웃음꽃이 피도록 나도 열심히 노력할 것을 약속할게.'

나는 오늘도 아이들과의 약속을 지키기 위해 힘찬 발걸음을 내딛는다.

우리 아이들도 성공할 수 있어요

　나와 함께 공부하는 아이들은 지능과 적응에 어려움을 수반하는 지적장애 학생들이다. 이들은 장애로 인한 어려움을 가진 반면, 하얀 눈과도 비교할 수 있는 '순수함'이 있고 실타래가 엉켜 풀지 못하는 복잡함은 없으며 '하나'만 볼 줄 알고 주는 사랑을 읽을 줄 아는 '단순함'이 나를 매료시켰다.

　인간은 모두가 평등하다. 대통령과 나 그리고 우리 아이들이 무엇이 다르랴. 얼굴 생김새, 능력, 적성, 소질, 사고, 행동 등이 다르지만 그것은 고유한 것으로 차별을 받거나 무시되는 것이 아니라 각각의 색깔이 자기만의 고유함을 자랑하듯 인정받고

■ 학교 교지 기고글

존중받아야 한다. 그런 차원에서 우리 아이들도 차별받지 않고 그들이 가지고 있는 장애도 존중받아야 한다.

내가 특수교육을 하게 된 것도, 특히 직업교육에 몰두하게 된 것도 이 두 가지 이유로 인한 것이다. 지적장애인만의 때 묻지 않은, 아니 묻을 수 없는 순수함과 복잡한 세상에 단순하게 살아가고 싶은 마음이 통하고, 장애로 인한 어려움이 있으나 그들만의 능력을 발휘하여 이 세상 속에서 누구 못지않게 사랑을 주고받으며 행복하게 살아갈 수 있기 때문이다.

"얘들아, 직업을 가져야 한다!"

"으응, 직업이 뭐지?"

고개만 갸우뚱하며, '우리 선생님이 무슨 말씀을 하시는 거지?' 하는, 모르는 것을 미안해하지 않고 그냥 환하기만 한 눈망울은 가슴 저 밑바닥에 웅크리고 있던 나의 욕망을 불사르기에 충분했다.

교직 경력 15년을 넘기면서 진정 특수교육의 목적은 장애인이 직업생활을 하며 사회에 통합되어야 한다는 간절했던 생각을 실현하겠다는 결심을 굳히고, 드디어 마라톤 출발점에서 출발 신호를 받아 혼신을 다해 출발하였다. 특수학교로 전근하며 학생들의 직업전환교육과정으로 운영하는 전공과를 자청하여 맡았다. 그동안 초임 때부터 관심을 갖고 방학을 하면 서울과 경기도의 직업재활 시설을 돌아다니며, 직업훈련의 상황을 살펴보고 어떻게 해야 하는지의 방법을 알아보고 사람들과의 인맥을 다지며 준비했던 것들과 특수학교와 특수학급에서 직업교육을 한 것 모두를 총동원하였고, 같이 운영할 특수교사와 40명이 넘는 학생들과 함께 시작했다.

처음으로 해야 하는 일은 학생들의 능력, 적성, 흥미 등과 현재 어느 정도 할 수 있는지를 알아내는 것이다. 개인차와 개인 내차가 심한, 자기결정력이 부족하여 표현이 어렵고, 과잉보호나 과소평가를 하는 부모들 속에서 우리 아이들을 알아내기에는 그동안의 특수교육을 한 경험이 큰 역할을 했고, 상담과 관찰, 진단평가, 직업평가가 필요했다. 이를 기초로 계획을 수립해야 한다. 직업생활, 여가생활, 사회생활, 가정생활 등의 목표를 수립하고, 그에 맞는 교육과 훈련을 실시하기 시작했다. 지역사회에서 필요로 하는 훈련을 해야 하는데, 출장 허락이 힘들고, 훈련 재료를 찾기는 더욱 어렵고, 여기저기를 찾아 간신히 찾은 교재는 색연필 심 끼우는 작업이었는데, 뇌성마비 학생은 하루 종일 진땀을 흘리며 작업했으나 모두 부러뜨리고 한 개만을 끼울 수 있었다.

'이것을 어떻게 해야 할까?'

해야 하는지 말아야 하는지의 기로에서 난 한계에 도전을 해야 했다.

'아이들을 믿어야지. 꼭 해낼 것이다!'

수없는 한계에 봉착하지만 그때마다 도전 정신을 길러 준 아이들에게 고마워했다. 훈련 재료는 각각이 우리 아이들에게 주는 교육적인 효과가 다르다. 일반화와 전이의 능력이 낮은 아이들에게 한 가지가 아닌 다양한 물량을 찾아야 했다. 색연필 케이스, 비닐 지퍼백, 쇼핑백, 렌지용기 뚜껑, 의자 바퀴, 부채, 모형 비행기 부품, 투명 파일, 카드 등을 여러 가지 방법으로 찾았다. 실제 수업 장면에 사용할 수 있을 때까지의 노력은 헛되지 않았고 노력만큼 아이들의 기능은 하루가 다르게 향상되었다. 다양한 훈련 재료를 통해 눈과 손의 협응력, 손의 힘 조절력, 손가락 기민성, 공간지각력 등을 기를 수 있었고 그러한 기능들은 취업을 할 수 있도록 향상되었다. 고용을 위한 지원고용 시 타 학교 학생들과의 경쟁에서 월등하게 잘 해내는 아이들은 그동안 흘렸던 땀에 답례를 하였고, 아이들이 현장에서 고생하지 않고 수월하게 능력을 발휘하는 것이 내가 받는 큰 선물 중의 하나였다.

준비에 맞게 사업체를 개발해야 하는데 어느 곳을 찾아가야 하며, 누구를 믿고 아이들을 맡길 수 있을까? 장애인고용촉진공단, 장애인복지관에 의뢰하고 주변에 직장인들을 만나면 그 직장의 직무에 관심을 갖고 직무분석에 들어갔다. 처음에는 안면이 있는 사람들의 직장을 선호했고 간절한 만큼 가능으로 다가왔다. 자폐성 장애를 가지고 할머니와 어렵게 생활하는 녀석이 첫 대상이었다. 첫 출근 날에 지각을 했다. 어제 탄 버스를 고집하고 기다리느라고 말이다. 하지만 교육의 힘은 자폐의 특성을 서서히 가라앉히며 적응했다. 유치원에서 보조 활동을 하며 실

습했던 학생은 어린 아이들이 예쁘다고 그런 곳에서 일하기를
희망했다. 지역의 유치원을 모두 찾아 전화하고 방문하여 면접
을 받았다. 정교한 작업을 수월하게 해내는 아이는 전자회사로,
중증의 장애로 취업이 어려운 경우는 유기농 작물 재배지에서
치료와 함께 작업을 하도록, 과잉보호가 너무 심해 지각과 꾀부
리기를 했던 중증의 학생은 같은 모양을 찾아 분류를 하는 작업
장으로 보냈다. 최근에는 몇 년 전 노인전문병원을 방문하고 찾
아낸 일자리를 개발하기 위해서 가까운 지역부터 적용한 결과,
노인 전문 너싱홈, 요양원 등을 개발할 수 있었다. 노인들과 우
리 아이들의 눈높이가 맞고 특히 순수함이 일치하여 노인들께
서 아이들을 선호하고 찾으신다. 원장님께 당당하게 아이들을
소개하였고 잘할 수 있는 장점을 자랑하면서 그동안 노하우도
쌓였지만 자신감으로 목소리가 낭랑했다.

"우리 학생들을 채용하시면 귀 기관에 도움을 드릴 수 있으
며, 1년 정도는 고생을 하시겠지만 그 이후는 정말 채용을 잘했
다고 하실 것입니다. 성실하고, 착하고, 웃어른을 공경할 줄 알
고, 꾀부리지 않습니다."

대인관계를 잘해야 한다고 했더니 여자 직원들에게 '사랑합
니다.'라는 메시지를 보내어 당황하게 만들기도 하고, 서류 전
달의 심부름을 받고 어쩌지 못하여 커튼 뒤에 숨어 있던 녀석,
성격이 급하여 엘리베이터를 기다리지 못하고 각 층의 지상 주
차장으로 뛰어 내려오기도 하고, 겨울에 들어온 귀한 수박을 예

쁘다고 썰어서 가져다주었더니 작업 시간에는 일을 해야 하는데 먹는 것을 주었다고 아줌마의 가슴을 찼던 녀석, 이웃 사업체 직원이 잘해 준다고 그 사업체로 출근했다가 자기 자리로 갔던 아이, 라인 작업에서 바로 전 작업에서 불량이 나서 넘어온 물건을 불량이라고 말하지 못하고 내팽개치던 짜증들은 서서히 장애, 비장애가 가슴시리도록 아파하며 용서하고 이해하며 서로를 감싸 안게 되었다. 아이들이 처음 적응할 때는 사업체 관리자, 동료, 가족, 본인, 교사 모두가 긴장하고 가슴 졸였던 시간들이지만 1~2년이 지나면 너무도 반가운 말들이 들려온다. 처음에는 고개를 흔들던 사장님들께서 나에게 자랑스럽게 전한다.

"이 아이들을 누가 장애인이라고 하겠는가! 장애인이 아니다."

부모님들 또한 감격에 "선생님, 우리 현석이가 얼마나 말을 잘하는지 몰라요. 퇴근 후 집에 오면 싱글벙글해요."라고 신기해하신다.

'그럼 그렇지, 그렇다! 나는 이 재미에 살고 있다! 우리 아이들이 변화하고 있다! 성장·발전하고 있다! 월급을 타서 생계를 유지할 수 있다! 즐겁게 일을 하며 자아를 실현할 수 있다! 사회통합을 통해 장애를 극복할 수 있다!'

지금까지의 모든 어려움이 확 날아가며 나의 기쁨과 교차되는 순간이다.

우리 장애인들도 기쁘게, 행복하게 살 권리가 있다. 내가 노력하는 만큼 아이들이 행복해질 수 있다면 얼마든지 할 수 있고 돈 벌고, 결혼하고, 자식을 낳으면서 다가오는 삶을 자신의 것으로 만들면서 당당하게 살아가는 아이들이 무척 사랑스럽다. 아이들은 나의 기대를 저버리지 않았고, 사회 속에서 자연스럽게 구성원이 되어 살아간다.

나는 마라톤 전 과정을 완주했다. 우리 아이들이 함께해 준 마라톤에는 언덕도 있고 내리막길도 있었고, 갈증도 났었고, 숨이 차서 금방 쓰러질 것 같음도 있었지만 나는 해냈다. 그리고 자신 있게 말할 수 있다.

"우리 아이들도 성공할 수 있어요!"

우리 아이들도 성공할 수 있다

　나는 발달장애인을 지도하는 특수교사다. 초임부터 장애학생의 직업교육에 관심을 갖고 방학을 하면 서울에 있는 직업재활 기관을 찾아다니며 재활의 실상을 보며 배우기를 했다. 15년이 넘어 호된 병마와의 씨름에서 이겨내고는 다시 살아난 기쁨에 진정 하고 싶은 직업교육에 첫발을 내딛었다.

　특수교육이 지향해야 하는 바를 알게 된 것은 자폐성장애를 가진 학생을 처음으로 사회에 내보내어 일자리를 마련해 주고 일 년 정도 지났을 때다. 용남이는 가출하신 어머니, 술로 생활하는 아버지, 연로하지만 생활을 책임져야 하는 할머니와 지내

■ 장애인 Ablenews 기고글

며 의복이 더럽고 팔꿈치와 목에는 때가 센티로 앉았다. 용남이는 자폐성장애로 겪는 어려움이 있어 직업생활을 하는 데 주변 동료를 당황하게 한 적이 셀 수 없었으나 일 년이 지나 사후지도를 하기 위해 방문했을 때 나에게 보여 준 모습은 감동 그 자체였다. 깍듯하게 인사하는 복장은 단정했고, 식사 후 나에게 마실 차를 권하며 동료들과 같이하는 모습에 이것이 꿈이 아니기를 바랐다. 용남이가 변화·발전할 수 있었던 것은 학교에서 그동안 공들여 노력한 통합교육의 기초 위에 직업전환교육의 결과인 것이다.

10년 정도 직업재활에 몰두하면서 어려운 일은 산 넘어 산이었다. 능력과 적성을 발견하기 위해 다양한 종류의 직업훈련 실시, 장애 특성과 적성에 맞는 사업체 개발, 현장실습, 지원고용, 사후지도 등의 산을 넘었다. 그 산은 높고 험준하여 나에게 한계에 봉착하게 하였고 끝없는 시련을 주었으나 지금까지 산을 탓하고 되돌아 내려오지 않았고, 정상에 도달하여 멀리 내려다보이는 아름다움에 땀을 식힐 수 있었다. 도전 정신을 길러 주었고 달고 맛있는 열매를 수확할 수 있었다. 달콤한 열매란 장애학생들이 학교를 졸업하고 일자리를 찾아 사회인으로 살아가며 일한 만큼 월급을 받아 저축하고 사용하며 생계를 유지할 수 있는 것, 적성에 맞는 일을 즐겁게 하면서 자아를 실현할 수 있는 것, 사회통합을 이루면서 장애를 극복할 수 있다는 것이다. 세상 속에 살아남기 위해 고초를 겪으면서 9년 근속을 하여 기술자로 성장하기도 하고, 어여쁜 색시를 만나 결혼을 하여 보금자리를 마련하기도 한다. 열매는 얼마나 맛있는지 먹어 본 사람만이 느낄 수 있으리라 생각한다.

우리 아이들도 성공할 수 있다. 성공이란 하고 싶은 일을 하며 즐겁게 살아가면 성공이라고 생각한다. 조금 더 알고 더 할 수 있는 것을 다소 어려운 이들에게 나누어 주며 더불어 살아가는 세상을 만드는 것은 바로 우리 아이들이다. 능력을 발휘하면서 할 수 있음을 보여 줄 수 있는 기회가 날로 늘어나면서 사회 속에 얼굴을 내밀고 있는데 당연히 우수하다. 취업하여 1~2년까지는 적응하느라 수차례 넘어졌다가 다시 일어나는 어려움이 있지만, 이 시간이 지나면 하나같이 나에게 들려주는 말은 "이들을 누가 장애인이라고 하겠는가!"라는 우리 모두가 희망하는 말을 들을 수 있다. 해야 할 일을 성실하게 해내면서 인식을 개선시키고 함께 살아가는 사회를 만들고 있는 것이다. 그로써 우리 아이들도 성공하고 있는 것이다.

국가의 지원이 없었던 시절에도 현장실습을 이루어냈는데 이제는 사업주 앞에 당당하게 설 수 있도록 나에게 날개를 달아주었다. 비록 만족할 만큼은 아니지만 점차 개선되리라 기대한다. 사회의 인식 또한 희망적이다. 내가 만난 사업주는 장애인에 대한 인식이 남달랐다. 아니, 어쩌면 그런 사업주가 평범한 것임에도 만나지 못하여 남달랐다고 할지 모른다. 거의 모든 분이 장애인에 대한 인식이 동정과 봉사가 아닌 동료였다. 학교는 관리자, 교사, 학생, 부모가 상호 협조하면서 고민을 하고 문제를 극복한다. 장애학생의 진로 및 직업교육에 중요성을 절감하고 추진하는 모습에 아이들의 미래는 매우 밝다.

국가, 지역사회, 학교, 학부모가 긍정적으로 변화·발전할 때 우리 아이들은 제 능력을 돋보이며 활기차게 삶의 터전을 일굴 수 있다. 그 변화하는 모습이 밝은 햇살에 안개가 걷히듯 보이며 행복한 웃음소리가 전국 곳곳에서 들릴 것을 확신한다.

저자 소개

    저자 **황윤의**는 30세에 특수교육에 뜻을 두고 단국대학교에서 공부를 시작하였다. 1987년 35세에 초임교사로 부임하여 특수학급에서 14년, 특수학교에서 11년을 근무하면서 황무지였던 직업교육 분야를 개척하였다. 결혼 후 극도로 몸이 쇠약해져 죽음에 다다르는 고통을 겪었으나 회복되어 특수학교 전공과와 고등학교 특수학급 통합형 직업교육 거점학교 및 직업전환교육지원센터를 운영하고, 『직업재활과정 매뉴얼』을 집필하였으며, 『진로 및 직업교육의 길잡이』『직업』 교과서를 공동 집필하였다. 2003년 나사렛대학교 직업재활학과에서 전문성을 쌓았으며 논문, 학술대회, 강의 등으로 장애학생 직업교육의 개척과 일반화를 도모하였다. 2001년 '사랑과 믿음의 교육' 실천수기 대상 수상, 장애인식개선 작품 공모 수상, 2008년 경기도교육청 경기교육대상, 각종 수기 입상 등으로 장애학생의 직업교육을 알렸다. 2009년 보건복지부 '푸른성장대상'을 수상하였고, KBS, MBC, EBS, KTV, ABN, 조선일보, 중앙일보, Ablenews, KBS · MBC 라디오 등에서 장애학생의 강점을 알렸으며, 교육과학기술부 중앙특수교육운영위원, 경기도교육청 특수교육운영위원, 자폐인사랑협회 온라인 상담위원, 다운복지관 자문위원, 한국직업재활학회 이사직을 맡아 하면서 교육을 통하여 발견한 장애학생의 가능성을 역설하였다. 오로지 처음부터 끝까지 장애학생의 진로 · 직업교육에 헌신하여 장애학생들이 장애를 극복하고 일반인과 함께 행복하게 살아갈 수 있는 길을 찾아 알리고, 삶의 터전을 마련해 주기 위하여 교사로서 모든 것을 바쳐 헌신하고 있다.

사회로 나간 장애 아이들의 기적 같은 이야기

나도 오늘 출근합니다!

2012년 1월 20일 1판 1쇄 발행
2018년 7월 20일 1판 5쇄 발행

지은이 • 황윤의
펴낸이 • 김진환
펴낸곳 • (주) 학지사

04031 서울특별시 마포구 양화로 15길 20 마인드월드빌딩
대표전화 • 02)330-5114   팩스 • 02)324-2345
등록번호 • 제313-2006-000265호

홈페이지 • http://www.hakjisa.co.kr
페이스북 • https://www.facebook.com/hakjisa

ISBN 978-89-6330-756-5 03180

정가 12,000원

교육문화출판미디어그룹 학 지사

심리검사연구소 **인싸이트** www.inpsyt.co.kr
원격교육연수원 **카운피아** www.counpia.com
학술논문서비스 **뉴논문** www.newnonmun.com
간호보건의학출판 **정담미디어** www.jdmpub.com